U0679757

综合改革项目《义务教育优质均衡发展对策研究》（教发规〔2017〕807号）

帅教育联动发展共同体项目（洛阳师范学院）

基础教育高位均衡发展的现状与策略

晋银峰◎著

科学出版社

北京

内 容 简 介

改革开放40多年以来，为保障个体的受教育权益，促进教育公平公正，达到基础教育高位均衡发展的目标，实现社会主义和谐社会的"中国梦"，党和政府通过采取"全面改薄"等举措做出了不懈努力，并取得了较为丰硕的成果。本书基于此背景，对我国基础教育高位均衡发展进行了系统阐述。

本书按照内涵阐释—依据探寻—现状解析—国际借鉴—模型构建—策略实现的内在逻辑主线架构整体框架，界定了基础教育高位均衡发展的内涵，设定了研究的时代依据、政策依据和理论依据，明晰了当前基础教育高位均衡发展中存在的问题及其根源，探索了区域教育均衡发展的实践做法，借鉴了国外教育发达国家促进基础教育高位均衡发展的经验和做法，构建了基础教育高位均衡发展的模型，提出了我国基础教育高位均衡发展的实践策略和保障机制。

本书既能为教育行政人员提供基础教育高位均衡发展的政策参考和文本解析，也能为学校管理者创设学校文化、一线教师提高课堂教学效率提供实践指导，更能为研究生提升学术能力提供研究借鉴。

图书在版编目（CIP）数据

基础教育高位均衡发展的现状与策略 / 晋银峰著. —北京：科学出版社，2019.11
　ISBN 978-7-03-063286-9

Ⅰ. ①基…　Ⅱ. ①晋…　Ⅲ. ①基础教育–研究–中国　Ⅳ. ①G639.21

中国版本图书馆 CIP 数据核字（2019）第 255316 号

责任编辑：付　艳　刘曹芃　黄雪雯 / 责任校对：韩　杨
责任印制：李　彤 / 封面设计：润一文化
编辑部电话：010-64033934
E-mail：edu_psy@sciencep.com

科学出版社出版
北京东黄城根北街 16 号
邮政编码：100717
http://www.sciencep.com

北京虎彩文化传播有限公司 印刷
科学出版社发行　各地新华书店经销

*

2019年11月第　一　版　开本：720×1000　B5
2019年11月第一次印刷　印张：12 1/2
字数：230 000

定价：89.00元

序

　　基础教育均衡发展作为关乎人们生计和生活的重大问题，得到了党和国家的高度重视，并通过实施一系列举措取得了显著的成效。但是，在城乡二元结构背景下，教育资源配置不均衡、教育政策功利性等问题，使基础教育均衡发展特别是高位均衡发展遇到了前所未有的危机和挑战。

　　要解决基础教育高位均衡发展的问题，不仅要从资源配置方面解决教育低位均衡发展所需要的人力、物力与财力，更要从教育质量的提升方面达到基础教育高位均衡发展的预期目标。因此，《基础教育高位均衡发展的现状与策略》既关注基础教育的历史遗留问题，也注重对基础教育的现状进行分析；既有国际经验借鉴，也有本土实践反思。

　　该书设定了基础教育高位均衡发展的时代依据，根据中国在不同历史时期出台的与基础教育均衡发展相关的政策法规，查找研究的政策类型和政策理路，从教育公平理论和文化解释理论两个层面设定了研究的理论依据。

　　该书通过对上海、北京、湖北、浙江等地教育均衡实践做法的归纳，总结出了当前中国基础教育高位均衡发展的现状，明晰了现状中存在的问题及其根源，为实现基础教育高位均衡发展奠定了基础。

　　该书从借鉴国际经验的思路出发，分析了美国、英国和日本等关于基础教育高位均衡发展的政策和实践，归纳出了值得中国基础教育高位均衡发展借鉴的经验：发挥政府的政策主导作用，重视教育立法，严格依法治教；提高教师工资待遇，促进教师定期流动；坚持以学生为本，促进学生发展；推行教育券制度，促进学校改革发展；调动各方力量，群策群力；关注城乡弱势群体，帮扶举措多样化。

　　基于模型构建的特点，该书从人力因素、财物因素、制度因素和文化因素四个方面确定了基础教育高位均衡发展的构成要素，分析了教育外均衡和教育内均衡的形成因素，从文化系统、资源系统、组织系统等方面确定了基础教育高位均衡发展的系统准备，从区域内均衡和区域间均衡两个方面确定了基础教育高位均衡发展的两大层次，分析了基础教育高位均衡发展的课堂教学均衡、校内教学均衡、校际教育均衡，以及区域间均衡等构成环节。

该书从政府、教育行政部门、社会、学校、教师五个维度入手，从文化、理念、政策、社会舆论、文化建设等层面着眼，将起点、过程与结果并重，构建以政府为主体、教育行政部门为主导、学校为主阵地、教师为主力军，全社会共同参与的基础教育高位均衡发展运行和保障机制。政府在"有法可依"、教育投入、师资流动、学校标准化建设，以及教育信息化建设等方面完善相关政策，加大政策的支持力度。教育行政部门在完善交流监督管理机制、深化学校人事制度改革、创新教师培训管理机制等方面，加大教育改革力度；社会从加大宣传力度、破除教育发展障碍、激发民众的教育热情等方面入手，获得民众更大限度的理解与支持。学校从明晰文化长效机制出发，进一步加大文化建设力度。优质学校要彰显特色文化，引领学校卓越发展；普通学校要挖掘内部文化，促进学校特色发展；薄弱学校要借力外来文化，实现学校跨越发展。教师要根据有效教学的内涵要求，立足现实环境中有效教学的缺失与成因分析，注重课堂教学研究，从提升自身素质、增强教学技能、激发学生热情等维度着眼，实现课堂的有效教学。

在我看来，基础教育高位均衡发展是当前乃至以后一段时间内社会关注的热点问题，该书为拓展与深化这一领域研究做出了一定的努力。首先，该书在以往研究的基础上，从国家政策、学校文化特色、学生培养质量、不同学校共同发展、发展目标设定要与时俱进等几个方面，明确地界定了基础教育高位均衡发展的概念和内涵，为基础教育高位均衡发展提供了新的理论依据。其次，该书通过数据对照与个案实证的方法，分析了基础教育高位均衡发展的状况，为研究对策提供了本土依据。再次，该书分析了国外教育发达国家实现基础教育高位均衡发展的经验，明确提出了我国基础教育高位均衡发展的努力方向。最后，该书立足"如何做"，构建了基础教育高位均衡发展模型，并从多元维度的视角，提出了实现我国基础教育高位均衡发展的策略。当然，该书也存在一些有待提升的方面，比如，对高位均衡与优质均衡的辩证分析不够透彻，缺少"互联网+"对教育的机遇与挑战的论述等。希望作者在以后的研究中，继续保持求真求实的研究风格，在基础教育研究中，奉献出一个学者的才华与智慧。

刘志军[①]

---

① 刘志军：河南大学副校长，二级教授，博士生导师。

目　　录

序（刘志军）

第一章　绪论 ………………………………………………………………… 1

　　第一节　基础教育高位均衡发展问题导引 ……………………………… 1

　　第二节　基础教育高位均衡发展内涵及层次划分 ……………………… 2

第二章　基础教育高位均衡发展依据 …………………………………… 11

　　第一节　基础教育高位均衡发展的时代依据 ………………………… 11

　　第二节　基础教育高位均衡发展的政策依据 ………………………… 13

　　第三节　基础教育高位均衡发展的理论依据 ………………………… 19

第三章　基础教育高位均衡发展现状解析 …………………………… 32

　　第一节　基础教育高位均衡发展的实践探索 ………………………… 32

　　第二节　聚焦基础教育高位均衡发展的困境 ………………………… 67

第四章　基础教育高位均衡发展的国际借鉴 ………………………… 84

　　第一节　美国基础教育高位均衡发展 ………………………………… 84

　　第二节　英国基础教育高位均衡发展 ………………………………… 89

第三节 日本基础教育高位均衡发展 ……………………………… 93

第五章 基础教育高位均衡发展的模型构建 ……………………… 97

第一节 基础教育高位均衡发展的构成要素 …………………… 97

第二节 基础教育高位均衡发展的形成过程 …………………… 102

第三节 基础教育高位均衡发展的模型结构 …………………… 109

第六章 基础教育高位均衡发展的实现策略 ……………………… 121

第一节 立足文化传承，绘制均衡文化 ………………………… 121

第二节 完善政策制度，强化调控功能 ………………………… 127

第三节 凸显教育行政职能，发挥督导管理作用 ……………… 132

第四节 寻求民众支持，营造教育舆论氛围 …………………… 139

第五节 学校明晰文化机理，增强文化建设力度 ……………… 141

第六节 教师倾心课堂研究，实现有效教学 …………………… 156

参考文献 …………………………………………………………… 186

第一章　绪　论

近年来，中国在基础教育高位均衡发展的理念、政策、模式、实践等方面进行了探索，改善了基础教育办学条件，大幅度地提高了基础教育经费投入，在一定限度内满足了适龄儿童的求学需求。但不容回避的现实是，有些人对基础教育均衡发展不仅没有表现出赞许和满意，更有不绝于耳的批评之声和诋毁之声。这种情况表明，现在社会公众对基础教育的需求已经不是最初表现出的"上不起学"的问题，而是要追求"上好学"的问题。运用传统的教育公平理论难以解释当前教育蓬勃发展带来的现实困惑，形成了教育公平理论的"解释残余"。由此说明，中国基础教育高位均衡发展已成为一个不容回避的现实问题，亟须调查研究和解决。

第一节　基础教育高位均衡发展问题导引

中国当前的基础教育高位均衡发展的理论研究和实践探索，多是从教育政策层面着手，围绕国家的教育大政方针及当地政府的有关规定，从基础教育均衡发展所需的办学经费、基础设施、师资数量、师资水平，以及基础教育均衡发展中的师生择校、办学责任等方面入手进行研究，揭示出了当前基础教育均衡发展中存在的问题为办学经费短缺、教师数量不足、师资水平较低、师生择校问题严重、教学责任过度下放、教师教育观念落后、学生辍学率较高等。针对存在的问题和不足，政府和学校所采取的应对措施和策略可以归纳总结为制定较为完备的保障基础教育均衡发展的政策法规、加大政府的财政投入力度、强化基础教育督导评价、优化学校布局、提升教师素质、加强教师流动、杜绝学生择校等。实际上，研究揭示的这些问题以及根据这些问题而采取的对策多是围绕基础教育均衡发展的外部环境展开的，即通过国家和地方政府的政策力量来解决基础教育的低位均衡发展问题，很少深入基础教育内部，通过教学质量提升乃至学校文化变革进行基础教育高位均衡发展的探究。众所周知，要想真正实现基础教育的高位均衡发展，仅仅依靠制定较为完备的教育政策和资金拨付制度来进行是远远不够的，这些只不过是保障基础教育均衡发展所必需的外部环境条件，要想真正提升基础教育质量，应该立足课堂教学，从学校内外文化的层面另辟蹊径，这是基础教育高位均衡发展的必经之路，也是新课程改革深入推行的必由之路。实际上，所有基础教育均衡发展特别是高位均衡发展的问题大都沉降到学校层面，基础教育高位均衡发展目标的实现最终也要通过学校的变革来体现，变革的范畴包括学校的办学条件、师资力量、课程与课程资源、教学和评价等，但最为根本的是学校优秀文化的重塑、课堂教学质量的提升，而这些方面正是当前基础教育高位均衡发展需要强化的方面。

基于以上分析，本书以中国基础教育高位均衡发展为研究对象和目标，通过对已有做法的总结分析，揭示中国基础教育高位均衡发展中存在的问题，借鉴其他国家的先进经验，通过政府、教育行政部门、社会、学校和教师的共同努力，特别是基于学校优秀文化的培育和课堂有效教学的提升，提高教育质量，打破基础教育均衡发展过程中存在的"千校一面"、"整齐划一"、缺乏特色的局面，并根据学校地域特色和学生的实际情况，渐次达至基础教育高位均衡发展的要求。

第二节　基础教育高位均衡发展内涵及层次划分

研究基础教育高位均衡发展，需要综合考虑国内外权威人士对基础教育均衡发展的研究结论。在基础教育均衡发展的研究历程中，国外学者的研究成果在促进基础教育均衡发展中有一定的带动引领作用。受国外研究的影响，中国基础教育均衡发展研究呈现出内容广泛、视角宽广、学科多元的特点。

一、基础教育高位均衡发展内涵借鉴

从国外研究成果来看，自 20 世纪 60 年代以来，关于教育公平、基础教育均等化方面的研究成果十分丰富，约翰·罗尔斯、克里斯托弗·詹克斯、约翰·杜威、詹姆斯·科尔曼以及托尔斯顿·胡森等的研究备受关注。美国著名政治哲学家、伦理学家约翰·罗尔斯提出了关于教育公平的著名原则：一是机会均等和平等自由的原则；二是差异原则（约翰·罗尔斯，1991）。瑞典教育家托尔斯顿·胡森从人们实现社会价值中的效率、公平、自我实现三个方面，相应地提出了教育均衡包含的三层公平含义：起点平等、过程平等和结果平等（转引自陈洁，2004）。在此基础上，他对教育机会公平下了五组操作性的定义，包括学校的教学设施设备、学习机会、学习环境中的心理因素、学生家庭环境、学校以外的物质因素等（转引自张人杰，1989）。美国学者詹姆斯·科尔曼在《教育机会均等的观念》一文中明确指出，教育机会均等不仅包括起点、过程平等，更包括以学业为标准的结果平等，而且这个结果平等一定奠定在社会经济平等的基础之上。美国社会学家克里斯托弗·詹克斯从社会学的视角撰写了《不平等：对美国家庭和学校教育效果的再评估》一书，他认为，教育机会不均等突出地表现为教育资源、学生就学机会以及学生课程选择机会的不平等三个特征。美国教育家约翰·杜威认为，教育在社会流动、社会分化中起着筛选器的作用，同时又具有稳定器、平衡器的作用，是实现社会公平的"最伟大的工具"，也是现代社会实现"平等化"的手段。马克思、恩格斯关于教育公平的思想是指儿童受教育权的平等，受教育权属于人的基本权利，是人得以生存和发展的最基本权利，社会应当平等地保护每一位儿童的受教育权，不因其出身贵贱、社会地位高低、才智健全与否等而有差别（侯菊英，2014）。

国内关于教育均衡的研究，内容上涉及教育均衡的概念、教育均衡的表现、教育均衡的成因、教育均衡的对策等；空间上涉及西部、省域、县域；研究角度包括师资队伍建设、立法，以及财政投入、城乡、校际、校点布局的均衡性等；研究方法涵盖定性研究、定量研究、调查研究、比较研究、历史研究。这些研究大都从交叉学科的视野出发，如教育管理学、教育经济学、教育政策学、比较教育学等学科（赵昊，2013）。学者基于不同的视角，对教育均衡的理解不尽相同。①基于教育资源均衡、教育目标均衡以及教育功能均衡的教育均衡。从教育资源的配置看，教育的"硬件"资源包括生均教育经费投入、校舍、教学实验仪器设备等，教育的"软件"资源包括教师、学校内部管理等;从教育的目标看,要保证学生在德智体美劳等方面均衡发展、全面发展;从教育的功能看,教育所培养的劳动力在总量和结构上要与经济、社会的发展需求达到相对的均衡(翟博,2006)。②基于保障社会各类人群享有平等的受教育权的教育均衡。有学者认为,教育均衡发展就是要有效缩小城乡之间、地区之间、校际、群体之间的教育差距,保障弱势群体的受教育权,使教育公平真正得以实现。均衡发展包括区域之间、学校之间和群体之间三个层次(李连宁,2002)。③基于教育公平的教育均衡。教育均衡发展主要表现在三个层面:在物质层面上追求优质教育资源的相对均衡配置,从而为受教育者提供相对平等的教育机会与条件,在就学过程中得到同等的对待与支持;在制度层面上保障平等受教育权利的实现,学生获得平等的入学机会和就学机会;在意识层面上保证每个儿童的潜能得到最大程度的发展,并为之提供最适宜的发展环境及条件(李连宁,2002)。④基于学校办学条件均衡化的教育均衡。在办学条件上必须实现均衡,即政府的投入对于每一个学生来讲是平等的。具体来说,学校的生均占地面积、生均建筑面积、生均图书和仪器设备值应大体相当。办学条件的均衡包括办学条件标准化,师资力量的均衡、教师队伍的交流,学校管理水平上的均衡(贾聚林,2002)。在受教育机会、办学设施、师资条件等方面追求均衡,而在教材选用、课程开设、教学过程的推进、质量目标等方面追求"多样化""特色化"。基于办学水平和质量的教育均衡,有学者认为,义务教育在硬件上的均衡还只是低层次的均衡,办学水平和教育质量的均衡,即教育过程的均衡,才是真正意义上的均衡(戴亦明,2003)。当然,这两种都是基于学校层面,从办学条件和教育质量的均衡入手,虽然概念不太一样,但内涵基本一致,都是追求学校物质基础、师资力量、管理水平层面的均衡,这是达至教育均衡发展的必要条件。

　　总体来看,国外关于基础教育均衡发展的研究比较成熟,对中国促进教育均衡发展特别是基础教育高位均衡发展都具有很好的借鉴意义和价值。同时,我们也应看到国内外现实情况有所差异,中国对国外政策和做法的态度应该是因地制宜、有针对性地借鉴,而非简单地移植照搬。国内对基础教育均衡发展的研究内容全面、视角广阔、学科多元,这些都是实现基础教育均衡发展不可缺少的步骤和环节。但是,这些研究也存在一定的不足。基于"全面改薄"的背景,国内的研究多局限于从政策、资金和师资方面研究基础教育均衡发展,缺少从学校文化建设和课堂有效教学的角度来深度挖掘提升基础教育均衡发展的可行性和必要性。研究者多集中于从教育哲学和教育社会学的视角研究教育实践问题,缺少通过调查分析运用实证方法进行定量研究的成果。基于此,在以后的基础教育均衡发展研究中,应当从先前的注重外延式的研究逐步走向长远的注重内涵式的研究。

二、基础教育高位均衡发展内涵阐释

"高"在《现代汉语词典》（第7版）中的解释为"等级在上的"，"高位"表明事物或价格位于较高的等级，是一个与"低位"相对而言的词语。基础教育高位均衡发展是指基础教育在满足基本办学条件需求的基础上，教育质量达到一个高水平，呈现出一定的文化特色，并且在此基础上继续发展。从基础教育高位均衡发展的内涵来看，达到基础教育高位均衡发展至少应有以下几个方面的表现。

（一）基于学生全面发展的优质教育均衡

这里所说的"优质"不是指向教育资源，而是指向教育质量，强调教育促进学生全面发展的效益需求。在这个意义上，作为教育质量均衡，优质教育均衡是更为高级、更为根本的公平，是最高层次的公平（冯建军，2013）。

（二）基于学校个性发展的特色教育高位均衡

特色教育高位均衡是实现办有特色的教育与为学生提供最适合其个性协调可持续发展的教育的有机结合、近期"治标之法"与中长期"治本之策"的有机结合、薄弱学校改造与扩大教育总体供给的有机结合、政府外部推动与学校内部系统改革的有机结合。特色教育高位均衡发展更加注重内外结合、上下互动，更加注重通过深化内部改革，强化特色引领，更加注重资源共享，推动互动协调、和谐共生、特色优质均衡、健康可持续发展（刘志军，王振存，2012）。

（三）基于学校文化的基础教育高位均衡

作为一种特殊的文化现象，教育既是文化的传承者，也是文化本身，文化育人是其最本质的属性。从培育人的承载主体学校来看，支撑教育活动的物质基础（包括校舍、教室、桌椅等）是一种最基本的文化符号，是一所学校存在的基本条件，虽然不同学校之间有差异，但不是制约学校发展的关键。一所学校呈现出的学校文化（包括课程文化、教学文化等）是一种精神文化或者说是灵魂文化，也是一所学校独具特色的表现，是达到教育高位均衡的关键。

基础教育高位均衡发展是与基础教育低位均衡发展相比较而言的一个概念，两者都属于教育均衡发展的范畴，没有本质的区别和差异，只是促进基础教育公平的层次和程度有所不同。基础教育高位均衡发展既是人们的价值理想和目标追求，也是人们脚踏实地、孜孜以求的努力方向和前进动力。在这个过程中，我们要为基础教育的非均衡发展查找原因，为基础教育高位均衡发展服务，认真思考基础教育非均衡发展的主要原因是什么。一般认为，原因有二：①社会发展的不均衡是基础教育发展失衡的根本原因；②差异发展的教育政策是基础教育发展失衡的最直接原因（程红艳，2010）。基础教育非均衡发展与经济社会发展的不均衡有关，也与改革开放以来一直推行的基础教育政策有关。借助政策倾斜和资金扶持所达到的基于办学硬件设施的均衡发展，只是基础教育低位均衡发展或者说是基础教育高位均衡发展的初始阶段，这种低位均衡发展是以整齐划一的规范化、可操作化为目标，是通过外力作用在短时间内可以达到的。如果仅仅从政策层面理解基础教育均衡发展，认为在教育资源中的经费投入、硬件设施以及师资力量等达到了国家规定的标准就是达到了基础教育均衡发展，这表明对基础教育均衡发展的理解仅仅停留在了教育公平的早期阶段。

从一些专家所论及的基础教育均衡发展的概念来看，基础教育均衡发展既包含物质层面、制度层面、意识层面、师资层面的内涵，也包含学校管理、教学质量、个性发展、文化建设等方面的内涵，是一个涵盖基础教育低位均衡发展与基础教育高位均衡发展的混合概念。实际上，基于基础硬件储备均衡及师资层面的优化只是基础教育高位均衡发展的初期阶段或低级阶段，而我们实际追求的是基于特色文化创设来达至的办学水平提高、教育教学质量提升、学生个性得以展现的基础教育优质高位均衡发展目标。基础教育高位均衡发展不是基础教育的整齐发展，而是基础教育的整体发展；不是基础教育低层次、低水平的整齐划一，而是在高水平、高层次基础上的多样化、特色化发展。基础教育高位均衡发展是在基础教育低位均衡发展的基础上，在构建特色教育的过程中形成的具有自身文化特色、适合学生个性发展，并对其他学校产生正向引导作用的基础教育发展的高级阶段。

三、基础教育高位均衡层次划分

教育均衡发展强调在教育公平思想和教育平等原则的支配下，教育机构和受教育者在教育活动中有平等的待遇。教育均衡发展的本质是追求教育平等，实现教育公平（安晓敏，2008）。作为教育公平的一个重要组成部分，基础教育高位均衡发展是实现教育公平的一个不可或缺、不可跨越的阶段，只有推行基础教育高位均衡发展才能实现教育公平。作为基础教育均衡发展的高级阶段，基础教育高位均衡发展最基本的精神是保障每个儿童享有平等的受教育权；最基本的要求是在教育机构和教育群体之间，平等地分配教育资源，以达到教育需求与教育供给的相对均衡；最终的目标是达到内蓄"优质"、特色办学，是一种富含文化特质的高位均衡。

（一）基于教育公平三个阶段的理解

作为一个历史的、发展的过程，教育公平一般分为教育起点的公平、教育过程的公平和教育结果的公平三个阶段。教育起点的公平强调每个人具有平等的受教育权利和机会，主要解决学生"上学难"的问题，以达到"有学上"的目标；教育过程的公平强调教育资源占有的公正和合理，主要解决教育资源分配不公、贫富悬殊的问题，以达到教育资源的均衡；教育结果的公平强调教育质量的优质和高位，主要解决教学无效或低效、教育质量差的问题，以达到教育质量的优质、高位均衡。与教育公平的三个阶段相匹配，基础教育均衡发展经历着学生入学权利平等、教育资源均衡以及教育质量均衡的发展变迁。在这三者之中，学生入学权利平等是实现基础教育高位均衡发展的前提，教育资源均衡是实现基础教育高位均衡发展的保障，教育质量均衡是实现基础教育高位均衡发展的目标。目前，中国基础教育高位均衡发展已经实现了从起点公平到教育资源均衡的转变，正在从过程公平向结果公平，从教育资源均衡向以质量为中心的优质、高位均衡迈进（冯建军，2013）。

（二）基于教育均衡三个层面的理解

基于"均衡"理解视角的差异，专家学者对基础教育低位均衡、基础教育高位均衡的意蕴等方面的理解，有不尽相同的意见和看法。这些意见和看法大致可以分为三个层面：宏观的教育层面，中观的学校层面，微观的教学层面。宏观的教育层面，主要从教育资源、教育功能等方面阐释教育均衡，这是实现教育均衡的基础；中观的学校层面，主要从学校办学条件和办学标准等方面阐释教育均衡，这是实现教育均衡的必要条件；微观的教学层面，主要从新课程的课堂和教学变革来阐释教育均衡，这是实现教育均衡的关键。

（三）基于理论与实践层面的理解

1. 理论层面的基础教育高位均衡发展

从理论层面来看，基础教育高位均衡发展的内涵和特征呈现出三个逐次推进、层层升华的层次，这三个层次共同构筑了基础教育高位均衡发展的核心价值。层次一，基础硬件储备。这是指学校在经费投入、硬件设施、师资调配等方面处于一个大体均衡的阶段，这个阶段又可以称为基础条件均衡或低级均衡，发展的主体是政府，发展的特点是以外在投入为主，走标准化建设之路。层次二，校级特色发展。这是指学校要根据区域教育文化特色，结合学校和学生的实际，重视学校的特色发展，满足学生的多元化、个性化发展需求，这个阶段又可以称为内涵特色发展阶段，发展主体是学校，发展特点是以文化建设为主，走内涵建设、自主创生、特色发展之路。层次三，区域品质均衡。这是指基础教育均衡发展要关注边远、贫困、民族、农村地区，向薄弱学校、弱势群体倾斜，这个阶段又可以称为弱势补偿阶段，发展主体是政府和社会，发展特点是以创新体制机制为主，走体制机制创新之路（张天劲，2013）。就三个层次的关系来看，基础硬件储备是前提，校级特色发展是关键，区域品质均衡是保障，它们共同组成了基础教育高位均衡发展的逻辑之路。当然，也有一些例外情况，在某些情况下，可能会出现缺失第一个层次而直接进入第二个层次的现象。从责任主体来看，基础硬件储备强调政府的政策落实，校级特色发展强调学校教育的质量提升，区域品质均衡强调政府和社会的责任担当。三个层次的责任主体在推进基础教育均衡发展过程中所关涉的设备、资金、课程、教学等因素实际上就成为推进基础教育高位均衡发展的影响因素。

2. 实践层面的基础教育高位均衡发展

从实践层面来看，基础教育高位均衡发展凸显的四个互为依托、兼容并蓄的特质，共同构成了基础教育高位均衡发展的关键属性。①优质性。"优质"包含优质学校、优质教师、优质学生，优质性即通过以人为本的教育理念，使所有学校、教师、学生都能够得到和谐的可持续发展，高位地体现学校、教师、学生的自身价值。②普惠性。普惠性是指减少校际的人为差异，加强对薄弱学校的建设，缩小其与优质学校之间存在的差距。从教育发展的"盆景式"走向教育发展的"园林式"，从而使每一个学生都能享受到优质教育带来的利益。③动态性。动态性是指基础教育高位均衡发展是一个相对的动态过程，也是一个螺旋式上升的过程，是一个不断接近终极目标的过程。④持续性。持续性是指基础教育高位均衡发展的连续性，它以教育资源投入为重点，从追求均等化、规模化和标准化的基础条件均衡，发展到通过内部改革、加强文化建设、创新机制体制、推动特色发展等方式，促进自主创新、多元特色、可持续发展的基础教育高位均衡发展（张天劲，2013）。

（四）基于课程与教学变革视角的理解

中国的教育改革，特别是 1999 年正式启动的、当前正在深入推进的第八次基础教育课程改革，是立足课程建设与课堂教学的变革，这些建设和变革是基于课程与教学的视角从更深层次来解读基础教育高位均衡发展。这种对基础教育均衡发展的理解，已经突破了原有的基于硬件设施和国家政策关照的限制，而着眼于基础教育优质均衡发展，从类型上来说，可以大致分为教学变革-内涵提升型和专家带动-内外兼修型。教学变革-内涵提升型基础教育高位均衡发展强调，在薄弱学校内部，通过转变师生教育观念、思维方式和行为习惯，促进课堂教学范式的转换，从而提高教学质量，促进学生发展，造就特色文化学校，促进基础教育均衡发展的实现。专家带动-内外兼修型基础教育高位均衡发展强调，教育教学专家为促进基础教育均衡发展，应由最初基于某个校内教育实验转向与一线教师合作，通过提升教育质量达至基础教育均衡发展的模式类型（晋银峰，2013）。围绕课程改革特别是课堂教学，全面关注课程与教学文化的改革，已经成为基础教育高位均衡发展的关键环节。

以上理解基础教育高位均衡发展的角度虽然不同，但从本质来看，教学变革、内涵提升、专家劳动、内外兼修四个方面的内容和要求均是一致的：构筑特色文化、打造高效课堂、提高教学质量。具体来说，教育起点的公平、教育过程的公平和教育结果的公平三个阶段，表明教育结果的公平实质是教育质量的公平，是基础教育高位均衡发展的最终要求，而教育起点公平、教育过程公平是达到教育结果公平的条件和途径；宏观的教育、中观的学校、微观的教学三个层面，表明基础教育高位均衡必须立足课堂，通过有效教学甚至是高效教学才能达到，而宏观的教育、中观的学校层面的内容和要求仅仅是实现基础教育高位均衡的必备条件和基础；基于理论与实践维度理解的基础教育高位均衡，从学校标准化建设、学校文化构建以及特色文化的推广对基础教育均衡进行了注解，凸显了文化建设在基础教育高位均衡发展中的重要地位和作用；基于课程与教学变革的视角理解基础教育高位均衡发展，直接通过转变师生教育观念、思维方式和行为习惯，促进课堂教学范式的转换，继而提高教学质量，促进学生发展。

通过相关专家对基础教育均衡发展内涵和发展层次的解读，我们可以看到基础教育高位均衡发展是一个历史性、发展性的概念，它的称谓和内涵尽管有所不同，但追求办学特色的多元、教育质量的优质、课堂教学的高效、学生的个性发展却是其不变的选择。据此，笔者认为，所谓基础教育高位均衡发展是指达到学校办学所需的必要物质基础标准，立足学校实际构筑特色明显的学校文化，在满足学生个性发展的基础上实现教育教学质量的优质均衡，渐次形成学校之间、区域之间、城乡之间的协同发展，并在此基础上继续向前发展。具体来说，可以细化为五个层面的内容。①符合国家政策要求。达到学校办学所需的必要物质基础标准是指政府加大中小学办学需要的经济投入，达到诸如 2012 年《国务院关于深入推进义务教育均衡发展的意见》等文件提出的办学标准要求。②学校文化特色明显。立足学校实际构筑特色明显的学校文化主要是指不同学校立足其不同的实际，构建凸显自身特色的校园文化、课程文化、教学文化等。③培养的学生质量高。在满足学生个性发展的基础上实现教育教学质量的优质均衡是指根据不同学生的实际，使其达到德智体美劳五育的有机结合，凸显其与众不同的特征，以此为基础，实现学生品质高尚、能力突出、身体健康的目标。④不同学校共同发展。渐次形成学校之间、区域之间、城乡之间的协同发展是指在不同学校的发展过程中，学校之间、区域之间、城乡之间相互帮助、互通有无，中小学校齐头并进发展。⑤发展目标设定要与时俱进。在此基础上继续向前发展是指基础教育高位均衡发展的目标是变化的，是随着时代的发展而不断提升的，中小学必须根据发展的实际需要不断进行自我更新。

第二章　基础教育高位均衡发展依据

作为中国基础教育的命题和发展目标，基础教育高位均衡发展满足了和谐社会、科学发展和"两个大计"的时代要求，顺应了中国促进基础教育发展的政策类型和政策理路，体现了教育公平和文化解释的理论阐释。

第一节　基础教育高位均衡发展的时代依据

中国基础教育政策话语凸显了三大教育命题：教育是一项人权事业；教育公平是社会公平的基石；创新是教育的灵魂（邵光华，仲建维，郑东辉，2011）。从国家的意识形态而言，这三大教育命题体现了构建"社会主义和谐社会"的要求、倡导"科学发展观"的国家发展战略思维以及"两个大计"重要论断，影响着经济和社会发展的方向和基调。由此，社会主义和谐社会、科学发展观和"两个大计"重要论断就成为基础教育高位均衡发展的时代依据。

一、社会主义和谐社会

社会主义和谐社会指的是一种和睦、融洽并且各阶层齐心协力的社会状态，是人类进入社会主义时期后孜孜以求的一种美好社会，是马克思主义政党不懈追求的一种理想社会。2005 年，中国共产党提出将构建社会主义和谐社会作为执政的战略任务，民主法治、公平正义、诚信友爱、充满活力、安定有序、人与自然和谐相处是社会主义和谐社会的主要内容。构建社会主义和谐社会，是我们党以马克思列宁主义、毛泽东思想、邓小平理论、"三个代表"重要思想、科学发展观、习近平新时代中国特色社会主义思想等重要思想为指导，全面贯彻落实科学发展观，从中国特色社会主义事业总体布局和全面建成小康社会的发展全局出发提出的重大战略任务，反映了建设富强、民主、文明、和谐的社会主义现代化国家的内在要求，体现了全党和全国各族人民的共同愿望。社会主义和谐社会的要求，反映在教育领域就体现为教育政策话语的前两个方面，即教育是一项人权事业，教育公平是社会公平的基石。教育作为一项人权事业是民主社会的价值追求，是人类进步的基础。教育公平在中国当前时期已经毋庸置疑地根植于国人的头脑、渗入国人的血脉之中。从社会权益保障的角度来说，《中华人民共和国义务教育法》的颁布、实施和修订就是最明显的表现，它使得人人享受教育由古代社会的梦想变成当前社会的现实，这个梦想经历了千年时光才得以实现。

二、科学发展观

科学发展强调事物的发展要遵循本身具有的客观规律，实现科学发展的基础就是应该具备科学发展观。科学发展观是胡锦涛同志在 2003 年提出的。科学发展观的第一要义是发展，核心是以人为本，基本要求是全面、协调、可持续，根本方法是统筹兼顾。科学发展观指明了我们进一步推动中国经济改革与发展的思路和战略，明确了经济社会发展的根本指导思想，标志着马克思主义和中国国情相结合达到了新的高度和阶段。科学发展观，反映在教育领域体现为"创新是教育的灵魂"。在教育的发展历程中，创新是一个永恒的主题，不论是先前的素质教育，还是当前如火如荼进行着的基础教育新课程改革，都揭示了发展、创新、以人为本对促进教育发展的重大意义。基础教育均衡发展、基础教育高位均衡发展都是在科学发展观指引下的应时产物，体现了创新的本质要求。从均衡的理论阐释到均衡的政策制定，从学校的硬件配备到学校的特色建设，从学校特色的"一枝独秀"到"百花满园"，深刻揭示了教育高位均衡发展的价值取向、思维模式、路径选择、实践样本的转轨，体现了教育工作者的心血和努力。

三、"两个大计"重要论断

"两个大计"即"教育是国之大计、党之大计"，是习近平同志在 2018 年 9 月召开的全国教育大会上提出的重要论断。该论断丰富和发展了中国特色社会主义教育理论，把教育发展、党的前途命运、国家的长治久安紧紧联系在一起，使教育处在前所未有的战略地位，是做好新时代教育工作的行动指南。该论断是在系统总结我国 70 年来教育事业的历史进程、发展成就与典型经验基础上，全面系统分析我国教育工作面临的新形势、新任务而提出来的，对加快推进教育现代化、建设教育强国、办好人民满意的教育具有重大的理论意义和指导价值。该论断是以习近平同志为核心的党中央高度重视教育工作的集中体现，是在围绕培养什么人、怎样培养人、为谁培养人这一根本问题提出的一系列富有创见的新理念、新思想、新观点后，提出的统帅教育长期发展的根本指针，为教育事业发展提供了根本遵循。该论断能够保障教育沿着正确的轨道快速发展，尽快实现从"有学上"的教育基本要求到"上好学"的教育优质发展目标转变。

第二节　基础教育高位均衡发展的政策依据

政策是国家政权机关、政党组织和其他社会政治集团为了实现自己所代表的阶级、阶层的利益与意志，以权威形式标准化地规定在一定的历史时期内，应该达到的奋斗目标、遵循的行动原则、完成的明确任务、实行的工作方式、采取的一般步骤和具体措施。政策的实质是阶级利益的观念化、主体化、实践化反映。基础教育高位均衡发展作为中国基础教育发展的基本战略，既是民众的要求，更是国家促进教育民主和公平的重要举措。根据不同历史时期的特点，国家教育政策的内容和重心虽有所偏移，但支持基础教育均衡发展的思想主旨却是一以贯之的。

一、政策沿革

自 20 世纪中期以来，知识经济初见端倪，科学技术突飞猛进，国力竞争日趋激烈。教育在综合国力的形成中处于基础地位的作用越发明显，综合国力的强弱越来越取决于劳动者素质的高低，取决于各类人才的质量和数量，这对于培养和造就中国 21 世纪的一代新人提出了更加迫切的要求。1998 年，在中国处于建立社会主义市场经济体制和实现现代化建设战略目标的关键时期，教育部印发了《关于加强大中城市薄弱学校建设，办好义务教育阶段每一所学校的若干意见》，该意见明确指出：加强大中城市义务教育阶段薄弱学校建设，办好义务教育阶段每一所学校，缩小学校之间办学水平上的差距，是全面贯彻《教育法》、《义务教育法》，依法维护我国义务教育的普及性，促进适龄儿童少年接受良好的义务教育，巩固普九成果，提高普九水平的有效措施。①由此，城市薄弱学校改造工程，拉开了推进区域基础教育均衡发展的帷幕。继而，1999 年，中共中央办公厅颁布了《中共中央国务院关于深化教育改革，全面推进素质教育的决定》，该决定涉及教育的方方面面内容，其中关于倡导城市教师赴农村任教的政策，顺应了"城市反哺农村"的社会发展战略。

自改革开放以来，中国基本普及九年义务教育和基本扫除青壮年文盲的目标初步实现，素质教育全面推进。但中国基础教育总体水平还不高，基础教育发展不平衡、地区差异大，一些地方对基础教育重视不够的问题依然比较严重。为了切实贯彻《中华人民共和国教育法》《中华人民共和国义务教育法》《中华人民共和国教师法》《中华人民共和国未成年人保护法》等有关法律，实施《中华人民共和国国民经济和社会发展第十个五年计划纲要》，全面贯彻党的教育方针，大力推进基础教育的改革和健康发展，国务院于 2001 年颁布了《国务院关于基础教育改革与发展的决定》。该决定明确提出，要继续实施国家贫困地区义务教育工程，省级人民政府也应制定相关政策，加大对贫困地区和少数民族地区义务教育的投入力度；继续实施"东部地区学校对口支援西部贫困地区学校工程""大中城市学校对口支援本地贫困地区学校工程"；采取切实措施，重视义务教育，加大对少数民族地区、边境地区实施义务教育的支持力度，提高适龄儿童入学率；同时，提出城乡教师要采取"对口支援"的交流方式，力图在师资配置层面率先破除基础教育不均衡发展的弊端。

为认真贯彻落实党的十六大精神，加快农村教育发展，深化农村教育改革，促进农村经济社会和城乡协调发展，进一步加强农村教育工作，国务院于 2003 年颁布的《国务院关于进一步加强农村教育工作的决定》全方位地启动了教育均衡发展工作。该决定明确提出，要建立健全资助家庭经济困难学生就学制度，保障农村适龄少年儿童接受义务教育的权利；继续实施"东部地区学校对口支援西部贫困地区

---

① 教育部. 1998-11-02. 教育部关于印发《关于加强大中城市薄弱学校建设，办好义务教育阶段每一所学校的若干意见》的通知. http://www.moe.gov.cn/s78/A06/jcys_left/moe_706/s3321/201001/t20100128_81826.html

学校工程""大中城市学校对口支援本省（自治区、直辖市）贫困地区学校工程"，建立东部地区经济比较发达的县（市、区）对口支援西部地区贫困县、大中城市对口支援本省（自治区、直辖市）贫困县的制度。2004年，教育部颁布《2003—2007年教育振兴行动计划》，明确提出"重点推进农村教育发展与改革"，"坚持把农村教育摆在重中之重的地位，加快农村教育发展，深化农村教育改革"。

针对中国各地区间经济社会发展不平衡，城乡二元结构矛盾突出，城乡之间、地区之间、学校之间的差距依然存在并有扩大趋势等问题，教育部在2005年颁布了《教育部关于进一步推进义务教育均衡发展的若干意见》，首次在官方文件名中出现了"均衡发展"这一词汇。该意见强调要把农村教育作为教育工作的重中之重，明确提出新增教育经费主要用于农村；采取积极措施，包括完善办学基本条件、保障办学经费、免试就近入学等，逐步缩小学校之间办学条件的差距；统筹教师资源，建立包括区域内骨干教师巡回授课、紧缺专业教师流动教学、城镇教师到农村学校任教服务期等各项制度，积极引导超编学校的富余教师向农村缺编学校流动，切实解决农村学校教师不足及整体水平不高等问题，以加强农村学校和城镇薄弱学校的师资队伍建设，以促进中国区域之间、城乡之间义务教育的均衡发展。

随着世界政治经济的发展变迁和中国改革开放的深入推进，我国于1986年制定并实施的《中华人民共和国义务教育法》已经难以满足当前教育改革特别是课程改革的需要，因此，2006年，第十届全国人民代表大会常务委员会第二十二次会议通过了新修订的《中华人民共和国义务教育法》。新义务教育法的颁布，使我国推进义务教育均衡发展进入了依法操作的新阶段。资源合理配置、教育均衡发展、实现教育公平是新义务教育法的指导思想。新义务教育法明确规定，国务院和县级以上地方人民政府应当合理配置教育资源，促进义务教育均衡发展，改善薄弱学校的办学条件，并采取措施，保障农村地区、民族地区实施义务教育，保障家庭经济困难的和残疾的适龄儿童、少年接受义务教育；国家组织和鼓励经济发达地区支援经济欠发达地区实施义务教育；要缩小学校之间办学条件的差距，不得将学校分为重点学校和非重点学校等。[①]这些规定充分反映了国家在不同发展阶段的不同发展价值观和对教育的不同要求。这些从法律层面保障义务教育向更加均衡的方向发展的规定，表明了我国教育价值观已经从改革开放初期的效率主义改变为现在的公平主义。

针对我国长期以来存在的教育结构和布局不尽合理，城乡、区域教育发展不平衡，贫困地区、民族地区教育发展滞后，教育投入不足等方面的问题，国家中长期

---

① 中华人民共和国教育部. 2006-06-29. 中华人民共和国义务教育法. http://www.moe.gov.cn/s78/A02/zfs_left/s5911/moe_619/201001/t20100129_15687.html

教育改革和发展规划纲要工作小组办公室于 2010 年颁布了《国家中长期教育改革和发展规划纲要（2010—2020 年）》。该纲要推进素质教育改革试点、义务教育均衡发展改革试点，把促进公平作为国家基本教育政策，将义务教育均衡发展作为这十年的战略性任务，给定了教育均衡发展政策实现的时间表和总体步骤。一方面，该纲要明确提出均衡发展是义务教育的战略性任务，建立健全义务教育均衡发展保障机制，推进义务教育学校标准化建设，均衡配置教师、设备、图书、校舍等资源；另一方面，该纲要明确提出教育公平是社会公平的重要基础，促进教育公平是国家的基本教育政策。教育公平的关键是机会公平，基本要求是保障公民依法享有受教育的权利，重点是促进义务教育均衡发展和扶持困难群体，根本措施是合理配置教育资源，向农村地区、边远贫困地区和民族地区倾斜，加快缩小教育差距。虽然教育公平的主要责任在政府，但全社会要共同促进教育公平。

为贯彻落实《国家中长期教育改革和发展规划纲要（2010—2020 年）》，巩固提高九年义务教育水平，深入推进义务教育均衡发展，2012 年，国务院颁发了《国务院关于深入推进义务教育均衡发展的意见》，这是国家针对义务教育均衡发展而单独提出的一个指导性意见文件，足见国家对促进义务教育均衡发展的重视。该意见对义务教育均衡发展的重要意义、指导思想和基本目标、推动优质教育资源共享、均衡配置办学资源、合理配置教师资源、保障特殊群体平等接受义务教育、全面提高义务教育质量、加强和改进学校管理、加强组织领导和督导评估等方面提出了具体要求，为保障这些要求能够得到切实的贯彻执行，国务院针对各级地方政府明确提出了要建立健全义务教育均衡发展责任制。

为深入推动义务教育均衡发展，促进教育公平，教育部决定建立县域义务教育均衡发展督导评估制度，开展对义务教育发展基本均衡县（含不设区的市、市辖区和国家划定的其他县级行政区划单位）的督导检查和评估认定工作。基于这种思考，2012 年，教育部出台了《县域义务教育均衡发展督导评估暂行办法》，该办法对评估内容、评估标准和评估认定程序做出了明确的规定，特别强调对本行政区域内实现义务教育发展基本均衡县给予表彰奖励。依据该办法，2014 年，教育部对我国26 个省(自治区、直辖市)450 个达到义务教育均衡发展标准的申报区县进行了评估。

二、政策理路

作为实现教育公平的一个主要途径，基础教育高位均衡发展是中国教育改革与发展的基本指导思想，也是未来社会相当长一段时间内教育改革与发展的战略选择，更是解决基础教育多重矛盾和问题的根本方法和手段，其终极价值始终体现"以人为本"。近年来，为了实现创新型国家和人力资源强国的目标，国家先后制定了《国家中长期科学和技术发展规划纲要（2006—2020 年）》《国家中长期人才发展规划纲要（2010—2020 年）》等文件，这些文件提出的目标和要求需要通过教育培养出来的各类人才来贯彻实施和完成，由此，关于人才培养和发展的相应的教育政策、法规、制度和意见等也先后出台，如 1998 年的《关于加强大中城市薄弱学校建设，办好义务教育阶段每一所学校的若干意见》、1999 年的《中共中央国务院关于深化教育改革，全面推进素质教育的决定》、2001 年的《国务院关于基础教育改革与发展的决定》、2003 年的《国务院关于进一步加强农村教育工作的决定》、2004 年的《2003—2007 年教育振兴行动计划》、2005 年的《教育部关于进一步推进义务教育均衡发展的若干意见》、2006 年的《中华人民共和国义务教育法（修订版）》、2010年的《国家中长期教育改革和发展规划纲要（2010—2020 年）》、2012 年的《国务院关于深入推进义务教育均衡发展的意见》等。这些教育法规所包含的内容非常客观全面，基础教育均衡发展，特别是基础教育高位均衡发展是一以贯之的主题内容，足见国家对基础教育高位均衡发展的极大关注。

从各项教育法规所反映的有关教育均衡发展的内容来看，最基本和最重要的就是教育资源的均衡。从某种意义上说，教育均衡主要是指教育资源的均衡，教育资源是保障教育质量的必要条件。作为人类社会资源之一，教育资源在教育均衡发展中起着奠基性的作用。教育资源包括自有教育活动以来，在长期的文明进化和教育实践中所创造积累的教育资产、教育费用、教育设施、教育人格、教育理念、教育知识、教育经验、教育技能、教育制度、教育品牌以及教育领域内外人际关系的总和。教育资源的分类方法有多种，按其归属性质和管理层次区分，可分为国家资源、地方资源和个人资源；按其办学层次区分，可分为基础教育资源和高等教育资源；按其构成状态区分，可分为固定资源和流动资源；按其知识层次区分，可分为品牌资源、师资资源和生源资源；按其政策导向区分，可分为计划资源和市场资源；等等（冯建军，2013）。目前，在政策、制度、理论研究、实践探索层面，教育资源均衡已经成为解决基础教育非均衡发展的基本思路，解决中小学教育非均衡发展问题的根本在于解决校际、区域之间、城乡之间教育资源，尤其是教师资源的非均衡化问题。这些问题集中反映在三个基本层面。①区域之间的教育均衡发展。教育在省域之间、市域之间、县域之间以及城乡之间都要统筹规划和合理布局，以实现其均衡发展。②区域内部学校之间的均衡发展。③学校内部群体之间的均衡发展。针对这三个层面的教育均衡发展，近期的政策举措集中体现在四个方面：经费保障、学校标准化建设、教师全员培训和跨校跨区定期交流举措，以及城乡和校际对口支援举措。

依据国家的政策举措和相关要求，全国各地积极践行基础教育高位均衡发展政策，并在一定的区域内归纳出了一些可行的实践类型和实践路径，取得了一定的效果。但截至目前，还没有任何一种实践类型或路径能够从根本上解决基础教育失衡的问题，其中的原因固然很多，但最根本的原因可归结为两点：某些基础教育政策刚性有余而弹性不足；地方政府和学校在政策执行过程中有明显失真现象。这两点恰恰是矛盾的共生体，"一刀切"会导致政策受批评，柔性政策又会为执行带来诸多"寻租现象"。以沈阳等地的教师流动为例，对其的批评声音就不绝于耳，如"削峰填谷""办学白开水化"等，铜陵等地的整体推进式改革也被冠以"教绩工程"等名称，"对口支教"等政策往往会导致形式主义的结果，如教师花钱购买支教指标、受援学校不愿接收支教教师等；"集团化办学"因损害社区利益，经常引发被撤并学校所在地区民众的不满情绪；旨在资源重组优化的学校布局调整，也因与"就近入学"等政策存在一些冲突，加剧了某些地区教育的相对不公平；旨在提高教师队伍的"清退代课教师"指令，也因出口机制和补偿机制不健全而遭指责。提升农村中小学教师素质的各种工程，往往因农村学校教师的缺编问题而导致越来越严重的"工学矛盾"（张天雪，2010）。这些实践中出现的问题，说明了实现基础教育高位均衡发展目标的复杂性和艰巨性。

教育公平与教育自由、教育公平与教育效率反映了促进基础教育发展的政府推力和市场推力，前者强调基础教育高位均衡发展要依靠行政驱动，后者强调基础教育高位均衡发展要依靠市场驱动。基础教育提高国民素质的奠基性特征，决定了在政府和市场之间，政府发挥的效力应该是最为基础的。在基础教育高位均衡发展的过程中，政府的职责集中体现为政策的指导、立法的支持、经费的保障、绩效指标体系的建构等，因此，政府应发挥其在政策、立法、拨款、规划等方面的指导作用，变长期以来的理念和政策文本为实际的行动计划，有序地推进基础教育高位均衡发展。①在政策方向上，政府要明确薄弱地区、薄弱学校以及弱势群体的标准和对象，在行动上表现出诚意，在教育增量资源上向这些地区和群体大幅度地倾斜。②在政策力度上，政府要强调从易到难，刚柔并济。要在倾听民意的基础上，使教育政策充分体现公开性，进行阳光化操作，减少在执行政策的过程中出现"寻租现象"。要在最短的时间内，凸显生均经费和教师待遇的弱势群体优先原则，在物力资源和财力资源标准上，实现城乡教育硬件设施一体化。③在政策效果上，结合基础教育实际情况，加大地方各级人民政府的统筹力度，委托专家学者或第三方独立机构确定基础教育高位均衡发展的指标体系，形成对政策执行的科学监管体制。同时，面对不断高涨的教育产业化浪潮，要保持清醒的头脑，明晰推进基础教育高位均衡发展需要市场推力，但绝对不能搞教育产业化；要整合包括企业、市场、社区和公众在内的诸多力量，积聚成公民社会的草根行动，利用市场的利益机制，实现基础教育资源的基本均衡。

第三节　基础教育高位均衡发展的理论依据

作为基础教育发展的目标和价值追求，基础教育高位均衡发展不仅需要教育机构从实践环节切实实施，让教育者形成基础教育高位均衡发展的价值观念和行为方式，更需要从理论上阐明基础教育高位均衡发展的理论基础，从理论上支撑实践方式和方法的科学性和可行性。考察基础教育高位均衡发展的理论依据，就是要找到影响基础教育高位均衡发展的基本学科领域，厘清这些学科领域与基础教育高位均衡发展的关系，探讨这些学科领域的观念、理论和方法是如何影响基础教育高位均衡发展的。结合基础教育高位均衡发展的内涵、本质和特征，基于专家学者已经从经济学、政策学、社会学等学科领域进行的较为深入的探讨，本书把教育公平理论和文化解释理论作为基础教育高位均衡发展的主要理论依据。

一、教育公平理论

作为人类社会古老的理念之一，教育公平对促进教育发展起着非常重要的作用。孔子对"有教无类"的教育主张，柏拉图对实施初等义务教育的见解，亚里士多德对自由民教育权利的强调，都是教育公平的源头和根基。教育的发展历程表明，教育能够帮助弱者摆脱困境，给人提供向社会上层流动的机会，改善人的生存状态，减少社会不公平现象。目前，教育已经成为经济发展的"加速器"、科技进步的"孵化器"、社会发展的"稳定器"、社会分层的"筛选器"。美国"公立学校之父"贺拉斯·曼认为，教育是实现人类平等的伟大工具，它的作用比任何其他人类的发明都伟大得多（约翰·S. 布鲁贝克，1987）。教育这个"最伟大的工具"已经被人们视为实现社会公平的基石（杨东平（a），2000）。作为实现社会公平的基石，教育公平是社会公平在教育领域的拓展和延伸；教育公平也是教育现代化的基本要求，是世界各国教育政策的基本出发点。教育公平不仅能够改善人的生存状态，促进教育高位均衡发展，而且能够推进社会和谐和人类进步。作为提升民众素质的奠基性的教育阶段，基础教育实现高位均衡发展就显得越发重要。

（一）教育公平理论阐释

1. 教育公平理论的含义

作为教育理论特别是教育社会理论的重要组成部分，教育公平理论有其丰富的内涵和表征，集中体现为社会经济决定论、资源分配决定论、文化资本决定论、教育需求决定论、教育本身决定论五大理论范畴（杨桂青，2009）。如果从教育本身和外部视角进行分类的话，这五大理论可以分为两大类：外因决定论和内因决定论。前者包括社会经济决定论、资源分配决定论、文化资本决定论和教育需求决定论，体现为社会的经济、资源、文化以及民众需求对教育公平发展的影响；后者包括教育本身决定论，主要从教育内部的各种影响因素来论及教育公平。社会经济决定论认为，教育中的不公平现象主要是由社会经济发展的不平衡和差距造成的，特别是社会分配差距的扩大和社会地位的进一步分化，导致了教育领域中的各种不公平现象。资源分配决定论认为，教育不公平是由教育资源配置不合理或不公正造成的。文化资本决定论认为，在民主社会，教育不公平的原因是文化资本分配和占有不均衡，而不是一些人认为的物质资本或货币资本。教育需求决定论认为，当前社会教育不公平是由于社会和个人对教育的需求发生了改变，并且与目前的教育公平政策发生了矛盾和冲突，或者说教育需求的模式与教育供给的模式发生了偏差而产生了教育不公平。教育本身决定论认为，教育内部的各种因素，包括教育观念、课程设置、教学行为、评价模式等对教育公平起决定性的作用。

教育公平的五大理论在某种程度上反映了特定时代经济发展落后、社会资源匮乏、文化资本贫瘠的印记，契合教育发展的时代特征，揭示了特定历史时期社会群体的价值倾向，有相应的群众基础，但同时也存在着一些偏差。社会经济决定论揭示了经济发展和民众收入的差距在一定程度上影响了教育均衡的实现，但是却难以解释在经济发展水平和状况相对较好的地区，社会群体对教育公平的指责和批评却更加尖锐的这一情况，说明仅仅从经济收入的角度来解释和分析教育公平是不充分的；资源分配决定论揭示了教育资源的配置对教育均衡发展的影响，却难以解释某些地区的人们虽然生活水平已经达到富裕的程度，但却不愿意送孩子上学的社会现实状况；文化资本决定论揭示了民众拥有文化资本的多寡对教育公平的影响，但却难以解释在对教育公平批评的群体中不仅有文化资本相对占劣势的社会阶层，同时也有大量的文化资本相对占优势的社会阶层，并且批评最为尖锐的群体多是文化资本相对占优势的社会阶层；教育需求决定论揭示了社会民众对教育公平的迫切要求，但这种观点完全把中国当前教育承受的批评归结为民众对教育需求的差异，也是有失公允的。因为当前中国经济的发展，往往以几种不同的经济形态存在，这决定了中国的社会经济政策包括教育政策，在不同地域和群体中实施时会产生大相径庭的结果，只不过这些矛盾冲突在当前显得更为明显；教育本身决定论揭示了教育自身因素对实现教育公平的影响，基于民众的指责和要求，教育本身虽然已经在最大限度上进行了变革，但不管如何变革仍然难以满足民众对教育公平的期盼，因此，完全将教育不公平归因为教育本身也是不恰当的。

2. 基础教育高位均衡发展与传统教育公平理论的契合与超越

基础教育高位均衡发展表现为逐次推进、层层升华的基础硬件储备、校级特色发展、区域品质均衡三个层次。这三个层次，从发展道路上来讲，体现为从学校内部的标准化建设入手，经过学校内涵特色发展，达到学校之间的均衡发展和区域品质均衡。从发展主体来看，学校的标准化建设强调学校教师对外部经费投入和硬件设施的殷切期盼。学校内涵特色发展强调学校师生立足区域文化和对学校内部办学特色的发掘。区域品质均衡强调政府、社会对边远地区、贫困地区、民族地区教育发展的倾斜。从发展策略来看，学校内部的标准化建设强调以政府投资为主的发展道路；学校内涵特色发展强调文化建设对学校的氛围营造和价值引导；学校之间的均衡发展强调创新体制机制对学校发展的意义和价值。就三个层次的关系来看，基础硬件储备是实现基础教育高位均衡发展的前提，校级特色发展是实现基础教育高位均衡发展的关键，区域品质均衡是实现基础教育高位均衡发展的保障，它们共同组成了基础教育高位均衡发展的逻辑之路。从教育公平的社会经济决定论、资源分配决定论、文化资本决定论、教育需求决定论、教育本身决定论五大教育公平理论范畴与教育高位均衡发展的契合程度来看，基础硬件储备层次在一定程度上契合社会经济决定论、资源分配决定论、文化资本决定论的理论观点，它体现了社会对教育的制约和决定作用，反映了社会民众对经济、资源、文化等方面的均衡化要求，是社会公平在教育领域内的直接映射。校级特色发展层次蕴含的学校特色以及学生个性发展，是社会民众对优质教育的热切期盼，是学校立足自我、苦练内功、彰显文化的必然要求,在一定程度上契合教育需求决定论、教育本身决定论的本质要求。区域品质均衡层次要求政府、社会、学校和个人通过各种手段和方法向薄弱学校、弱势群体倾斜,以达到优质高位均衡的目标要求,这实际上体现了社会的经济、资源、文化以及教育内部各个要素的综合力量,也就是教育公平五大理论的总体要求。

一般来讲,经济基础决定上层建筑,教育的发展要符合社会发展的实际,但教育发展的相对独立性在某些方面又对基础教育高位均衡发展的层次划分提出了挑战。在某些情况下,可能会出现某些学校的基础硬件储备没有达到标准化的要求,也就是在办学条件不能满足教育发展需求的情况下,能够超越第一个层次即基础硬件储备层次直接进入第二层次即校级特色发展层次。这种现象从最初的个案,已经慢慢地成为达至教育高位均衡发展的一条途径,鲜明地反映了中国"农村学校办优质教育"的实践创新特色。这种实践特色既是对传统应试教育做法的超越,又是对当前正在深入推进的课程改革理念和要求的回应,体现着强烈的时代特色和巨大的生命活力。

(二)教育机会均等

1. 教育机会均等的含义

在教育公平的理念超越了身份制、等级制的历史阶段之后,平等接受教育作为一项基本人权,已经成为现代社会普世的基础价值观。1948 年,联合国大会通过的《世界人权宣言》明确规定"人人都有受教育的权利"。然而,事实上存在的社会政治经济地位的不平等和个体差异,并没有使教育机会均等从人类理想变成社会现实,由此,教育机会均等就自然而然地成为当代推进教育公平需要解决的核心问题。

一般认为,教育机会均等是指各族群接受学校教育的学生在总学生数中所占的比例应与各族群在同一年龄人口中所占的比例相等。1960 年,联合国教育、科学及文化组织详尽阐述了"教育机会均等"的概念,包括"消除歧视""消除不均等"两部分。"歧视"是指基于种族、肤色、性别、语言、宗教、政治或其他观点、民族或社会出身、经济条件或家庭背景之上的任何差别、排斥、限制给予某些人以优先权,其目的在于取消或减弱教育中的均等对待;"不均等"是指在某些地区之间和团体之间存在的、不是故意造成也不是因偏见形成的差别对待(马和民,高旭平,1998)。教育机会均等的原则主要是为了改变处于不利地位的社会阶层的教育状况,它"意味着任何自然的、经济的、社会的或文化方面的低下状况,都应尽可能从教育制度本身得到补偿"(查尔斯·赫梅尔,1983)。

通常认为，教育机会均等包括三个不同层面的内容，即起点平等、过程平等和结果平等。起点平等是指教育机会的平等、入学机会的均等。这是一种最低纲领的公平诉求，在实践中尤指保障儿童接受义务教育的权利和机会的平等。过程平等是指个人或群体在教育的不同部门和领域内经历和参与教育的性质和质量，例如，个人或群体参与教育的选择性，通过各级各类教育之间的开放性、可流通性以保障个人或群体能够接受所需要的教育。结果平等是指最终体现为学业成就、教育质量的平等，是一种实质性的、目标层面的平等。机会平等、过程平等和结果平等这三种不同性质的平等观代表了三种不同的价值观，也大致反映了教育平等所经历的不同阶段。

2. 基础教育高位均衡发展与教育机会均等的契合与超越

基础教育高位均衡发展包括基础硬件储备、校级特色发展以及区域品质均衡三个层次。基础硬件储备是指在学校的建筑外观、教室的桌椅板凳、学生的活动场所设施、饮食起居以及师资配备等方面需要达到一定的标准，以使城乡之间、区域之间的适龄儿童在求学时能够进入比较理想的学校，不会因为学校的硬件设施和师资力量的差异而造成其学业成绩的不理想。这种办学基本条件的标准化实际上是为了保障学生入学时的平等性，这种平等性实际上就是教育机会均等的起点平等。学生入学后，在学习的过程中，教师要保证在课堂教学中公正合理地对待每一位学生，不能因学生的家庭出身、父母的经济和社会地位、性别差异、成绩好坏等而有偏见，产生事实上的教育不公平，这是其一；在学校的发展中，上至领导下至一般教师都要积极进取、锐意改革，以创造出独特的学校文化，满足学生的个性发展需要，这是其二。这两个目标，实际上就是为了保证学生在学习过程中能够接受高质量的教育，这也是实现基础教育高位均衡发展的关键环节。这一过程实际上就是教育机会平等的第二步，即教育过程平等。区域品质均衡是基础教育高位均衡发展的最高层次，这个层次是在学校个性化特色构建、保障学生个性发展的基础上，突破学校的阈限，在区域范围内达到学生的理想发展，这个层次的特征和要求实际上就是教育机会均等理论的第三个阶段，即教育结果平等，也是人们追求的最终目的。

一般来说，基础教育高位均衡发展要经历以上所说的基础硬件储备、校级特色发展、区域品质均衡三个层次，这三个层次契合教育机会均等倡导的起点平等、过程平等和结果平等的三个阶段。在实践过程中，基础教育高位均衡发展可能会存在没有达到基础硬件储备层次的硬件要求的情况下，通过学校的"卧薪尝胆"而直接达到校级特色发展层次的本质要求，这是对教育机会均等理论的超越，这个超越是中国"穷国办大教育"中特别值得肯定和推崇的经验，值得我们特别关注，也是本书研究的重点内容。

（三）挑战教育公平理论

教育公平理论虽然在某些程度上对基础教育高位均衡发展进行了解释，但是一个不容忽视的问题是：中国的教育改革和发展虽然已经取得了令世人瞩目的非凡成就，但这些成就并不是像教育公平理论期盼的那样完美，反而在更大程度上引起了人们对教育不公平的关注和讨论，这个问题就成为教育公平理论的"解释残余"（杨桂青，2009）。这个问题反映了教育公平理论在实践领域的复杂性，教育高位均衡发展作为人类追求的教育目标，其实现的过程将是非常曲折的。这一现实充分揭示了在社会转型时期，教育发展在一个相当长的时期内并不会提高教育公平的程度，甚至会引起更大的不公平。但是，随着教育的进一步发展，特别是教育扩张与教育机会分配改革的结合，教育公平将会逐步得到改善和提高。因此，在教育公平的发展过程中，也同样会出现一个类似于库兹涅茨倒 U 形曲线的变化过程，这也是教育公平发展的一个基本规律（杨桂青，2009）。这个基本规律要求我们必须树立促进教育发展的长效机制，只有通过长期发展才能实现教育公平目标。同时，我们应该明白教育公平是一个历史发展概念，这个概念将随着教育的发展而不断发生变革，由此也决定了实现基础教育高位均衡发展的长期性和曲折性。

二、文化解释理论

随着民权运动和青年学生的反文化运动的发展，西方社会从 20 世纪 70 年代开始聚焦教育中的民主、平等问题，研究的重点开始倾向于社会不同阶级、不同种族与教育均衡之间的关系，以求为学生发展创造公平的社会条件。自 20 世纪 80 年代中期以来，研究者开始关注文化对教育高位均衡发展质量和效率的影响，而教育高位均衡发展中的阶级、种族矛盾不再是其关注的焦点。总体来看，国外对文化与教育高位均衡发展关系的研究历程是沿着课程与政治的关系研究、课程实施效率研究、课堂教学变革研究的道路展开的，这是一个逐渐接近并深化文化研究的发展道路。文化研究的广泛开展，促使人们开始关注多元文化对教育高位均衡发展的影响，开始关注社会不同群体乃至个人的文化背景和发展需求对教育高位均衡发展的影响。受国外研究的影响，中国的教育高位均衡发展文化研究在 20 世纪 90 年代开始加速，其既注重吸纳国外先进的教育理论，又注重对中国传统文化的深度挖掘。

（一）文化解释的意义

1. 文化缺失呼唤文化研究

教育与文化有着天然的血肉关系，教育本身就是一种文化现象，然而，传统教育中的"文化缺失"问题却大量存在。①传统教育思维方式造成了"文化缺失"。传统教育思维方式过于注重对抽象的文化价值的操作，始终漠视并缺失教育的文化现实境遇性与群体性，造成了一种严重的"文化缺失"。②课程的文化锁定机制造成了"文化缺失"。课程的文化锁定机制即课程完全受制于现实的"法定文化"的规范与旨意，机械地、盲目地甚至麻木地服从、服务于政治化了的社会文化。立足于使个体社会化的指导思想与宗旨，在学校教育和课程发展中居主导地位的社会中心教育理论、课程理论都赋予了学校课程对某种社会文化认同、承载、占有、分配、辩护的机制，使学校课程在本质上暴露出其作为社会现实文化工具存在的品性，从而造成课程自主性文化品质以及文化创新能力的缺失。这种情况使得课程虽然传承文化，但却不是文化，课程扮演的是一种"文化筐"与社会主流文化"传声筒"的角色，这是文化灌输式和文化占有式教育和学习的深层依据（郝德永，2003）。③"解构式"的研究模式也造成"文化缺失"。在课堂教学领域，以往的研究大多注重要素的分析，是一种对课堂的"解构式"研究（周浩波，王永峥，1996）。"解构式"的研究模式，忽视了作为整体的课堂教学的意义，忽视了对课堂教学的文化底蕴的探究，同样存在着严重的"文化缺失"问题。这种文化缺失在以知识传授为教学主要任务的应试教育中，没有必要也不太可能引起人们的研究欲望。因为应试教育下的课堂教学主要是一种工具性的价值存在，缺失了自身的本体价值。在教育高位均衡发展中，受社会人本化思想等的影响，教育高位均衡发展中出现的新的文化价值观和文化因素，引起课程设置、师生关系、教学方法以及学习方式等相应地发生变革。这种变革强烈呼唤课堂教学要以人的发展为本，满足"教学回归生活"的要求，体现教育的人文关怀。新课程对课堂教学的全新要求，呼唤人们摒弃传统教学的工具化倾向，转向关注课堂教学的本体价值，使得文化的构建成为时代发展的必然需求。充满生命活力的课堂教学文化的呈现，不仅可以解决传统教育思维方式中存在的"文化缺失"问题，关注具体的而非抽象的学生，能够促使学生更加全面地发展和师生和谐关系的建立，而且还能够从全面的、整体的视角来研究课堂教学，保障课堂教学中的各个要素发挥出最大程度的合力。

2. 文化转型呼唤教育高位均衡发展

后现代知识观、建构主义理论以及多元智能理论等经典理论是中国第八次课程改革的主要理论基础，它们曾经在国外教育发展和培养人才方面做出了很大的贡献。但是，这些理论生发的土壤都是教育水平比较发达，同时国民的知识教育水平和整体素质都比较高的西方国家。处在转型期的中国，国民的整体素质还有待提高，传统文化正在发挥着越来越大的作用，这些现实情况是我们实施新课程的基础，我们不能离开这些基础而片面强调基础教育高位均衡发展的优点和长处，这些经典理论只有和中国本土的民族文化传统相结合，才能有合适生长的土壤。

基础教育的均衡发展不能离开观念与体制的变革。教育自身的文化属性以及作为文化传递重要载体的双重角色，要求有适合基础教育高位均衡发展需要的文化做保障。作为隐性存在的力量，文化潜移默化地影响着师生的行为，影响着改革的进程。这种隐性存在的力量并不是依靠制度的力量能够解决的，它需要文化的自觉。

在新课程改革的推行过程中，只有实现了文化转型，才能真正地实现改革的目标。基础教育高位均衡发展需要适宜的文化，这不仅是基础教育高位均衡发展对文化提出的要求，同时文化变革也是基础教育高位均衡发展得以顺利推行的保障，两者是辩证统一的。教育高位均衡发展从本质上说，就是批判和改变落后于时代的应试教育的强势文化，代之以转型改革的素质教育的新文化（钟启泉，2006）。因此，在基础教育高位均衡发展中就必须认真研究文化的作用，实现文化的转型。

3. 文化影响是教育高位均衡发展的重要保障

文化影响是制定教育高位均衡发展政策和实施课堂教学的重要保障。在多元文化和社会分化的全球化背景下，基于国家利益而由社会群体中的政治精英和知识分子发动的教育改革，其宗旨在于赶超发达国家的教育改革。这种容易忽视社会内部群体利益要求的改革，有可能带来现代国家发展的中断。在这种情况下，仅仅从大国的兴衰和民族国家的共同利益出发，片面强调技术变革对教育高位均衡发展的影响，显然难以保证国家教育均衡发展的合法性，而诉诸道德判断和非理性的判断也无助于说明问题。这就需要我们转换思维方式和更新知识基础，加强对教育高位均衡发展复杂性的认识，寻找正确的前进方向和动力（胡定荣，2006）。要认识教育高位均衡发展的复杂性和艰巨性，需要把教育高位均衡发展及其政策放在复杂的社会历史文化背景下进行分析。所有的教育高位均衡发展及其政策的变化都是广泛复杂的社会文化变化的一部分，并且社会文化的变化又是与社会的政治经济发展战略的关注点密切相关的。当我们立足社会、历史、文化因素来分析教育高位均衡发展时，就会发觉文化因素在教育高位均衡发展的历史中起着重要的作用。文化不仅制约着教育高位均衡发展的政策制定，更深及课程实施层面的课堂教学。与政治、经济因素对课堂教学起直接作用不同的是，文化对课堂教学所起的作用是潜在的、深层次的：文化的变革会从根本上影响课堂教学的变革，从而形成新的教学形态，呈现出新的文化特质。若轻视文化就会忽视教育高位均衡发展的真正动因，导致错误的归因和表面肤浅甚至无效的行动。

（二）文化对基础教育高位均衡发展的促进

1. 对文化的理解

人们无时无刻不处在文化之中。从纵向上看，文化是人类积累、持续创造并努力延续到未来的历史世界。从横向上看，文化是人们通过复杂多样的社会交往而日益扩大、层层融合的现实世界。至今为止，作为一个内涵最为丰富的词汇，文化的概念一直是最难以界定的。究其原因，既有学科体系的差异，方法论上的分歧，更有政治视野的差别，民族语言表达方式的不同。

"文化"一词，在中国原本指"以文教化""文治与教化"，与武力征服相对应，即所谓的"文治武功"。在西方，"文化"一词最初源自拉丁文"cultura"，出自拉丁动词"colere"，原初意义指人对外在的自然世界特别是对土地的耕作和改良、植物的种植以及居住、练习、留心或注意等。通过对"文化"起源的分析，可以得知：文化既指人类的耕作和繁育；也指人对自身的教化，体现为人对自然的改造；也表现为心智的成熟、后天习得的能力以及道德、修养等。自近代以来，文化的内涵逐步由原初的单一特征，发展为具备了多学科的特征。

18世纪之后，现代意义上的文化概念被欧洲思想界逐步采纳。在启蒙运动时期的思想家的著作中，"文化"被解释为"心灵的普遍状态和习惯""整个社会里知识发展的普遍状态""各种艺术的普遍状态"，这是"文化"在西方思想史上第一次获得了重要的含义转变（雷蒙德·威廉斯，1991）。文化与教养联系了起来，"文化程度""文化水平"成了理性的表现。19世纪，英国人类学之父爱德华·泰勒在《原始文化》中对文化概念进行了比较权威的论述：就其在民族中的广义而论，文化是个复合的整体，它包含知识、信仰、艺术、道德、法律、习俗和个人作为社会成员所获得的其他能力及习惯（马文·哈里斯，1988）。按照泰勒的理解，文化是民族的生活方式，包括观念形态和行为方式，提供道德和理智的规范。文化是人们通过学习而得的行为方式，为社会成员所共有；文化作为信息、知识和工具的载体，是社会生活环境的映照；作为人类认知世界和认知自身的符号系统，文化是人类社会实践的一切成果。泰勒的文化定义，至多界定了文化的范围、文化所属的基本属类，它告诉我们哪些对象是文化，哪些不是；既非本质揭示，也非功能分析。虽然是描述性的，强调以精神文化为主的狭义的文化观，但泰勒却第一次界定了文化的基本范围。

19 世纪末，以文化人类学的兴起为契机，现代西方文化研究真正发展起来。从对原始部落文化的实证研究开始，西方文化研究逐步形成了实证主义和人文主义两大传统。19 世纪末到 20 世纪初，在德国，新康德主义者李凯尔特和韦伯认为，文化是在某种类型的社会生活和组织中起不同作用的各种价值和思想体系。以美国社会学家帕森斯、米尔通、西尔斯等为代表的结构功能主义学派认为，文化概念只是一种价值体系的标志，制约着人类的行为方式。作为社会体系的一个有机部分，文化决定了对人类行为方式进行调整和管理的水平。此外，法国学者列维-斯特劳斯和美国学者西皮尔开创了结构主义人类学研究，弗洛伊德开创了文化心理学的研究方向等。这些对文化问题的研究，大多采用了实证分析的研究方法，得出的结论都脱离不了其所依靠的各种具体学科，具有学科局限性。19 世纪末到 20 世纪的哲学家，注重用哲学的思维框架来研究不同的文化概念。至此，"文化"发展成为一个哲学范畴的词语，由动词转向名词，意为一种习得的方式、沿袭的观点观念、有效的价值和认知范畴（倪梁康，2007）。

全球化进程的加速，强烈呼唤有相对一致的文化定义。联合国教育、科学及文化组织在起草"世界文化发展十年（1988—1997）"的基本文件时，采用了一个包容度更广的文化概念：在不否认表现在艺术和智力活动中的创造性的重要性的同时，拓宽对文化的认识是重要的，要把行为模式、个人对他或她自身的看法、对社会的看法、对外部世界的看法都包括进来。从这一视角出发，一个社会的文化生活可以看成是通过它的生活和存在方式、感觉和自我感觉，它的行为模式、价值观念和信仰的自我表现（闵家胤，1995）。

通过对文化概念和特点的历史梳理，结合本书研究的主题，我们可以进一步聚焦文化。首先，文化是一种思想意识层面的观念存在。哈贝马斯认为，文化就是在人们的生存和发展历史中形成并通过人们的各种活动而表现和传承的行为方式、价值观念、风俗习惯、语言符号、知识系统的整体，核心是价值观念（石中英，1999）。此外，文化是一种生活方式。克鲁克洪认为，所谓"一种文化"，指的是某个人类群体独特的生活方式，他们整套的生存式样（克莱德·克鲁克洪等，1986）；"文化是社会成员通过学习从生活上获得的传统和生活方式，包括已成模式的、重复的思想方法、感情和动作（即行为）"（马文·哈里斯，1988：6）；"文化如果得到正确的描述，人们就会认识到存在一种具有特殊性质的生活方式，认识到这些性质之间的相互关系"（克莱德·克鲁克洪等，1986：7）；广义地说，文化一般指人们的生活方式。并且事实上，人类文化表现在各种各样的特定文化上，也就是说表现在一些主要的人类群体的特殊的生活方式上（唐莹，1994）。

2. 文化层次契合基础教育高位均衡发展

文化概念和内涵的多元化，决定了文化类型的多样性，专家对此有不同的理解。中国学者张岱年、程宜山（2006）从文化层次划分的角度认为，文化主要包含三个层次。第一个层次是思想、意识、观念等。思想意识中最重要的有两个方面：一是价值观念；二是思维方式。前者指事情"为什么这样做"，属于价值判断问题；后者指事情"如何去做"，侧重于行为模式方面。第二个层次是文物，即表现文化的实物，它既包括像哲学家的著作、文学家的文化艺术作品一类的"物"，也包括科学技术物化形态的"物"，即人工改造过的物质。第三个层次是制度、风俗，是思想观点凝结而成的条例、规矩等。在这三个层次中，第一个层次即思想、意识、观念是文化的核心，它规约着人们的价值判断和行为方式，预见着文化的结果和形态，因此，第一个层次会对其他层次产生制约和影响。

从基础教育高位均衡发展包含的三个层次，即基础硬件储备、校级特色发展、区域品质均衡的内涵来看，其与以上论及的文化层次有一定程度的契合。具体来说，基础教育高位均衡发展的基础硬件储备层次契合文化的文物层次，两者均表明了物质基础对人类发展特别是基础教育发展的基础作用，是最基本的要求；校级特色发展层次契合文化的第一个层次，即思想、意识、观念等的有关内容，两者均表明，在社会发展与学校进步中主体的价值观念、思维方式的重要性，科学的价值观念和思维方式能够促进良好教育行为习惯的养成；基础教育高位均衡发展的区域品质均衡层次的推动主体是政府和社会，政府推进区域品质均衡的重要举措就是政策、法规、制度的制定和有效实施，社会推进区域品质均衡的重要表现是民众对高质量教育的追求和向往，这种长期形成的追求和向往将形成一种根植于民众血脉、支配民众思维方式和行为习惯的社会文化氛围，这种社会文化氛围即人们通常所说的风俗，区域品质均衡层次的内涵表现实际上契合文化的第三个层次，即制度、风俗。

3. 文化生成促进基础教育高位均衡发展

文化生成主要强调文化从形成、发展、传递以及危机等几个方面，能够对基础教育高位均衡发展产生作用。

1）文化形成源于内源性作用和外源性作用。某种新文化的形成，既意味着原有文化范式存在着危机，被新的社会实践和文化精神所取代和扬弃，也意味着新的文化要素、文化特质、文化精神的凝结和提升。内源性作用指的是某一既有文化模式内在的矛盾和冲突所引发的文化危机，强调对原有文化的批判和扬弃，对新的文化精神的总结和提升。外源性作用强调外来文化对原有文化的入侵和冲击，继而产生新型文化。两个方面共同发挥作用，才能达到文化形成的目标要求。内源性作用和外源性作用对基础教育高位均衡发展的启示有：基础教育高位均衡发展的提出和实施，是社会和民众对教育公平的期盼和高质量教育的追求，对办学基本条件标准化的呼吁，这些追求和呼吁是促进基础教育高位均衡发展的外源性作用；同时，实现基础教育高位均衡发展的关键性环节即校级特色发展需要依靠学校内部力量的整合，通过学校内部文化特别是课程文化和教学文化的革新来完成。只有两个方面共同作用，才能达到基础教育高位均衡发展的目标要求。

2）文化发展源于文化的冲突和整合。文化冲突和文化整合是由文化本身的特质所决定的，作为文化发展的基本矛盾，文化冲突和文化整合是当今人类文化的两种存在方式。文化冲突是人类文化发展演进的主要动力，文化冲突中必然包含着文化整合，同时文化整合中也必然有文化冲突的成分。从文化发展的历史进程来看，文化冲突的过程往往是异质文化的进一步共存与整合的过程，每一次经过整合产生的新的文化又会孕育更为深刻的文化冲突。从文化发展的趋势来看，文化的整合是文化发展的主流，因为所有文化最深处都必定是相通的和统一的。从这个意义上看，与差异和冲突相比，不同文化间的交流和整合显得更为重要和根本，文化冲突只是在某些发展阶段表现出来的支流。在理解文化发展时，我们既要反对文化霸权主义和强权意识，同时也要抵制文化、民族中心主义，既要超越文化意识上的"西方中心主义"，也要超越文化意识上的"东方中心主义"，从而用一种双向互动的视域来看待多元文化的交流互融。文化冲突的永恒性和文化整合的短暂性对基础教育高位均衡发展的启示有：基础教育高位均衡发展中的各种要素，如硬件设施、民众要求、社会支撑、学校变革、政策制度等在基础教育高位均衡发展中都起着非常重要的作用，每个要素内部在不同的时间内都会因社会发展而呈现出矛盾冲突，并且不同要素之间在同一时间和不同时间内也存在着矛盾冲突，这些错综复杂的矛盾构成了基础教育高位均衡发展三个层次内部以及彼此之间的多元冲突，共同促使基础教育发展从外部硬件条件的满足到特色化学校的呈现，直至最后通过社会和民众的努力达到区域基础教育高位均衡的目标。

3）文化传递具有濡化与涵化两种基本模式。濡化强调文化适应，突出文化延续和个体文化化，作用在于保持文化传递的连贯性；涵化强调个体通过接受异己文化，使文化发生变迁。濡化靠老一代指示、引导并强迫年轻一代接受传统的思想观念和行为方式，主要是以奖励或鼓励为基本手段，教育每一代人不仅重复前一代的行为，而且奖励与自己濡化过程相适应的行为，惩罚与濡化过程不相适应的行为（马维·哈里斯，1989）。涵化强调在文化接触中两种文化所发生的变化，如代换或替代（指新的文化特质取代了旧的文化特质）、附加（指新的文化特质依附于原有的文化特质）、纵摄（指文化的同化或融合）、退化（指失去文化特质，又没有新的文化可以取代）、创造（指产生了新的文化特质）、抗拒（指原有文化对新的特质的反抗）（周大鸣，乔晓勤，1990）。相比而言，文化的濡化处于文化发展的初级水平，是保持文化稳定的重要机制；文化的涵化处于文化发展的高级阶段，是保证文化变异的重要机制。濡化与涵化共同作用，使文化传统在历史的发展中既表现出一定的连贯性和延续性，又体现出相应的变迁性与发展性。濡化与涵化表征的文化连贯性和变迁性，形成了文化传递的两种基本模式，对基础教育高位均衡发展有一定的启示：在基础教育高位均衡发展中，基础硬件储备体现的物质文化、校级特色发展体现的课程文化和教学文化以及支撑区域均衡发展的制度文化等随着政治经济制度的发展必然会不断地发生改变，这种改变反映着民众的呼声和基础教育的发展要求。这些变化虽然表现出新的内容和特征，但一定是建立在已有的基础之上，我们既要看到基础教育高位均衡发展的变迁性，同时也要看到其中的连续性，不能揠苗助长、陵节而施。

4）文化危机由文化的自在性与超越性的矛盾造成。自在性指文化在历史形成中所呈现的维护自身稳定的特质；超越性指文化克服冲突实现发展的特性。一种文化范式的生成总是基于文化内在的超越性和自在性之间的矛盾，这种矛盾既造成了旧文化的危机，同时又生成了新型文化。中国当前的文化状况，一方面表现为超越中国的传统文化，并在汲取中国传统文化精髓的基础上进行现代文化的创新和超越；另一方面表现为借鉴和吸收外来文化精华。

第三章 基础教育高位均衡发展现状解析

作为一个含义丰富、难以说明但必须阐释的概念，"区域"是进行基础教育高位均衡发展研究中的一个重要词语，它统摄的地域与范畴成为基础教育高位均衡发展研究的基础。地理学意义上的区域是指按自然地理特征划分的地域单元；政治学意义上的区域是指按行政权力划分的行政单元，其边界与行政区划界线相重合，在中国主要是指乡镇域、县域、市域、省域；社会学意义上的区域是指语言、信仰和民族关系特征上的人类社会群落，其边界可以超越行政区划界线和地理区域；经济学意义上的区域则有几种解释（彭世华，2003）。鉴于本书主要是通过对省级、市级基础教育高位均衡发展的实践做法的归纳和总结，以探求当前中国基础教育高位均衡发展的现状与问题，因而本书所运用的"区域"是指政治学意义上按行政区域划分的省域和市域。

第一节 基础教育高位均衡发展的实践探索

中国地域广阔，人口众多，不同的经济发展水平、文化环境氛围以及传统习俗使得各地在推进基础教育高位均衡发展方面的做法各不相同，出现了不同的实践发展类型。

一、省域实践探索

行政区划就是国家根据政治和行政管理的需要及有关法律规定，充分考虑经济联系、地理条件、民族分布、历史传统、风俗习惯、地区差异、人口密度等客观因素，将全国的地域划分为若干层次大小不同的行政区域，并设置相应的地方国家机关，以实施行政管理。行政区划以国家或次级地方在特定的区域内建立一定形式、具有层次唯一性的政权机关为标志。行政区划因不同的国家结构形式而不同。根据行政区划的不同，基础教育高位均衡发展实践在上海、北京、辽宁、湖北、浙江、山东以及安徽等地呈现出不同的但比较典型的做法。这些做法是各地依据自身实际，充分考虑相关要素，经过实践探索，在充分体现自身智慧的基础上，形成的既有同构性又有差异性的实践类型（张天雪，2010）。总体上讲，这些类型多处于探索初期，属于资源投入阶段，还没有产生自主"造血"功能。

（一）上海打造"集团化办学"

"集团化办学"是上海立足国际化都市的实际，以开阔的视野率先进行教育资源整合，通过师资优势互补等方式实现资源共享，促进基础教育高位均衡发展的做法。

集团化办学的基本指导思想就是以强带弱，以大带小，实现资源共享。在诸多的集团化办学中，建平中学就是其中代表之一。建平中学创建于 1944 年，是教育部确定的德育大纲试点实验学校，"合格加特长""规范加选择"的建平教育模式令世人瞩目。20 世纪 90 年代初期，建平中学持续性地以"集团化办学"方式整合教育资源，提升薄弱学校的效能。目前，建平集团已经成长为跨国发展的巨型教育集团，并被视为集团化办学的开创者。集团化办学，在实际的操作层面主要通过"兼并、创设、联盟"三种战略手段来完成（张天雪，2010）。"兼并"主要是指建平中学借助学校区域布局调整和薄弱学校改造的机会，倚重重点学校、优质学校和示范学校，兼并规模小、业绩不佳的学校，如建平中学先后兼并了梅园中学和花木中学；"创设"主要是指以集团名义新建学校，这些新建学校多具有民办性质，除了以集团品牌形成教育的聚集力，满足部分家长择校的需求外，还新建了虚拟网校，以发挥虚拟资源在办学中的重要作用；"联盟"主要是指强强联手，优势学校之间共同联合，形成跨层次、跨区域的学校联合体，实现强强联合，如建平中学与美国费城中央联合中学携手合作。除了"兼并、创设、联盟"三种战略手段外，上海在探索师资力量优势互补，提升基础教育高位均衡发展中也进行了探索，典型的做法有"校长职级制""走校制""教师转会""对口签约""专家实验"。

"校长职级制"是指对普通中小学专职从事学校行政领导工作的校长职务所设置的岗位等级系列。校长职级制是从事该职务人员的能力标志，又是校长资格、水平实绩的体现。在实行职级制前，校长的交流与流动一直是组织部门棘手的事，学校行政级别、收入待遇的高低等问题，很难让学校干部流动起来。校长职级制的实行，消除了校长在不同学校的待遇差异顾虑，大部分校长在调动过程中都表现得态度积极、顾全大局、服从安排。由于职级制评价的导向是注重实绩、注重能力、鼓励冒尖，使得一大批优秀中青年校长通过竞争脱颖而出。校长的待遇与职级和教育教学实绩挂钩，与各校经济创收效益脱钩，充分调动了校长办学的主动性、积极性。这种责、职、权、利的四统一，对于改造薄弱学校、推进区域内基础教育的均衡化，激励更多、更优秀的校长到薄弱学校勇挑重担，发挥个人的才能，体现自身价值都起到了积极作用。

"走校制"是指让优秀的师资定期流动到不同的学校，或是让优秀的教师同时受聘于多所学校，在不同的学校任教。此举在一定程度上能为"择校热"降温。

"教师转会"是指针对教师流动中的矛盾，借助市场经济的契约原则和经济杠杆作用而实施的教师有偿流动方法。教师转会的具体做法是：教师流动按有偿方式进行，学校想要引进或调走哪位教师，可以到区教育局人事科挂牌，由双方学校协商，调入学校给予调出学校一定的"转会费"。教师"转会"的具体手续由区教育人才服务中心统一办理，流动补偿金也由该中心统一收转，收到补偿金的学校大多将这笔费用再用于教师的培训和培养。这一方法由上海市松江区、杭州市上城区提出并予以实施，在全国范围内引起广泛瞩目。

"对口签约"是指优势学校与薄弱学校，通过资金、设备、师资等方面的合作建立长期稳定的友好关系，优势学校积极主动地做好对接，努力改变薄弱学校落后的教学模式、教育方法，着力提高教育质量。

"专家实验"是指大学教授、教育研究机构的专家到中小学课堂教学中，将自身的理论研究优势与课堂教育教学问题实际结合，帮助中小学教师解决一线教学中的困难，提高教学效率的做法，此法颇具行动研究的意味。这种做法的典型代表是叶澜教授带领自己的博士团队，深入中小学开展教育教学研究，此举深受一线教师喜爱。

（二）北京注重整体规划发展

"整体规划发展"是立足北京的人才优势和资金优势，改造薄弱学校，促进义务教育高位均衡发展。北京实践探索的特点在于政府主导性强，注重义务教育高位均衡发展的整体规划。

从"十一五"规划实施起，北京就非常注重教育发展的规划。朝阳区针对区内小学数量多、分布广、差异大、类型杂的特点，运用建设指标体系的方法来强化对薄弱学校的改进，加强义务教育均衡发展的前瞻性、学理性和政策的倾斜性，逐步构建起小学三级管理体制，实行学区化管理，不断缩小区内小学教育的差异。东城区探索校区制，即在学段之间探索软硬件资源共享机制，促进各学段有机衔接、融合发展。房山区以山区中学搬迁为突破口，带动全区学校布局调整，义务教育整体水平明显提升。顺义区实施"城乡联动"教育改革，搭建起组团式发展平台。2006年，北京市实施了薄弱初中改造工程，产生了较大的影响力。这项工程是由北京师范大学和首都师范大学的教授、博士组成的专家团队，在政府的全额投入下，深入学校现场，遵循国际上通行的学校改进的建立学校愿景、培养有效领导、促进教师专业成长、加强学校内外信息互动和提高学生学业成绩等五条途径，改变首都义务教育发展中的"豆腐腰"现象。总的来说，"十一五"期间，北京市通过实施中小学标准化建设、圆满完成初中建设工程、推进小学规范化建设、实施农村义务教育系列工程等举措狠抓薄弱环节建设；通过实施中小学办学条件达标行动计划、保证居民区配套教育设施建设等举措科学规划、合理布局，实现了办学条件均衡配置；通过名校办分校、城乡中小学"手拉手"、学区化管理等举措扩大了优质教育资源共享。

除了注重整体规划，北京也强调师资在基础教育高位均衡发展中至关重要。教师支教、启动农村中小学教师研修工作站等举措重点加强了农村教师队伍建设，推动了干部教师队伍优质发展。北京实施教师队伍建设的系列工程中，重点实施了两项工程用于加强干部教师队伍建设（王超群，2011）。一方面，倡导教育家办学，力争推出一批在全国具有影响力的新时代教育家校长；另一方面，实施骨干教师发展计划，构建市级负责重点培训、区县实施全员培训、分层分岗、研训结合的教师培训体系。同时，制定中小学教师区域交流方案，推进教师交流改革。

（三）湖北聚力提升农村师资

提升农村师资是立足湖北教育大省而非教育强省的实际，从解决农村教师短缺、质量不高的关键性问题入手，通过实施农村教师资助行动计划（以下简称"资教生"制度)、农村教师特录计划、"启明星计划"缓解师资短缺，提高教师素质。湖北实践的特点是以政府为主导，通过农村师资的配备和教育教学能力的提升，达到基础教育高位均衡发展的目标。

为了推动农村教育发展、促进教育公平，缓解农村教师紧缺，提高农村教育水平，2004 年，湖北在全国率先启动"资教生"制度，通过政策引导、经济激励等措施，每年招一批优秀大学毕业生到农村乡镇学校任教，省教育厅每年拨 1000 万元专款用于这项计划，同时，还出台服务期内政府每年奖励 5000 元、工资提前定级等 12 项优惠政策调动资教生的积极性，资教生 3 年服务期满后可留可走。[①]从实施效果来看，资教生服务期满后，超过一半的人选择留在农村，正式成为当地的教师。湖北的"资教生"制度可以说是典型的政策创新，其中的激励机制、选拔机制、培训机制、服务机制、后续跟踪等做法是极具实践智慧的操作措施。

从 2012 年 7 月开始，湖北设置农村义务教育学校（不含县城）教师岗位，实行"国标、省考、县聘、校用"的新机制，面向社会公开招聘教师，实施农村教师特录计划。招录对象为在岗而未入编的符合条件的资教生（含特岗生）、应届或往届大学本科及以上学历毕业生，年龄在 30 周岁以下。新录用教师实行年薪制，边远贫困地区每人每年 3.5 万元，其他地区每人每年 3 万元。为鼓励"优者"体面教书和有尊严地生活，湖北还出台了其他优惠政策：农村义务教育教师绩效考核时，如果达到考核要求，相关待遇可适当高于城区教师；给农村教师上医疗和养老保险；对在农村工作的湖北名师、特级教师、骨干教师每月发放定额补助；为新进教师、城乡交流教师建设周转房；教师住房公积金纳入财政保障范畴；每年选派农村教师参加海外培训等。这是湖北在全国率先启动"资教生"制度后的又一新创举，标志着湖北在改善农村教育、实现义务教育均衡发展方面，已从单纯的资教行为转变为一种长效机制。

2012 年，湖北实施了"启明星计划"，该计划指每年在全省范围内从城镇学校选派 500 名左右优秀干部和骨干教师组成启明星团队，到农村乡镇以下学校任职任教 3 年，省教育厅奖励启明星校长每人每年 2 万元，启明星教师每人每年 1.5 万元。通过这种城乡教师的交流融合，进一步促进县域义务教育均衡发展。[①]

（四）浙江充分利用民间资本

充分利用民间资本是指浙江省政府充分发挥财政实力较强、民间资本雄厚、城

---

① 光明日报. 2012-05-18. 突破农村教育发展的瓶颈——湖北积极探索农村义务教育均衡发展模式. http://epaper. gmw.cn/gmrb/html/2012-05/18/nw.D110000gmrb_20120518_4-01.htm

乡差异小的优势，进行"名校托管、一校两区""中心校战略"等体制创新，治理城市化水平不高、学校点多规模小、民间热官方冷等问题的做法。

"名校托管、一校两区"是指遵循"依托城市反哺农村"的总体思路，创新基础教育管理体制，统筹配置优质教育资源，通过城市区名校托管乡村薄弱学校，形成一所学校两个区域办学的形式，坚持学校软硬件一起抓，从办学条件和办学水平两个方面入手，打破区域教育资源之间的界限，扩大优质教育资源的辐射范围，注重农村学校自身发展特色，走出了一条区域基础教育高位均衡发展的特色之路。这种做法以浙江省衢州市为代表（朱云福，郭云凤，2010）。

"中心校战略"通常是指乡镇中心校战略，基本思路是确立中心校的法人地位，逐步实现中心校与各村完全小学（完小）的"多校合一"，主要是一个法人学校兼管几个农村或者薄弱学校校区，在乡镇中心学校与其所属的村完小之间实行"四个统一"制度，即统一教育管理、统一师资调配、统一福利待遇、统一工作考核，以此来提高农村学校特别是村完小的整体水平和教育质量。此种做法以浙江省台州市为代表。基于经济社会条件城乡差距大，山区海岛多，民营经济发达，流动人口众多，教育不均衡问题突出的情况，台州市于 2007 年明确提出"镇域均衡、城乡一体"的思路，即以"中心校战略"为抓手，率先推进镇域均衡。"中心校战略"提出后，在全市 1/3 左右的乡镇中开展了试点工作，当年试点乡镇就有 129 名城镇教师被调配到农村任教、担任领导，或跑教。2008 年开始在全市范围内全面实施。目前，实施"中心校战略"的乡镇已接近 100%。①台州市各县（市、区）在具体实施"中心校战略"过程中，结合当地实际，对其内涵进行了再丰富和再创造，形成了各自的特色。台椒江区构建了"教育共同体"模式，实施了"名校+新校""名校+中心校+完小""名校+农村初中""名校+完小""特许学校"等五种子模式。黄岩区构建了"一体化管理"模式，全区小学实行"一体化管理"，各乡镇（街道）内的所有小学均由乡镇（街道）的中心小学统一管理，其下属所有小学执行同一套管理制度，所有小学的日常运作、活动组织等都做到步调一致，教师的奖罚和福利待遇执行同一标准。仙居县构建了"教育区域板块推进发展"模式，依据区域经济社会发展布局，突破行政区划界线，把整个县域教育划分为四个板块，统筹发展规划，整合优质资源，以版块内教育的局部均衡发展，带动区域教育的整体均衡发展。作为台州市整体推进教育均衡的抓手，"中心校战略"在实践中起到了牵引工作的作用。一是破解了骨干教师流动难题。自 2009 年以来，台州市每年都有 200 多名城

---

① 中国教育新闻网. 2011-08-12. 台州市："中心校战略"促教育均衡发展. http://www.jyb.cn/basc/xw/201108/t20110812_447986.html

镇骨干教师逆向流动到农村担任校长或学科带头人，名师短期支教的有 1000 多人次，各地还普遍安排农村教师到城镇学校挂职学习。二是改善了农村学校教育设施。实施"中心校战略"后，台州市重点加强了农村学校的音乐、体育、美术装备，物理、化学、生物实验室和校园网建设，农村教育设施装备水平有了明显提高。三是降温"择校热"。实施"中心校战略"后，镇域内的教育差距快速缩小，镇域内的"择校热"快速降温，城乡之间的教育差距也在不断缩小，全市择校生比例每年下降 2 个百分点以上。①

　　为鼓励并引导优秀教师到农村任教，浙江省从 2008 年起每年拿出 4 亿元左右为农村教师发放津贴，实施"农村教师津贴工程"。农村教师任教津贴的发放范围包括乡镇（不含城关镇）及以下的义务教育阶段学校、特殊教育学校，这些农村学校中正式在编的专任教师在岗时享受任教津贴。原从事教师工作并被评聘为教师专业技术职务、因工作需要调离教师岗位但仍在上述农村学校从事教学管理工作的管理人员，也可享受任教津贴。津贴发放标准：任教 1～5 年的农村教师，按专业技术职务等级分别享受每月 60～280 元的津贴；农村学校管理人员任职 1～5 年的，按管理职务等级分别享受每月 90～280 元的津贴。任教（职）年限每满 5 年，可在原标准基础上上浮每月 30 元，最高可享受每月 400 元的津贴，其中，对在农村任教的特级教师，每月加发 500 元任教津贴。②"农村教师津贴工程"的实施有助于鼓励优秀教师安心在农村从事教育事业，引导优秀教师向农村学校流动，促进城乡教育均衡发展。

　　在"农村中小学教师素质提升工程"的基础上，浙江省于 2008 年开始组织实施农村中小学骨干教师素质提升工程，即"领雁工程"。为了保障培训效果，浙江省委省政府将该工程列入了《中共浙江省委关于全面改善民生促进社会和谐的决定》，省教育厅将其列为政府为民办实事的"十件实事"之一和对市、县教育科学和谐发展业绩考核的重要内容之一。为全面推进该工程的实施，省教育厅专门组织召开了全省网络视频会议，部署实施工作，并以"加强农村教师队伍建设"为主题，组织举办了全省地级市局长读书会和两期全省教育局长培训班，进一步统一了思想认识。"领雁工程"尝试从根本上突破农村教育发展的瓶颈，实践证明，实施此工程是一项"多赢"的举措（张天雪，李娜，2010）。

---

① 中国教育新闻网. 2011-08-12. 台州市："中心校战略"促教育均衡发展. http://www.jyb.cn/basc/xw/201108/t20110812_447986.html

② 人民网. 2008-05-14. 浙江每年 4 亿元为农村教师发津贴　鼓励引导优秀教师到农村任教. http://edu.people.com.cn/GB/7239954.html

为了解决职业教育和私立学校的生源困难问题，解决弱势群体和贫困学生的就学问题，在考察了美国教育券制度和细致调查分析本县教育发展状况的基础上，2001年，浙江省湖州市长兴县出台了《长兴县教育局关于教育券使用办法的通知》，尝试实施教育券制度，开始了中国内地实施教育券制度的创新与改革，在国内引起了很大的反响，"教育券"也开始被国人广泛关注（樊丹丹，2004）。长兴县实施教育券制度的改革大致经历了由扶持弱势学校，到资助贫困学生，再到学生持券择校三个发展阶段。第一个阶段：扶持弱势学校。针对长兴县民办教育和职业教育的弱势地位，扶持民办学校和职业学校，在公办学校和民办学校、普通高中和职业高中之间创设公平的竞争环境。第二阶段：资助贫困学生。拓展教育券的功能，把教育券的功能扩展到扶持弱势群体，资助贫困学生就学。第三阶段：学生持券择校。长兴县把政府每年用于高中阶段教育的财政性教育经费经过计算平摊到每个高中学生身上，以教育券的形式发给每一位学生，由学生持券择校，力图形成一个通过学生分布数量来激励学校自觉提高办学水平和教育质量的良性竞争机制。

（五）山东提升课堂教学质量

山东提升课堂教学质量主要以聊城市杜郎口中学的"三三六"教育改革、寿光市的教育信息资源共建共享、潍坊市的城乡一体化和烟台市的"大学区制"为代表，其中杜郎口中学的课堂教学改革最具代表性。

由于物质条件、师资力量等各方面的制约，农村学校的新课程实施进展相对比较缓慢，新课程改革在农村学校的实施陷入了进退两难的境地。一方面，农村学校新课程改革势在必行，农村学校新课程改革实施效果的好坏关系到农村教育发展的快慢以及农村人口素质的提高与否，农村学校新课程改革的实施对于建设社会主义新农村有着重大的积极意义；另一方面，根据实际情况来分析，新课程很难在农村学校顺利开展和有效实施。因此，探索如何在经济和教育欠发达地区实施基础教育课程改革，可以说是中国第八次基础教育课程改革的攻坚环节。山东省聊城市茌平县杜郎口中学的教学改革之路表明，这是完全可以做到的。自新课程改革以来，杜郎口中学在摸索中实践，在实践中总结，在总结中反思，在反思中沉淀，逐渐提炼升华出一套具有鲜明特色的教改体系，可称之为"杜郎口模式"，或称之为"三三六"模式。该模式凸显了课堂自主学习的三个特点：立体式、大容量、快节奏。自主学习的三大模块：预习、展示、反馈。课堂展示的六个环节：预习交流、明确目标、分组合作、展现提升、穿插巩固、达标测评。在"三三六"教育实验的课堂体系中，课堂时间模式——"10+35"：教师所讲时间等于或小于 10 分钟，学生自主活动时间不少于 35 分钟。"10+35"课堂模式，意味着把课堂主动权还给学生，教师真正从"台前"转到"幕后"（安存芝，2010）；课堂组织形式——小组合作学习：根据学生的情况（知识结构、学习成绩、学习风格）及"组内异质，组间同质"的原则将学生分成六个或者八个小组。组内合理分工，明确职责，小组内设有小组长。小组长的主要职责是对其成员进行分工，组织全组人员有序地开展讨论交流、动手操作、探究活动。教师根据不同活动的需要设立不同的角色，并要求小组成员既要积极承担个人责任，又要相互支持、密切配合，发挥团队精神，有效地完成小组学习任务。一位教师在参观考察完杜郎口中学教学改革后写下的文字，引人深思。"我在思考这样一个问题：一所学校，尤其是学生基础较薄弱的学校要想彻底变化究竟靠什么？当然，加强管理是必要的，适当的加班加点也是无可厚非的。但是我认为这些只能起到量的变化，不能从根本上改变学校所面临的处境。因为所有的学校都在加强管理，所有的学校都在加班加点。我认为杜郎口中学给我们做出了榜样，那就是教学研究和教学改革。"杜郎口中学的教学模式以它崭新的面貌展现在我们面前，令我们耳目一新，杜郎口中学的教学模式也许就是中国基础教育改革踏上坦途的起点（高立波，2009）。

杜郎口中学迅速由教育教学双差校，一跃成为茌平县初中教育的"东方明珠"，连年被评为市县"教书育人"先进单位，聊城市把杜郎口中学树为初中教学改革的样板校，山东省教育科学研究所先后四次来校调研，山东省教育学院、聊城大学多次进行杜郎口中学专题交流探讨。教育部多次派人来校进行调研，均给予了高度评价。学校先后被评为"聊城市教学示范学校""市级规范化学校""聊城市学校德育工作先进单位""聊城市中小学教育科研示范学校""省重点课题研究基地""山东省教育厅聊城大学基础教育课程研究中心实验基地""中国创新教育杂志社重点调研基地""全国合作教学研究基地"。到被誉为具有"原生性、开创性、扎根本土"特色的杜郎口中学参观学习者络绎不绝，有时一天可达 700 余人。

以教育信息化促进基础教育高位均衡发展已成为当前中国教育改革和发展的一项重要战略举措，教育信息资源共建共享是区域教育均衡发展的必由阶段和重要标志之一。寿光市的教育信息资源共建共享是在远距离继续教育的基础上，以城乡教育共同体、教育城域网应用为重点，打破"校校建库"的技术壁垒，实现区域内和区域间教育信息，特别是各校之间信息的共建共享，建立城乡教育共同体，以特色教育示范校为核心，让城乡师生都能通过网络接受与时代同步的优质教育，在信息化层面实现城乡一体化、校际一体化。

"三农"问题是农村工作的重中之重。解决"三农"问题是推动城乡发展一体化、解决农村问题的根本途径。潍坊市在"城市即农村、农村即城市、城乡互为一体、和谐相融"目标的导引下，用城市的标准规划乡镇，用社区的标准建设村庄，用市民的标准培育农民，实施"城乡一体化"。潍坊市从保障和改善民生、实现社会公平正义的高度出发，切实加大对农村社会事业的投入，大力发展农村基础教育事业。一方面，继续巩固农村九年制义务教育成果，加快高中阶段教育发展，建立和完善农村义务教育经费保障机制，确保县（市、区）、乡镇、村教育收入保持"两个基本持平"，即农村义务教育教师的平均年收入与市区教师基本持平，农村义务教育教师的平均年收入与公务员基本持平；另一方面，加大"城乡教育联动发展计划"实施力度，不断提高农村办学水平和农村教师队伍素质，促进城乡基础教育高位均衡发展。

大学区一般是由一所优质学校和几所薄弱学校形成的结构整体。一般是通过对各区县中小学及幼儿园的深入调研论证，结合区域教育发展水平和实际情况，选定区域内的优质学校为学区长学校，吸纳附近 3～5 所办学条件较弱的学校，组建成为一个整体的学区。"大学区"实施学区长负责制。学区长对学区内的学校实施统一管理，在学区内的人事编制、资金使用和资源调配等方面享有一定的管理权限。烟台市的"大学区制"，通过实施"捆绑式发展"，坚持优质学校带动薄弱学校发展，从而促进区域内基础教育事业的共同发展。其着力点在于通过城乡共建、区域重组，实行城乡之间和学区内外的资源共享、机会均等的一体化策略，以实现基础教育的高位均衡发展。

二、市域实践探索

（一）沈阳使教师成为"系统人"

教师成为"系统人"主要是指在一定的范围内实行"教师流动"，打破教师固守某所学校一辈子的状况，使教师由"学校人"转化为教育领域的"系统人"。这种"人走关系动"的制度创新，打破了教师"从一而终"的职业生涯模式，使教师真正成为一种社会化的具有独立性的职业，有助于校际文化的交流和教育理念、方法的创新。

辽宁省沈阳市从 2003 年秋季开始实施教师流动制度，区内学校每年必须有 30% 的教师参与校际的轮换流动，通过制度强制优秀教师向农村或薄弱学校流动（马艾云，李保江，2007）。一般来讲，教龄在 5 年以上的中小学干部、教师必须流动，其中以小学高级教师、中学一级教师、高级教师为主，校长交流的时限为3～6年，流动范围以县（市、区）教育行政部门所属的基础教育阶段学校为主。为保障教师流动期间的相应待遇，沈阳市中小学全面推进人事分配制度改革，制定统一的教师结构工资标准和福利待遇标准，基本实现了同职级教师校际同工同酬。为确保流动的顺利实施，沈阳市规定凡是晋升职称的教师必须有异校交流的经历。教师在流动时要随调人事关系，形成真正意义上的"人走关系动"。

沈阳市的实践触及了基础教育均衡发展的难点——教师资源配置和学生生源的合理分配，既要缩小学校之间在办学条件方面的差距，又要缩小学校在师资水平方面的差距。沈阳市在实践中的一些做法引起了媒体的聚焦和争议。支持者以政府部门为多，比如，江苏省立法部门就非常认可沈阳市的做法，主张以立法推进教师流动，实现教师轮岗制；批评者以教师中的精英阶层为多，他们担心自身的利益受损。与此同时，学者批判的视角主要集中在该做法缺乏法律依据，并且有盲目抄袭日本、韩国做法的嫌疑。

（二）铜陵推行校际资源均衡

校际资源均衡从解决困扰基础教育高位均衡发展的焦点问题——择校问题出发，通过"生源指标到校""名师迁移"等做法，实现了"没有择校城市"的目标，这些做法充分体现了义务教育"以县为主"的导向。

安徽省铜陵市在坚定不移地执行义务教育"划片招生、就近入学"政策的同时，强力推出示范高中招生制度改革，实行示范高中指标切块分配制度，通过"生源指标到校"的做法从而抑制了小升初的择校热、转学热。实践证明，这种做法抓住了"牛鼻子"。学校没有好坏之分，只有远近之别，铜陵市的探索被外界誉为奇迹。[①]从1996年起，铜陵市把辖区内省级示范高中的招生计划提取出来定向分配，每所学校按照初三毕业生的人数获得升学指标。2005年，铜陵市教育局把当年省级示范高中招生计划的一半以上拿出来定向分配给各初中校。

消除择校热，如果单纯从政策上去限制，主要是凸显了行政力量的强大，难以真正使广大群众信服。从民情、民意出发，铜陵市既积极实施基础教育均衡发展战略，把有限的钱大量地投给薄弱学校，尽快给其"补血"，让它们赶上来；又注重"选好苗子、搭好梯子"，把选配和培训校长队伍放在重要位置，把好校长下派到薄

---

① 王友文，俞路石. 2013-08-11. 一个没有择校的城市——安徽省铜陵市破解"择校难题"纪实. https://wenku.baidu. com/view/a5e5fa6d02768e9950e73803.html

弱学校，以强化其内涵建设。当然，在师资培养上，铜陵市积极实施"名师迁移"工程，即在远近郊区间进行教师双向流动，优质学校教师必须均分到各薄弱学校中，这些举措具有鲜明的公平价值取向。

与沈阳市实践倡导的做法相似，铜陵市的实践也力求在最大限度上达到资源平均化，通过资源的均衡消除原有教育格局中的位差，形成基础教育高位均衡发展的统一平台。类似做法得到了国内大部分地区的认可，很多地方以"政府主导、集约优化、弱势补偿、利益共享"为基本理念，出台了一些促进基础教育高位均衡发展的政策举措，这些政策举措或多或少地带有这些要素特征。

（三）杭州实施"名校集团化"

为了突破"有学上"的低位外延式均衡阶段，达到"上好学"的高位内涵式均衡阶段，从 2004 年开始，杭州市政府以名校集团化为实施战略，通过优质教育的平民化和普及化以求达到基础教育高位内涵式均衡。到 2009 年，杭州市教育集团达到 127个，成员单位有 460 多个，城乡义务教育阶段学校共同体覆盖面达到 95.6%。[①]

名校集团化的办学实践类型多种多样，主要体现为"名校+新校"，即由政府投资的新建学校，由名校来管理；"名校+民校"，即名校与民校联手，利用民间资本促进办学体制改革；"名校+名企"，即名校与名企通过品牌、资金、管理、人员等的合作，实现共赢；"名校+弱校"，即强调名校对弱校的引领带动作用，提升弱校教育质量；"名校+农校"，即名校与农村学校互助帮扶，以促进农村教育发展；中外合作办学，即利用国外先进的教育管理和教学理念、教学方式和方法，提升中国办学水平和教育质量。从形成途径来说，可以分为连锁式、加盟式、合作式、嫁接式等；按运行机制分类有紧密型、松散型、混合型等；按办学层次分为同层次、跨层次、跨区域等形式（邵光华，仲建维，郑东辉，2011）。

推进教育公平的有益探索
——杭州实施名校集团化战略的做法和经验

杭州名校集团化战略是一个系统工程，统筹解决优质教育资源供需矛盾、阶层差距、城乡差距、基础教育薄弱、政府职能缺位等问题，其经验做法可概括为"5个重视"。

第一，重视扩大优质教育资源。择校费贵、择校难，教育乱收费、高收费，以

---

① 杭州日报. 2009-06-29. 名校集团化：优质教育均衡的杭州模式. http://hzdaily.hangzhou.com.cn/hzrb/html/2009-06/29/content_699809.htm

及教育腐败等不公平现象的根本原因，是优质教育资源相对不足。杭州"名校集团化战略"以解决优质教育供需矛盾为突破，以扩大优质教育资源为目标，积极推进优质教育平民化、普及化、均衡化，满足人民群众日益增长的接受更高水平、更好质量的教育需求。在总结很多名校集团化办学成功经验的基础上，杭州于2004年正式确定实施"名校集团化战略"，制定《关于实施中小学名校集团化战略的若干意见》，明确名校集团化战略的目标、任务、基本原则、认定标准，制定发展规划，加大扶持力度，实施名师名校长工程，加强规范化管理等，满足广大人民群众"上好学"的需求。经过两年多发展，截至2006年6月，全市优质义务教育覆盖率接近80%，其中城区达到90%以上；优质高中教育覆盖率接近70%，其中城区达到80%以上。

第二，重视社会困难群体。对于社会困难群体来说，接受教育特别是优质教育，是改变他们的贫困状况、化解贫穷代际传承风险的最现实途径。杭州"名校集团化战略"高度关注社会困难群体的教育需求。一方面，通过强化和完善教育资助体系，落实财政专项资金，扩大教育资助覆盖面，切实提高困难群众和外来务工人员子女受教育水平；另一方面，实施"名校集团化"，增加社会困难群体子女接受优质教育的机会。杭州名校集团化战略高度关注社会困难群体的做法，充分体现了关爱困难群体的价值理念，是真正全面地推进教育公平。

第三，重视农村教育发展。据统计，2005年中国城市居民人均收入是农村居民的3.23倍，如果综合考虑农民的生产成本、城市居民享受的社会保障待遇等因素，实际城乡居民收入差距有5到6倍。城乡居民收入上的差距，成为城乡教育差距的经济根源。杭州名校集团化战略抓住农村教育这一薄弱环节，鼓励名校与县（市）中小学联合，全面实施农村教育帮扶工程，加强向农村中小学输出教育教学管理理念、名师资源，开展贫困结对帮扶等，实现城市优质教育向农村辐射，提升农村教育质量，推进农村基础教育的均衡、优质发展。截至2006年3月，全市有333所城乡中小学开展了结对互助活动，占全市学校总数的30%，其中有1000多名教师加入了互助活动，淳安、建德、桐庐等地有10 000余名农村学生受益。同时，杭州市对今后两年工作提出明确要求：到2008年，全市城乡小学结对互助受益面达90%。从2007年到2008年，市本级和6个老城区每年筹措600万元专项经费，用于淳安、建德、桐庐3县（市）农村中小学建设。市本级每年筹措100万元专项经费，用于淳安、建德、桐庐3县（市）和全市农村中小学师资培训。

第四，重视幼儿教育。学前教育是基础教育的重要组成部分，也是学校教育和终身教育的奠基阶段。著名教育学家陶行知指出，"小学教育是建国之根本；幼稚教育尤为根本之根本。小学教育应当普及，幼稚教育也应当普及"。杭州名校集团化战略积极向幼儿教育延伸，实施"名园集团化"战略，经过探索和实践，形成了"名园+新园""名园+弱园""名园+民园""名园+农园"四大模式，截至 2006 年 6 月底，全市成立幼儿教育集团 16 个，覆盖幼儿园 67 所。在此基础上，杭州市明确了"十一五"期间"名园集团化"战略的发展重点，积极推进"名园集团化"，促进学前教育均衡优质发展。

第五，重视发挥政府职能。推进教育公平，特别是义务教育阶段的教育公平，政府是第一责任人。杭州名校集团化战略特别强调政府公共服务职能，主要表现在 3 个方面：一是明确目标。该市明确，至 2010 年，全市优质义务教育覆盖率达到 75%，其中市区达到 90%；全市优质高中教育覆盖率达到 80%，其中市区达到 90%，基本做到优质教育平民化、普及化。二是制定规划。将中小学名校集团化办学优先纳入当地经济社会发展规划、城市总体规划和教育事业发展规划，扶持优质教育加快发展。三是加大扶持。对实施集团化办学的学校，在资金投入、校园建设、设施设备配置等方面予以优先优惠政策。新建和改扩建学校非营利性教育设施用地以行政划拨的方式供地；新建和改扩建公办学校，当地财政应给予经费投入；为政府分担较大办学责任，且教育质量和社会声誉较好的民办学校，各级财政要给予适当奖励和补助。对实施集团化办学取得显著成绩的单位和个人，给予表彰和奖励。（王凤杰，张雪松，2006）

（四）成都实行城乡捆绑发展策略

城乡捆绑发展是在将原属乡镇管理的中小学划归区教育局直管的基础上，城郊小学与城区小学采取一对一的"捆绑"策略，实行"两个法人单位、一个法定代表人，一套领导班子，独立核算、独立核编"的管理做法。2003 年，武侯区将原属各乡镇管理的中小学划归区教育局直管，区教育局实施了城乡学校"捆绑"策略，将原属四个乡镇管理的村小，分别与城区学校"结对""联体"，组成相应的城乡教育共同体。通过统一管理、加大投入、人力支援、强化指导、统一考评等措施，构建起城乡学校协同发展的长效机制。由此，城区学校的帮扶责任得以明确，城郊学校的发展被纳入对应"捆绑"的城区学校办学水平评估考核之中。为了促进城郊学校的发展，捆绑学校规定"人、财、物只能由城区学校流向城郊学校"，通过互派学校管理人员、互派教师实现了互动交流。在此发展思路下，城郊学校办学水平得到快速发展，硬件设施明显改善，教育教学质量显著提高。2006 年，成都市武侯区成为全国首个"城乡一体化实验区"。

成都:"武侯模式"促城乡教育均衡发展

成都市武侯区将 12 所城区小学与 12 所农村小学实施一对一的"捆绑发展",实行"两个法人单位、一个法定代表人、一套领导班子、独立核算、独立核编"的办法进行统一管理,打破城乡教育分开管理旧模式,致力于通过融合发展破解城乡教育不均的难题。武侯区推行此项改革四年来,改善了农村薄弱学校的硬件和软件,提升了区域教育的城市化水平,探索出了推动城乡教育均衡发展的"武侯模式"。

由"一帮一"到"一担二"

为了确保城乡学校拥有同等的待遇和资源,武侯区将区内原属四个乡镇管理的 18 所乡村中小学划归到区教育局直管,在四川省区县中第一个告别了农村教育。将农村学校划归教育局统一管理,这项政策看似简单,却打破了多年以来农村教育和城市教育各自为政的局面,使城市学校和农村学校在同样一个管理平台上发展,完成城乡教育一体化的第一步。

在城乡学校统一的管理平台基础上,武侯区将 12 所城郊小学与城区 12 所品牌小学结对、联体,实行捆绑式发展,并确定了捆绑的原则:硬件和软件都只能由城市流向农村,农村学校的资金和人才只能加强,不能削弱;融合利用两所学校的教育资源,实现资源共享。

自此,包括成都市龙江路小学、四川大学附属实验小学、成都市棕北小学在内的 12 所知名城区小学与农村小学连成了一体,12 所城区小学的校长,分别成为相应的"捆绑学校"校长,原 12 所农村小学校长成为副校长,城乡两所学校在管理和教学上实现充分融合。城乡小学不再是"一帮一"的帮扶关系,而是变成了"一担二"融为一体、共同发展的关系。

"文化浸润"改变的不仅是教学条件

改革伊始,就有人担心通过行政手段将城区学校和农村学校"捆绑",并施以考核压力,固然可以迅速改善农村学校的办学条件,但这样的"捆绑"式发展会不会拉高就低、削峰平谷,最终只能实现"平均"发展。

"将城郊学校收归直管后,我们改革了原有的投入机制,在保证各种教育经费按政策收足拨够的基础上,加大了对城郊学校的资金支持力度。"武侯区教育局局长雷福民说。

统计显示,在农村学校收归区教育局直管之前,武侯区的乡、镇每年对学校的资金投入约 470 万元,收归后,全区对原属乡、镇管理的 18 所中小学投资近 8000 万元。截至 2006 年,城郊学校生均教育经费从 2003 年的 1186 元提高到了 2426 元,增长 104.55%;生均公用经费从 2003 年的 574 元提高到了 834 元,增长 45.3%。

实施"捆绑"式发展策略后，农村教育的投入增加了，农村学校的硬件条件得到了改善，而且，该区通过派遣教研员到村小蹲点包干、派遣校长助理到村小协助管理、城乡教师互派以及远程教育对接等方式，也促进了老师和学生之间的经常性交流。

雷福民认为，城乡学校"捆绑"式发展的最大意义在于它以制度化的方式确保了城乡学校拥有共同的领导团队，并通过统一的领导，促进了城乡教师实质性的交流和学习，从而推动校园文化的深层变革。

金兴北路小学，是一所名副其实的村小学，但走进这所"捆绑"发展后的农村小学，记者却发现，不仅塑胶跑道操场、自然实验室等让人看不出农村小学的样子，而且，这里的城区孩子跟农村孩子在一起做游戏、表演节目，一样的积极、活泼和开朗。

"报名的时候，我跟妈妈一起看了两所城区的学校，结果，没有什么差别，在这儿上还要离家近一些。"武侯区实验中学一年级学生刘旭说。刘旭和在武侯区就读的其他3万多名学生一样，都是从四川各地来成都经商务工的农民的孩子。城乡教育均衡发展，他们是最大的受益者。

依靠制度破解农村教育发展滞后难题

教育的公平性不仅要让每个孩子都能上学，还应该让城市和农村的孩子都享受同样的优质教育资源，农村学校的教学质量差，除了硬件设施跟不上外，管理和师资的不足也是重要因素。

为破解农村教育发展滞后的难题，过去很多地区都曾采取过城乡学校"手拉手"、送课下乡、城乡教师交流等形式，力求以城市教育带动农村教育发展。"这些措施缺乏长效制约机制，资源整合力度小，许多活动常常停留在表面或者流于形式，就总体而言收效并不大。"雷福民说。

发展农村教育事业实现教育公平离不开投入和帮扶，这些工作虽然可以迅速改善农村教育的硬件设施，但还远远不够，要从根本上改变农村教育落后的面貌，最终还是要靠制度建设。

武侯区在考评制度上不仅将捆绑在一起的两所学校放在一起，而且重点考评农村学校的发展情况。这样，通过考评一体化这样一个杠杆，农村学校和城区学校变成了"一家人"，是好是坏，校长的责任都不可推卸，"农村学校也是自己的学校，作为学校的管理者就得负责到底。"金兴北路小学校长李国湖说。

"推进农村教育跨越式发展，实现教育均衡需要的不仅仅是个人道德、觉悟等支撑的'义务'，更是机制建设外在施加的'责任'。"雷福民说。①

---

① 新浪网. 2007-06-21. 成都："武侯模式"促城乡教育均衡发展. http://news.sina.com.cn/o/2007-06-21/061112062673s.shtml

（五）无锡创建优质均衡发展示范区

在"争创全国义务教育高位均衡发展示范区，努力实现人人享有良好教育的目标"（陈瑞昌，张策华，赵建春等，2009）的要求和感召下，无锡市把义务教育高位均衡发展作为全市实施教育优先战略的重要抓手，在现代化标准上更上一个新的台阶，力争获得一个质的提升，实现"人人享有良好教育"的目标，办"科学发展、人民满意"的教育。2008 年秋季，无锡市出台了《关于全面启动义务教育高位均衡发展示范区创建工作的意见》，明确表示集中一定人力、财力、物力，在 2～3 年时间，从办学条件、师资队伍、管理水平、教育质量等方面入手，重点扶持一批相对薄弱学校，提高义务教育的高位均衡水平，使全市义务教育进入高水平均衡状态。具体做法是：一是全面清理公有民办学校，彻底解决"校中校"问题；二是改革招生政策，市区热点高中的分配指标将由目前的 50%逐渐提高到 2012 年的 60%以上；三是规范办学，下"减负令"；四是以评价引领工作；五是关注课堂、聚焦课堂（邵光华，仲建维，郑东辉，2011）。

江苏无锡创建义务教育高位均衡发展示范区纪实（节选）

教育质量高水平是义务教育高位均衡发展的重要标志。从一开始，无锡市就把质量提升作为义务教育高位均衡发展的核心和重点，"义务教育高位均衡，关键要落实到青少年学生的高素质发展上。"无锡市教育局局长陆卫东说，"而实施素质教育，必须把时间和空间还给学生，把健康和快乐还给学生，把兴趣和爱好还给学生；必须使教育回归到教育方针上来，回归到教育的基本规律上来，回归到国家的课程方案和办学要求上来。"

规范办学是实施素质教育的前提和基础。今年 3 月份，无锡市教育部门进一步重申和明确减轻中小学生过重课业负担若干规定，要求学校不分重点班、快慢班；规范教育收费；不得随意增减课程和课时；严格执行学生在校活动时间总量规定，控制家庭作业量；严禁中小学校利用双休日、节假日违规组织学生上课，严禁中小学校与非学历教育机构合作举办学科类竞赛和培训活动。

从 2007 年开始，全市中小学校长先后公开作出"推进素质教育，促进学生健康成长"的六项承诺。一时，无锡市所有学校的课程表、作息时间表都要求上墙、上网公示，家长和学生可以在网站上查询到相关信息，一旦孩子反映的和公示的不相符，就可以举报投诉。对于违规者，按规定在各类评比考核一票否决。

科学评价机制是无锡市推进义务教育质量高位均衡的重要抓手。对于学校，全方位评价取代了以往单一的升学率标尺，以全体学生为评价对象，以完成国家规定教育内容、达成国家规定培养目标为评价标准，以合格率、完成率和学生综合素质为主要指标的教育教学评价体系，引导学校从升学水平竞争向办学水平、育人水平竞争转变；对于学生，不再单纯以考试成绩为标准，而是着眼于学生的终身发展，建立起了以素质教育为导向的评价新体系。以传统的"三好生"评选为例，很多学校淡化这一选拔式的评选，增加艺术、体育、书画等单项荣誉评比，以及班级群体单项荣誉称号，这样，一般学校都有超过40%的学生能获得学校奖励。

与此同时，无锡市明确提出"关注课堂、聚焦课堂"的要求，各学校致力于建设"有效课堂"，老师精讲、学生精练，培养学生积极情态，有效提升课堂教学效率与质量。蠡园中学尝试了"选班制"，学校根据对学生学习情态、学习习惯、学习能力和学习成绩的调查，开设非常高效班、非常自主班、情态提升班等，供学生自主选择，把学习的主动权还给学生自己。荡口中学推出"新目标教育"模式，教师上课一开始就把教学目标告诉学生，学生先自学，教师加以适当引导，最后通过习题当堂检验学习效果，教学双方互动性强。80%的内容学生可以通过自学解决，教师着重需要解决的是学生感到困难的20%的问题。陆区中学是阳山镇一所寄宿制初中，生源质量参差不齐。从去年开始，该校进行了"分层助学、多元合作"的教育教学改革。学生4至6人为一个学习小组，各层次平均搭配，不同气质、能力特长的学生组合在一起，相互影响、相互合作，共同提高。

高素质师资队伍是素质教育实施的保障。在全面提高教师素质的基础上，无锡市抓住义务教育教师实施绩效工资的契机，均衡配置城乡教师资源，完善教师轮岗和城镇教师到农村支教等制度，鼓励教师合理流动，推动区域内干部教师资源科学合理配置和有序交流，向农村倾斜、向相对薄弱学校倾斜，完善校长教师轮岗和城镇校长教师到农村支教、挂职等制度，促进城乡、校际教育资源配置均衡，素质教育之花全面绽放。

"紧紧围绕科学发展、人民满意，拉高短板、提谷齐峰，扎扎实实从基础最薄弱、矛盾最突出、群众满意度最低的环节抓起。属于办学条件问题就集中力量改善办学条件；属于师资不足问题就着力强化师资；属于管理薄弱问题就强化管理，必要时调整校长；属于教育质量问题就重点加强质量监控和教研指导。"无锡市副市长华博雅说，这是他们从实际出发，确定的义务教育高位均衡发展示范区创建的工作原则。两年过去了，该市义务教育切切实实迈上了一个新台阶。国家总督学顾问王湛前不久在无锡考察后予以充分肯定，称赞无锡在推进义务教育高位均衡方面"又做了先行者"（陈瑞昌，张策华，赵建春等，2009）。

（六）郑州建设"多彩教育"

为了探索"以追求质量为核心、打造品牌为方向、提升服务为目的"的区域基础教育高位均衡、优质、特色发展的道路，郑州市二七区立足区域特色，切实贯彻《国家中长期教育改革和发展规划纲要（2010—2020年）》的精神，推进教育改革创新，逐步形成了以"多元共生、和而不同、优质特色、高位均衡"为核心标志的"多彩教育"发展模式。

"多彩教育"重在凸显多元、精彩的教育内在意蕴和外在行为。"多彩教育"可以从三个层面深度理解，个人层面强调为每位受教育者提供适合的教育，以使每位受教育者发挥自身的最大特长；学校层面强调特色化办学，通过课程多样化、课堂个性化、评价多元化，达到"按需选学"的求学要求；区域层面强调构筑学校教育、家庭教育、社会教育"三位一体"的教育网络，满足受教育者个性发展需求，达到学习化社会的发展要求。

建设"多彩教育"需要立足三个着力点，实施六个名工程。三个着力点分别为课程、课堂和课题。建设"多彩课程"，关照每一个生命个体的成长；构建"多彩课堂"，成就每一个生命个体的幸福；深化课题研究，成就每一个生命个体的价值。六个名工程主要体现为：实施名教师培养工程，打造名师团队；实施名学科构建工程，形成风格各异的精品学科；实施名学生培育工程，培养具有个性特长的复合型人才；实施名校长塑造工程，成就具有全方位领导力的校长队伍；实施名学校拓展工程，打造各具特色的名校集群；实施教育名区创建工程，打造教育成果人民满意区。此外，为了实现"为每位受教育者提供适合的教育，让每位受教育者做最好的自己"的"多彩教育"理想，二七区实行了"一人双岗""教育发展共同体""按需选学"等机制创新举措，激发了"多彩教育"的活力（刘子科，2013）。

二七区以思想道德教育为核心，全面实施素质教育，深入开展学校文化建设，不断提升学校内涵，涌现出了一批有亮点的特色学校。如郑州市第七十四中学倡导师生之间相互理解、教师之间相互理解、学生之间相互理解，打造了"理解教育"。兴华小学通过育品格学生、塑品位教师、班品质学校，塑造了"品质教育"。汝河路小学通过彰显以"和谐"为核心价值取向的课堂文化，形成了"和谐教育"。淮河东路小学为培养热爱生命、自主发展、敢于担当、快乐幸福的人，创设了"多彩教育"。建新街小学为培养实践能力和创新精神，开设了动漫课程。樱桃沟小学为培养学生的爱国爱乡之情和锻炼奠定不易的品质，与外国语学校联手开发了"户外磨砺"课程（刘志军，刘子科，2016）。

三、学区实践探索

为贯彻十八届三中全会精神，根据《中华人民共和国义务教育法》的有关规定，2014年，教育部在《关于进一步做好小学升入初中免试就近入学工作的实施意见》中明确提出，在小学升初中时，试行学区化办学，要因地制宜，按照地理位置相对就近、办学水平大致均衡的原则，将初中和小学结合成片进行统筹管理，提倡多校协同、资源整合、九年一贯。推动学区内学校之间校长、教师的均衡配置，促进设施设备和运动场地等教育教学资源的充分共享，全面提升学区内教学管理、教师培训、学生活动、课堂改革、质量考核等工作水平。

学区是为了统筹区域内教育教学资源，实现各学校资源共享、合作共赢，根据学校布局情况划分的教学管理区。学区是学校教育机构而不是行政机构。创设学区的目的是办好每所学校，促进学生的全面、和谐、健康发展。现代学区制度源于18世纪的美国，目前美国、日本的学区化管理制度比较成熟，东南亚国家也有较为普遍的运用。学区管理实践是在打破行政区划界线的基础上，根据教育教学实际需要，将不同层次且地理位置相对集中的若干所学校组成学区，实行教育行政部门、学区、学校三级管理体系。各学校相对独立，实行独立核算、独立核编，但又在挖掘自身资源优势的基础上，以资源共享为主线，共同发展、合作共赢，探索学区资源优化整合的有效途径。学区建设的主要内容可概括为共享学区教学资源、共享教师人力资源、共享合作发展平台。通过资源共享实现学校内部管理、学校文化、教育教学资源、教师群体、个体，乃至具体教育教学行为的交流。通过交流融合实现各学校的提高与发展，在开放融合中体现学校特色。学区建设的目标可以分为三个层次：教育系统内部实现"三个共享"，即共享学区教育资源、共享教师人力资源、共享合作发展平台，这是为了最大限度地发挥区域内优质教育资源的辐射、带动作用，通过对设施设备、课程教学、师资力量的整合处理，做到资源的共享、共用；学区内实现资源融通，这是为了充分发挥区域内教育资源的整合功能，学校与社区共同构建提高国民素质的终身教育体系；学区内构筑学校与街道社区联系的平台，一方面学校为学区内民众提供优质的教育服务，另一方面街道社区为学生开设社会实践课程，提供"本土"教材并参与学校评价。

目前，中国的学区管理方式多样。例如，北京市东城区的"亚单元结构"新型学区化管理方式，是在现有体制方式中，构建一中间层组织，即"单元协作组织"，单元协作组织由区教委领导、教育系统内各级各类教育机构负责人组成，负责协调与促进单元内各学校的工作与发展（杨清，詹伟华，2006）。武汉市东湖区的"中心校"学区管理方式，指在学区内推选一所学校作为"中心校"，并成立相应的组织领导机构。"中心校"统一负责学区内的师资调配、后勤保障、制度建设、活动开展、质量管理和教育科研（邱运山，2009）。此外，广州市的越秀区和河北省的承德市也是中国学区制管理的代表性地区。国内这些学区管理制实践运行表明，学区管理有利于打破传统的教育行政管理方式，促进管理重心的下移，使教育行政部门能够更好地从"行政管理"走向"服务管理"，并最大限度地提高资源的利用效率，促进区域义务教育高位均衡发展。

共享优质资源：广州越秀区试行学区化管理模式

作为"广东省义务教育均衡发展试点区"的5个试点之一，广州市越秀区在全省率先启动实施"构建学区管理模式"项目，将相对集中的若干所学校组成学区，以实现学区内的教育资源共享和校际间交流合作。

越秀区现有局属初中30所、小学64所，学区模式是按地域把这些学校分成12个学区，每个学区由若干所不同层次且地理位置相对集中的学校组成。据区教育局局长蔡定基介绍，构建学区管理模式将实施"三共享"，包括共享学区教学资源、共享教师人力资源和共享合作发展平台。教学资源主要指各种仪器设备、教学设施和运动场地等，还包括典型教案、网络课件、备课资源、优秀题库等知识资源。

教师人才资源共享主要指特级教师、学科带头人等，通过学区内师徒结对、跨校兼课、开放课堂及教学成果共享等人才资源共享方式，促进教师专业水平的提升。实行学区化管理模式后，各校教师将由"学校人"渐渐变为"学区人"。为此，越秀区还将启动一项为期5年的"名师工程计划"，在全区培育名校长50名、名教师500名。（赖红英，2008）

承德以学区代替现行的中心校管理模式

如何让所有在义务教育阶段的孩子都能享受到完整合格的教育？承德市实施学区建设工程，打破乡镇行政区划界限，以学区代替现行的中心校管理模式，从而有效地整合了区域内教育资源。

据了解，承德早在2003年初就在围场开展学区建设试点，并于2004年11月向全市推广。学区建设的主要内涵是：以县区为单位，打破乡镇行政区划的界限，将全县所辖中小学、幼儿园，划分成若干个集约式教育单位——学区，代替以往的中心校管理模式，从而实现区域内教育资源的优化配置。截至今年底，全市将建成学区 40 个，初中减少到 179 所，校均规模从 481 人增加到 782 人；小学减少到 1660 所，校均规模从 118 人增加到 149 人；利用撤并的小学校点改建乡镇中心幼儿园 68 所、规范化农村幼儿园 354 所。按照该市计划，在"十一五"期间，该市将建成 72 个学区，初中减少到 120 所左右，小学减少到 800 所左右，其中标准化初中 100 所、标准化小学 300 所，在标准化初中、标准化小学就读的学生分别达到 90%和 80%左右，基本实现义务教育均衡发展的目标。[①]

（一）依托学区组建学校发展联盟的联盟模式

联盟模式是指为了实现知识资源共享和优势互补，学校间通过学区建立较为稳固的合作关系，通过学区愿景进行知识资源共享和教育项目协作，从而建立互惠互利的松散型网络组织（蔡定基，2011b）。联盟模式主要为 6 种组织方式。松散型组织：指在学区共同愿景的目标导引下，建立的一个松散、开放的管理体系而非管理实体，各学校间、各成员之间的关系也是非正式的联盟关系。扁平化管理：各成员、各学校间的管理通过信息化的形式和手段进行管理，提高了管理的效率，降低了管理的成本。平等性合作：具有法人代表实体的学校联盟活动，不受行政管辖约束，强调共同愿景下成员间的互惠互利。协作性行为：联盟强调对学校教育资源、教育质量和教育效率的策划和提升，对实现区域义务教育均衡长远发展的谋划，而非仅仅局限于对短期行为目标的关注。长期性关系：联盟成员是长期性的合作关系，而非短期内为完成某一目标而实施的短期行为。互补性利益：合作联盟的学校各具特色，合作的目的是在更大限度内发挥群体的合力，在更高平台和更高基础上获得发展。

联盟模式的具体操作，主要是在学校知识管理的视域下，通过共同认知维度、成员联系维度和知识特性维度实施知识管理，共同对学区管理发生作用，并通过系统调节作用，进行学区内学校的协作与创新，实现学区内义务教育均衡发展。具体做法体现为城区纵向教育组团、城区横向教育组团以及自由结对帮扶。

1. 城区纵向教育组团

城区纵向教育组团，是指县（市、区）教育行政管理部门在其行政管辖范围内，

---

① 仝静海. 2006-09-18. 承德以学区代替现行的中心校管理模式. http://news.sina.com.cn/c/2006-09-18/092310044879s. shtml

根据学校的地理位置分布和学校的不同层次，通过对区域内教育资源的深度整合，实现幼儿园、小学、初中、高中不同层次资源统筹共享的教育联合体。城区纵向教育组团的目的是在优质教育资源有限的情况下，整合组团内课程资源、教学资源、设备设施、人力资源等，从而使静态资源存量盘活成为动态资源增量，提高优质教育资源的利用效率，最大限度达到共用共享，以满足广大群众对优质教育的需求。资源共享是城区纵向教育组团的重要特征之一。城区纵向教育组团的核心是根据学校的地理位置分布和学校的不同层次，形成教育团组，在纵向上保持教育链的连贯性，在横向上突出联合、扶持与互补。

城区纵向教育组团有两个明显的特征。①不同学段纵向联合。打破不同教育阶段之间的壁垒，保持区域内小学、初中、高中的连贯性，有利于促进不同教育阶段之间的协调发展。②相同学科横向联合。学校之间相同学段的"强强联合""强弱扶持""优势互补"，可以使强校更强、弱校变强，最大限度地扩大优质教育覆盖面。

石景山教育：纵向组团破解小升初择校难题

和其他区域相比，（北京）石景山的教育集群发展有自己鲜明的特点。"别的区域多是一个横向的合作，比如小学与小学之间，或者中学与中学之间，而我们主要是一种纵向的合作。"在石景山区"十二五"教育发展规划中，记者看到了这样一段关于"纵向合作"的解释性文字："以区域内所有高中的特色优质发展为龙头，区域内 16 所初中分别纳入高中教育集团（联盟）体系之中，并以初中的区域整合为奠基，对接所有小学和若干幼儿园，形成高中、初中、小学、幼儿园一体化发展的学校集群。"①

2. 城区横向教育组团

城区横向教育组团，即教育发展联合学区，它以区域位置、办学水平和发展潜力相对均衡为划分原则，将区域内同一层次的学校划分为若干个教育团组，每个教育团组由若干所学校组成，以平等互助的形式，形成同一学段上的横向教育发展团组，以团组共同体为单位，充分发挥优质教育资源的作用，实现基础教育高位均衡发展的目的。在团组划分过程中，以团组内的一所中心校为主体单位，其校长就是团组组长，负责召集团组参与教育教学研究和交流工作。在团组组长的召集下，成员校主动参与，通过设备设施开放、师资力量流动、教研活动开展、教育教学成果

---

① 冉阳. 2012-11-02. 石景山教育：纵向组团破解小升初择校难题. http://edu.sina.com.cn/zxx/2012-11-02/ 1148360833. shtml

共享等形式，以先进学校带动落后学校，以促进该团组教育教学质量的整体提高。城区横向教育组团注重加强校际的互动交流和资源共享，核心是将同一层次的学校特别是各小学有机联系起来，打破原来各校单独发展的传统模式，把原本自我发展的学校改造成校际联动、和谐共进的共同体。在团组内促进校际交流，实现资源共享，做到教师在团组内的相互流动，这在实质上缩小了校际差距，加快了基础教育高位均衡发展的步伐。

在实施过程中，城区横向教育组团模式对生源、师资和活动等方面进行了不同程度的探索。

探索一：依据就近原则建立联合学区内合理调配生源机制，同时，利用捆绑式的招生方法，更多地满足社会民众对扩大优质教育的需求。

探索二：以教师与管理人员流动为契机，积极实施干部流动、名师加盟、联合教研等活动，促进教师专业发展。针对骨干教师资源各校分布不均的问题，确定"一对一"帮扶学校名单，制订优秀教师定向帮扶实施计划，特级教师、高级教师、学科带头人等优秀教师实行定向、定期流动机制。在定向交流期间，帮扶教师要在被帮扶学校承担教学任务，讲授研究课、示范课，开展教育教学专题研究，并为被帮扶学校指导 1~2 名青年教师，提高被帮扶学校教师的专业发展水平。

探索三：以教育教研活动为特征，形成品牌特色。中心校定期向学区内其他学校开放，实施横向交流，在提升弱势学校整体办学水平的同时促进优势学校自身的发展，打造不同学校的特色品牌。

天津市河西区建设"教育发展联合学区"制度

自 2006 年开始实施以来，"教育联合学区"制度取得了良好的效果。

首先，冲击了原有学校内部管理体制，实现了优势互补。比如各学校副校长之间的轮岗，有利于两校之间教育理念的冲突和融合，也有利于开拓干部自身的视野。

其次，实现了师资力量平衡发展。教师驾驭课堂的能力在不断的交流、培训、讲座中得以提升；400 多名高级教师全部参加了学区联合教研、结对帮扶等活动，带动年轻教师业务水平的提高。同时，河西区对教育发展联合学区内的学校领导干部也进行了干部流动，涉及 15 所公办小学的 11 名党政主要领导，流动比例达到 26.2%。教师资源共享促进了学校建设和教育均衡发展。

最后，"教育发展联合学区"制度为"择校热"降了温，校际差距减小了，家长也不用千方百计地寻找进入名校的办法，安心之余，转而会更关注孩子自身的发展。天津市河西区近年来把组建"教育发展联合学区"作为突破口，大力推进校际联动和资源共享,尝试了一条推进义务教育小学学段均衡发展道路,在区域内产生了积极影响。"教育发展联合学区"已成为全区推进教育均衡发展的明确路径。由于"教育发展联合学区"是一个非行政性组织,在评价制度、教师激励措施,如何在交流的同时保持办学特色和校长流动制等方面仍需进一步探索。①

学区联盟模式的操作案例分析

广州市越秀区小学第一学区是优质教育资源相对集中的一个片区,学区内的十所学校中省一级学校就占 50%,每所学校都有自己鲜明突出的办学特色及教育优势。但教师人力资源分布不均衡,优质教师资源多数集中在省一级学校,这在一定程度上局限了教师发展。因此,他们期望通过构建学区联盟模式,解决阻碍学校教育均衡发展的实际问题,办好每一所学校,让每一个孩子都得到良好的教育。

1. 通过任务共享,建立信任与联系。学区通过任务共享建立团队的信任与联系。任务共享一:"邻近学校协作",由一所学校牵头,负责学校文化建设,办学特色优势互补互促。开展的内容有:绿色学校创建、团体心理辅导、体艺科技教育、校园环境文化、班级文化。任务共享二:"科研课题集群联盟",由一所学校牵头,负责建立现代教育技术实验校联盟及学校教育管理研究联盟。开展的内容有:课堂教学绩效评价、信息资源有效应用。任务共享三:"学科名师辅导交流",由一所学校牵头,负责学区学科教研、学区教师培训。开展的内容有:同伴结对、联合培训、开放课堂。

2. 通过共同愿景,形成学区文化。小学第一学区共同愿景主要包括:第一,实现教学水平的共同提高。通过教育优势互补,以科研课题集群联盟形式实现办学特色发展,以名师辅导组为龙头引领各校学科带头人,实现教学质量水平的共同提高;第二,共享发展平台。以人的发展为本,尝试共建学区教育特色文化,形成构筑学区内各校学校文化合作发展的平台;第三,实现均衡发展。探索学区软件资源共享及有效应用的策略,建设并形成各类稳定的学区内学校学习共同体或研习组织,促进教师专业发展,实现学区教育均衡发展。

3. 多渠道落实学区资源共享,互补互促学校教育特色优势。第一,运用信息化设备"网易录",提高共享的有效性。经过调查与整理,学区内各校均提供多项优质设备设施供学区共享借用。各具特色的设备设施包括:网络电脑室、图书阅览室、

---

① 刘昭华. 2008-09-22. 天津市河西区建设"教育发展联合学区"制度. https://learning.sohu.com/20080922/ n259685873. shtml

多媒体报告厅、心理辅导室、科技劳作室、乐器排练室、陶艺室、排球场、乒乓球室等。第二，整合资源，创建学区特色活动。整合资源创建学区特色活动，亦促进校与校之间的办学特色以及特色教育的互促互补，利于扩大活动的影响范围与力度。这些特色活动有：环境宣传教育特色活动、学区网络德育特色活动和"向国旗敬礼"、"古越秀色"等系列德育活动。

4. 建立教育技术实验校联盟，创建网络联校研训新方式。学区积极探索现代教育技术在教学中有效应用的研究，致力于用信息技术带动各校教育均衡发展，大胆创新联校教师研训的方式和手段。它们以提高教师人文素养和专业水平为主要目的，并根据本学区教师队伍的实际情况，认真设置培训课程。这些课程有师德教育培训课程、教师形象与教师礼仪课程、学科教学专题课程等，这些课程均由学区组织全体教师参加专家讲座或教研活动，并通过"网易录"系统的实时转播创造性地解决了学区全体教师跨校交流的困难，提高学区教师交流的实效性，扩大了学区教师的交流参与面。

5. 名师跨校指导开放课堂，大力促进教育质量均衡发展。该学区采用同伴结对、联合培训、开放课堂等形式，加强师资队伍建设，建立人才培养与交流的机制。通过调查建立优秀特长教师人才库，成立名师成长指导团，由特级教师游家水校长任团长；通过组织跨校指导备课，开展学区内公开观摩交流活动，共享教学智慧；另外，通过组织各类型的管理经验分享座谈会，促进交流，优化管理。（蔡定基，2011b）

3. 自由结对帮扶

自由结对帮扶模式是指教育质量高、管理水平高、声誉较好的学校与薄弱学校自由联合、结对帮扶，通过管理互通、教学一体、师资交流、学生互动、物质援助、资源共享等形式，加强结对学校师生间的交流与协作，实现教育均衡发展的做法，这种模式确定了优质学校对薄弱学校进行帮扶和带动的责任。但是，这种模式也存在一些不足之处。优质学校缺乏帮扶薄弱学校的动力，派遣的帮扶教师往往不是最优秀的教师。即便是最优秀的教师，接收学校在他们的待遇以及管理方面也很棘手；结对学校之间的帮扶关系和各自学校内部教学管理之间往往缺乏协调机制，优质学校资源的调配能力受到较大限制。这些问题的存在使得自由结对帮扶模式经常出现重"量"轻"质"、重"形"轻"实"的现象，实施效果不佳。

山东省日照市开展城乡结对帮扶活动的内容

（一）管理互通。城区优质学校要积极指导结对学校的教育教学管理，协助结对学校规划办学愿景，确定学校核心理念，制定学校发展规划和学年、学期工作计划，定期组织力量到结对学校现场办公，解决学校在管理、教育教学、文化建设、学校发展等方面的问题。农村结对学校要主动对接城区优质学校，吸收引进先进的管理模式和教育教学方法，根据优质学校的指导和意见，不断加强和改进学校工作。

（二）教学一体。结对期间，双方学校在教学计划、教学进度、教研活动、师资培训、教学管理等方面实行统一安排、统一实施、统一考评。城区优质学校要将结对学校师资培训纳入本校培训工作体系，有针对性地对结对学校骨干教师进行专业化培训，指导结对学校做好教师专业发展培训，组织本校名优骨干教师与结对学校青年教师结对，促其尽快成长和提高。

（三）师资交流。城乡学校结对帮扶，要有计划、有步骤地开展结对学校之间的教师互派交流，每学年确定交流人选，开展教师集中教研、集体备课、学习交流等活动。优质学校要定期组织骨干教师到农村结对学校举行示范课、观摩课，举办讲座，介绍经验。城区学校要选派优秀干部到农村学校任职，安排后备干部赴农村学校挂职锻炼，农村学校要积极组织年轻干部到城区学校顶岗学习。

（四）学生交流。结对学校间要统筹组织开展学生共同参加的各种教育教学活动，畅通两校学生间的思想和学习交流渠道，促进学生互动交流。深入开展"手拉手、共成长"活动，在结对学校中组建年级共同体、班级共同体、小组共同体、家庭共同体等，促进学生互帮互助，共同提高。

（五）物质支援。城区优质学校要本着"实事求是、因校制宜、量力而行、尽力而为"的原则，从资金、硬件设备等方面支援结对学校，帮助其改善办学条件，提升办学水平。

（六）资源共享。结对学校之间要充分发挥网络的优势和作用，每年组织骨干教师在网上展播录像课、专题讲座，实现优质教育资源共享。城区优质学校要发挥好图书、教学仪器、场地器材等方面的优势，为结对学校开展教育教学活动提供支持。[①]

（二）依托核心学校组建合作关系的集群模式

集群模式是指依托核心学校的资源优势，通过与学区内其他学校共同开发、加工和共享资源，形成资源聚集，健全学区发展支撑体系，提高教育质量和效率，带动区域教育均衡发展的组织形式。集群模式的关键要素体现为：学校间资源的横向

---

① 日照市教育局. 2013-10-10.《关于开展城乡学校结对帮扶活动的通知》（日教字〔2013〕121 号）. http://www.jzw.gov.cn/bbs/forum.php?mod=viewthread&tid=303757&archiveid=1

与纵向联系,资源开发、加工与共享的技术与方法,核心学校的主体作用发挥,学校合作的紧密程度,教育活动的频度。

集群模式的主要特征有六点。根植性要素:学区内结成联盟的学校通过经常性的合作,既能够增强学区的整体凝聚力,又能使学校扎根于自己独特的学校文化当中。自发性起源:结成联盟中的薄弱学校,在合作过程中通过自发地模仿优质学校的管理和文化建设方式,不断提高自身的管理水平和文化氛围。关联性学校:联盟学校的合作形式多样,既有课程共享、硬件资源共享、人力资源共享,也有教育教学方法、教研、考试等方面的联系合作。系统性管理:联盟学校通过紧密合作,满足资源、知识相互合作的需求;同时,学校通过获取学区的资源,进行知识与人力资源的快速积累,以促进自身的持续发展。阶段性发展:集群型的学区发展,一般都涵盖萌芽、发育、成熟和衰退四个过程,并经历由粗放到集群、由模仿到创新的发展历程。差异性发展:学区内的不同学校根据自身的实际情况,有明晰的发展定位,如国家示范性高中、省级示范性高中,或者完全初中、初级中学等,不同的定位有利于学校的特色发展和教育创新。

集群模式的操作,主要是在学校资源管理的视域下,通过培育资源开发、共享和扩散的能力,实现各要素作用力之间的耦合,通过直接和间接作用的发挥影响集群的形成,提升学区教育水平和教育竞争力,最终达至基础教育高位均衡发展的目标。

学区集群管理模式的操作案例分析

广州市越秀区中学第三学区由7所中学和1所职中组成。八所学校均具备一定办学基础,有一定办学经验,但办学规模、条件、水平都呈不均衡状态,在生源、师资、设备设施、教学管理等方面也有一定差距。因此,为了发挥优势,实现学区的集群发展,其操作具体如下:

1. 成立学区办公室

办公室主要职责是:第一,宏观决策指导本学区的教育教学活动;第二,对本学区各校重大活动实行相互通报交流并组织协调各校教师间的双向交流授课及学区师资培训活动;第三,指导、统筹、协调各校中小学教育资源流动共享;第四,负责对学区工作的实施、督察、总结以及考核工作。

2. 进行链接分工

横向链接:以国家示范性普通高中为龙头,实施资源项目管理,进行学区资源共享。纵向链接:第一,建立学区教研大备课组。为便于学区教研联动和教学交流,学区按中考科目建立了学区大备课组,备课组长从8间学校的骨干教师中选任,由学区主任统一管理,按照"领导小组带路,学区备长带头,学校备长带动"的思路,本着"求同存异"的原则,开展和落实形式多样的教研活动和教学交流。有效地促进学区各会考学科成绩的稳步提高。第二,创立学区建设管理机制。为规范学区管理,使学区工作有章可循,有据可依,学区领导小组研究制定了《中学第三学区推进学区建设实施方案》,并出台了相关《资源共享制度》。各学校也将学区建设工作列入各自的学校工作计划,并成立各自的学区建设领导小组,确保了各项工作的顺利开展。

3. 形成阶段愿景

远期目标:把越秀区中学第三学区建设成一个紧密型集群,实现本学区内硬件、软件、教学场室、设施设备以及人才的共享;教育教学教研以及管理各方面统一规划,统一部署。基本拉近校际之间的差距,学区内各校平衡发展、共同发展,实现学区内的教育均衡。

中期目标:学区内各校干部、教师自由流动,按需调配,实现教育教学教研人才的资源共享,带动薄弱学校教育教学质量的提升。

近期目标:加强学区内各校之间的沟通与协作,适当进行教学场室、教学设施设备的资源共享,开展各种教育教学的研讨活动,提升各校教师的教育教学理论水平和专业技能。

4. 共享硬件资源,促进教育均衡

5. 共享软件资源,推进教育均衡

第一,着力经验交流。第二,加强集体备课,形成学习共同体。第三,开展教学研讨,形成教学创新。第四,探索职普融通,共享课程资源。

6. 利用资源优势,强化各校特色

各学校都按照教育均衡化的总目标,强化各自的办学特色,积极发挥各自办学特色的辐射作用,做到优势互补、共同发展,形成特色联动、纵横贯通的互动格局。在共同的追求中展示不同,在不同中寻求共同,以特色孕育教育的活力,努力锻造学区教育品牌。

7. 携手合作,拓宽发展空间

在中学第三学区,学区的概念已开始从单一的教学、教研拓展到其他领域(如学校管理、师德教育、师资培训、师生活动等)。如,3中与广州大学心理学院合作举办教师心理C证培训班时,也邀请学区内其他学校教师参加。学区不断地通过这些活动,加强学校间的沟通交流,增强学区内的凝聚力,促进学区一体化发展。(蔡定基,2011a)

1. 农村综合教育学区

所谓学区，是指根据教育教学的实际需要，打破行政区划界线，在一定的地理空间范围内建立的、为社会提供公共教育的区域单位。相应地，农村综合教育学区是指在县域内打破乡镇行政区划界线，依据人口分布状况、学校地理位置、经济文化基础、教育发展现状、优质教育资源辐射范围以及今后教育规模等因素，将全县划分为若干个学区，每个学区设立一个学区中心校，由县教育行政部门直接领导，具体负责本学区内的各类教育工作，同时相应地撤销原乡镇中心校（总校）（潘红波，2010）。

农村综合教育学区主要有以下几层含义。

1）一个最基层的教育行政单位和管理单元。受县级教育行政部门委托，农村综合教育学区实施"县级教育行政部门-学区中心校-学校"的三级管理新体制，综合管理区域内的各级各类学校。

2）一个教育资源配置和综合服务的区域单元。农村综合教育学区受县级教育行政部门委托，负责辖区内学校的经费预算编制、教师队伍建设、教育教学管理具体事务，统筹辖区内教育资源配置，学前教育、成人教育等非义务教育的管理。

3）一个实施教育教研活动的单元。农村综合教育学区通过加强教研、培训网络建设，构建起"县教研室和县教师培训机构-学区研训室-学校研训组"三级研训网络。

在农村综合教育学区建设过程中，出现了紧密程度不一的多种校际联结形式。

形式一，涵盖两个或两个以上乡镇部分或全部地域的学区。这种形式，一是基于一些乡镇人口规模较小、分布零散、生源较少的情况，在实施以乡镇为单位的管理过程中，容易造成乡镇中心校数量及管理人员过多，教师编制紧缺，校际差别扩大的问题。二是随着人口流动和城镇化进程加快，部分初中学校农村生源外流，造成农村初中学校出现生源不足、规模过小的现象。结合乡镇行政区划、交通状况以及生源变化情况，建立涵盖两个或两个以上乡镇部分或全部区域的农村综合教育学区，以提高办学效益，推进基础教育高位均衡发展，就成为一种现实需要。湖北省丹江口市出现的多乡镇合一的农村义务教育学区形式就是其中一个代表。

> 湖北省丹江口市出现的多乡（镇）合一的农村义务教育学区形式，是指丹江口市通过将全市 23 个乡镇划分为 7 个教育学区，乡镇中心学校不再承担教育教学业务管理职责的做法，探索出了农村义务教育学区协作、校际资源均衡化配置的新模式。（潘红波，2010）

形式二，在同一个乡镇内划分出两个或两个以上农村学区。这是基于人口较多、生源充足乡镇的实际情况而实行的另外一种模式。

河南省息县在生源较多的五个乡镇中划出了 11 个教育学区。河南省息县地处中部平原，人口稠密，生源充足，在部分人口较多的乡镇分别建有 1—3 所初中学校。2006—2008 年，该县实行农村义务教育均衡发展改革新举措，在小茴店镇、关店乡等人口超过五万人的乡镇，在每个乡镇形成以初中学校为中心校的 2—3 个农村义务教育学区。农村义务教育学区直接由县教育行政部门领导，在学区范围内实行教育资源统一调配、教师合理流动、生源适度引导，促进了学区内各学校之间的资源均衡化配置及学区内义务教育整体水平的提高。（潘红波，2010）

形式三，一乡镇一学区，学区范围与乡镇行政区域完全重合，是指在乡镇区域范围内，将全乡中小学校作为一个整体，由一套领导班子统一管理，教育教学资源在本乡区域内统一调配，缩小区域内的校际差别，促进学校高位均衡发展的做法。

湖北省潜江市、仙桃市等地县区不再设置乡镇中心学校，同一乡镇内所有初中合并为一所初中中学，所有小学合并为一所小学，实行一校多点办学，教育资源一体化共享，探索出"区域一体化"的管理模式。通山县打破学校之间的界限，以一所完全小学为主体，依据地理位置、生源范围将附近初小、教学点作为其分部，几校联合而成的"教学联合体"，实现"人事统一调配，财务统一管理，教学统一协调"，让区域内的孩子同享教育资源，探索出"联校走教"模式。多种资源配置模式的改革与创新为义务教育均衡发展增添了活力。（潘红波，2010）

2. 学校捆绑发展

所谓学校捆绑发展就是指将城区小学与农村小学结对形成"共同体"，不定期开展学校管理方面的专项教研活动，并统一年度考核标准，统一教学质量标准和要求，共同发展的模式（潘军昌，陈东平，2010）。这种做法比较典型的代表是河北省石家庄市一托二联合管理模式。

石家庄市一托二联合管理模式是将区内一所义务教育阶段优质学校与对应学段的一所城郊校、一所城区薄弱校捆绑成相互对应、相对固定、紧密联系的办学共同体——联合校，实行不同法人单位、联校协调管理的新机制。联合校成立管理委员会负责制订联合校内学校行政管理交流、教师交流、教研交流等计划,研究解决联合校内重大的管理问题,联合学校统一工作计划、统一管理制度、统一活动安排、统一质量要求、统一年终考核;定期召开联合校行政联席会议;教师和中层以上管理干部进行相互交流,共享联合校内各类教育资源。

从捆绑发展模式的制度设计中可以看出,参与捆绑的优质学校承担带动薄弱学校发展、实现捆绑学校均衡发展的主要责任,但捆绑学校各自又是不同的法人单位,共享同一个管理层,进行统一管理。对于捆绑发展模式来说,教育行政主管部门只需以均衡发展为目标加强对责任主体的考核要求,并对责任主体采取的相关互动措施给予适当支持,就可以比较好地促进不同学校之间的交流与互动,实现基础教育高位均衡发展的目标。

3. 学校托管

所谓学校托管就是由教育行政部门出资购买教育专业化服务,委托优质学校或教育中介机构管理相对薄弱的农村中小学,使其迅速提高办学水平和教学效率(潘军昌,陈东平,2010)。在具体实施过程中,托管学校形成优质教育资源,通过向被托管学校委派校长、管理人员和骨干教师的方式,"整体进驻"被托管学校,将先进的教育理念与实践直接"植入"被托管学校,帮助被托管学校在最短的时间内走上内涵发展之路。委托管理期间,学校的隶属关系保持不变,被托管学校享有办学自主权。此种做法比较典型的代表是上海市的"软托管"。

研究托管模式 实践"软托管"

托管不是一般条件下的办学,而是在短期办学责任主体转移的条件下,实施优质教育、管理的支援,通过优质教育资源的摄入,办好农村学校的教育管理的一种托管模式。托管不是包办代替,不是行政强制,而是专业引领,增强被托管学校办学的能力。托管是推进具体学校办学的一种改革,是学校优质教育资源的辐射途径。在学校托管取向上有着两种主要的取向:一是硬托管,即被托管学校采取刚性接管,在行政组织体系上,被接管学校主要领导被替换,在教学上采用统一教案、练习输入规范教学的线性管理。另一种是"软托管",学校软托管强调托管不是"占领",而是专业引领。根据实践经验与理论思考,可以认为"软托管"是以被托管学校为本的核心价值观念指引下,建构托管主体责任与办学主体责任的双主体的托管机制,通过教育项目的有效支持、教育经验本土化、管理机制长效化,实现被托管学校自主优质发展的一种学校托管模式。(盛装,2009)

学校托管模式明确确立了优质学校或者教育中介机构对薄弱学校进行帮扶和带动的责任。为了实现帮扶目标，优质学校可以动用自己的部分优质资源，参与薄弱学校的教学和管理活动，以此加快薄弱学校软件资源的发展。此模式的一个显著特点是短期性，托管一般以两年为一周期，两年后，由专门的评估机构对被托管学校整体办学水平和教育质量进行评估。这种短期性很可能会影响到优质学校的帮扶投入。因此，能否将被托管学校的长期发展与托管学校的长期发展结合起来，以及能否解决好"整体退出"之后均衡发展的可持续问题，将是该模式能否取得成功的关键。

（三）依托教育集团打造品牌学校的集团模式

集团模式是指为了发展品牌学校，通过教育资源的获得和使用，使学校之间在产权上相互结合，形成学校联合体。

集团模式的特征主要表现在四个方面。第一，联结的纽带性。优质学校与薄弱学校合并形成庞大的教育组织，由一个法人代表统一实施管理。这些学校以产权为纽带形成紧密的联合关系，展开全面的教育协作。第二，决策的战略性。分校与总校整体协同效应的提高促进集团发展，集团效应的提高促进各个合作学校的发展。第三，管理的系统性。通过对计划、组织机构和管理运行等各种因素的综合考虑，构建内聚统一的、开放动态的管理体系。第四，文化的统一性。集团学校文化的构建，既要考虑各所学校的特色，也要考虑集团学校的整体文化特色，并最终形成具有统一特色的集团学校文化。

集团模式的操作，主要是在学校品牌管理的视野下，对学校品牌进行计划、组织和管理，它的重点是总校为了提高教育集团品牌工作的整体协同性，采用统一管理的方式，负责所有合并校或分校品牌建设的决策工作，各分校只负责配合总校做好相关执行工作。国内有关实践表明，集团模式有利于打破传统的教育管理方式，使管理重心下移，有利于教育行政部门从"行政管理"走向"服务管理"，有利于发挥资源利用的最大效益，促进区域内基础教育的高位均衡发展（蔡定基，黄威，2011）。

名校集团化模式的主要做法是以名校为龙头，通过合并弱校、新校、农校的方式组成教育集团，形成"单法人，多校区"的结构（有2/3的教育集团采用此模式）（刘希平，2008）。总校长统筹调配、统一管理集团内的人、财、物、事。集团通过建立"一会三系统"实施管理，即建立以理事会为核心的领导机构，下设执行系统、考核评价系统、督导评估系统三个系统。"一会三系统"的设置既强化了统一管理，有利于加强功能管理，又减少了校内机构的设置，弱化了原有的行政管理。集团从人事、后勤、教育教学、学生管理等方面，制定统一的质量标准和考核方式，对成员校的责、权、利进行划分和规约，确保成员校的教育质量和师资水平能达到大致相同的水准，这种管理模式实现了不同校区在办学理念、发展目标、管理体制方面的统一。可以看出，名校集团化模式的集团管理层以名校管理层为核心拓展而成，集团内各校区均衡发展目标的责任主体明确、任务清晰；名校集团化的实现过程实际上是名校在地域、生源、师资、资产等方面的扩张过程，也是最大限度地发挥优质教育资源作用的过程。名校集团化的实现，是基于名校自身具有的强烈扩张愿望，名校集团化过程中通过对薄弱学校的合并，实现了办学规模的扩张；如果仅仅关注规模的扩张而没有成员学校教育质量的提高，则规模扩张只会削弱名校的地位、拖累名校的发展，基于强烈的责任心，要求名校一定要下大力气实现均衡发展目标。只有实现成员学校的共同发展，名校集团化才能真正实现发展壮大的目标。

对集团内的人、财、物、事，集团管理层有进行统筹调配、统一管理的权力，使顺利实现集团内各校区均衡发展目标具备了制度保障，解决了均衡发展的能力问题，不仅使各校区硬件资源实现了均衡，而且为动态整合不同水平的师资创造了条件。通过教师轮岗、教师"走教"、师徒结对等形式，盘活了集团内的师资资源；通过优质课展示共享、教学研讨、主题论坛、专题培训、教师博客等载体，加快了教师专业化成长速度，增强了教师专业能力。实践证明，丰富多样的教育教学活动，可以缩短两年左右的教师专业成长周期，从而使集团内各学校教育均衡发展在短时间内得以实现成为可能。

考核名校集团化的成效可以从两方面进行：一是家长的择校行为；二是教育行政主管部门的监督与考核。在杭州"名校集团化"过程中，民间资本发挥了重要作用。名校依靠当地政府和民间资本的力量，完成自己的集团化、民营化和产业化，实现了从单纯提供公共服务的事业性行业向在提供公共服务过程中同时追求利润的产业性行业的转变。家长的择校行为直接影响到教育集团的利润，因此会对它的行为产生约束作用。教育行政主管部门的监督与考核也是非常必要的，但监督与考核的重点和难点不是针对基础教育均衡发展的效果，而是对民间资本参与进来后教育集团的逐利行为及其产生的后果进行约束与控制。此外，武汉市东湖新技术开发区教育局组建的光谷第一学区，实际上也是一种"名校集团化"形式，只不过没有民间资金的参与，名称是"学区"而不是"集团"。

中国在教育集团模式的探索中，形成了具有不同地域特色的典型做法。比如，北京东城区"亚单元结构"下的新型学区化管理方式，该管理方式强调在现有体制方式中，构建一个中间层组织，即"单元协作组织"。这个单元协作组织由区教委领导、教育系统内各级各类教育机构负责人组成，负责协调与促进单元协作组织内各所学校的工作与发展（杨清，詹伟华，2006）。武汉市东湖区提出的"中心校"学区管理方式也是其中一个代表。

学区集团管理模式的操作案例

广州某区一所小学创建于 1948 年，是一所办学力量较强、特色较明显的品牌学校，在发展过程中先后吸纳了一些相对薄弱的学校，形成一校四区的 64 个教学班的办学规模。四个校区资源共享，优势互补，协调发展，逐步形成了学区集团管理模式，具体操作方式如下：

1. 共同的愿景与目标成为联结的纽带。学校以共同的愿景作为各校联结的纽带，并通过统一管理将这种联结贯穿下去。学校以打造优质教育品牌为目标，全面实施学校内涵发展的战略，创办特色鲜明的现代化中国名校，并明确提出了以"责任为大、师生为本、发展为重"三维办学宗旨为核心的学校价值文化体系。

2. 构建信息化管理平台，实现多校区的统一管理。为了将学校的价值文化体系落实到各所分校，以校长办公室为首的校级管理机构集中在总校区，实行一套统一管理的运行机制，并且利用"校园门户网站"、"资源管理平台"、"办公管理平台"、"教育教学应用管理平台"、"后勤管理平台"五大信息化管理平台，对全校实行系统管理。如学校大队部的活动，采用"四个一"多元主体化统一管理举措——"每一天，每一周，每一月，每一学期"。其中，每一天是指四校区的辅导员每天保持密切的联系，利用网络资源优势，开设德育 qq 群，进行网络大队部会议，有效进行交流与沟通；每一周是指每一星期进行一次校区的总结，把各校区发生事件在升旗仪式上进行通报，使每一个校区的少先队员都能及时了解到其他校区的信息，让四校区是一家人的观念深入孩子的心灵；每一月是指红领巾电视台每月进行一次的"校园瞬间"纪录片的播放，以拍照的形式记录校园里发生的好人好事或者是不良的行为习惯，可以使少先队员们受到教育；每一学期是指全校在每一个学期会进行一次大型的活动，让四校区的孩子可以团聚在一起，产生校园的归属感。

3. 注重过程，形成层级式条块管理。在统一管理的基础上，学校还实行"一校四区"层级式条块管理。层级式管理，即学校实行校长和书记、副校长、职能部门、各年级组的四级式管理体制；条块管理，即除校长主管全面工作，书记主管党支部工作外，副校级领导和中层主任实行条块管理，如，一名副校长必须分管一个校区的各项工作，这是"块"的管理，同时这位副校长还会分管全校某方面的工作，如"校园信息技术""后勤装备"等，这是"条"的管理。这样，可以让每一个行政领导既可发挥个人特长，又熟知学校某一校区发展情况，从而使学校各校区在统一的指导下，均衡、优质地发展。

4. 整合共享教学资源，促进教学效果的最优化。学校的教学统一由总校教导处管理，同时在各校区配备分管教学或科研工作的学科组长。这种教学管理模式，能及时反映各校区教学状况，遇到情况能够得到及时处理。学校着力建设年级组和学科组团队，充分发挥团队骨干的作用，深入地开展集体备课的研究，在校园网中设立"集体备课"专栏，交流与提供丰富的备课资源。同时，学校利用视频网络系统，让不同校区的老师可以足不出校，就能在视频上观摩老师在其他校区现场执教的课例，并利用系统的切换系统，直接参与评课议课的互动交流。（蔡定基，黄威，2011）

第二节　聚焦基础教育高位均衡发展的困境

为促进基础教育高位均衡发展而出现的各种做法及其实践运作，是适应时代发展要求、政策法规支持以及专家学者倡导的结果。在此过程中，政府制定的政策起着主导作用，学校基于自身构建的特色文化，提升了教育教学质量，促进了基础教育高位均衡发展。但同时还要看到历史惯性的阻碍作用、文化差异、民众力量作用发挥不够，学区管理权限没有捋顺、集团化办学现实问题难以解决等问题的存在，也使得中国基础教育高位均衡发展面临着诸多难题。

一、对标评估办法，均衡达标率低

中国社会经济状况与地域文化的迥异性，决定了短期内实现基础教育高位均衡发展的目标难以完成。基于中国的国情，循序渐进达到发展目标是实现基础教育高位均衡发展的必要选择。为保障阶段性发展目标的实现，国家有必要通过制定政策突出教育发展要略。基于国家政策，满足基础教育发展的最低要求，发挥教育资源在学校乃至区域发展中的作用，促进学校通过标准评估以及接受改进意见和建议，继而达到国家规定的办学标准要求，这是实现基础教育高位均衡发展的保障基础。基础教育高位均衡发展的目标是要达到教育需求与教育供给的相对均衡，其中教育资源配置的均衡是基础教育高位均衡的基础和前提。从教育经济学的视角出发，探讨经济基础和经济发展对基础教育高位均衡发展的促进和提升作用，这种思维方式对于中国教育的现状来讲，无疑具有较强的现实意义，折射出教育发展对经济支持的呼吁和要求。

2012 年 1 月，教育部颁布的《县域义务教育均衡发展督导评估暂行办法》提出了"县级自评、地市复核、省级评估、国家认定"的四级联动督导工作体系，为推进义务教育均衡发展提供了更加清晰的衡量标准和评价办法。该办法明确指出义务教育发展基本均衡县的评估认定，应在其义务教育学校达到本省（自治区、直辖市）义务教育学校办学基本标准后进行，主要包括对县域内义务教育校际均衡状况评估和对县级人民政府推进义务教育均衡发展工作评估两个方面，将公众对本县义务教育均衡发展的满意度作为评估认定的重要参考。2012 年 9 月，《国务院关于深入推进义务教育均衡发展的意见》颁布，该意见明确了"推进义务教育均衡发展的基本目标是：每一所学校符合国家办学标准，办学经费得到保障。教育资源满足学校教育教学需要，开齐国家规定课程。教师配置更加合理，提高教师整体素质。学校班额符合国家规定标准，消除'大班额'现象。率先在县域内实现义务教育基本均衡发展，县域内学校之间差距明显缩小。到 2015 年，全国义务教育巩固率达到 93%，实现基本均衡的县（市、区）比例达到 65%；到 2020 年，全国义务教育巩固率达到 95%，实现基本均衡的县（市、区）比例达到 95%"。

依据《县域义务教育均衡发展督导评估暂行办法》的有关要求，国务院教育督导委员会办公室于 2014 年 9 月组织了由国家督学、有关专家组成的审核组，通过随机抽查、座谈、问卷等方式对我国 26 个省（自治区、直辖市）450 个达到义务教育均衡发展指标体系的申报区县进行了调研，其中，随机检查学校 3064 所，召开人大代表、政协委员、校长、教师、家长共同参与的座谈会 1642 次，发放调查问卷 206 276 份，回收有效问卷 205 688 份，回收率为 99.71%。调研之后得出如下结论。

（一）办学基本标准总体达标状况良好，不同指标间达标率差异较大

我国 26 个省（自治区、直辖市）结合本地区实际情况，制定了具体的实施办法，围绕信息化建设、设备图书、校舍场地、师资队伍等制定了义务教育办学基本标准评价指标体系。每个区县内所有义务教育阶段学校全部达标，才有具备申报"义务教育发展基本均衡县"的资格。表 3-1 是中国义务教育阶段学校办学基本标准核心指标达标情况统计结果。

从表 3-1 中可以得知，不论是西部、中部还是东部地区的小学和初中，综合评价达标率都达到了 100%。从不同学段的达标率来看，小学阶段各指标的达标情况不同，达

表 3-1 中国义务教育阶段学校办学基本标准核心指标达标情况

地区	学校类型	达标情况	生均教学及辅助用房面积（平方米）	生均体育运动场馆面积（平方米）	生均教学仪器设备值（元）	每百名学生拥有计算机数（台）	生均图书数（册）	师生比	生均高于规定学历教师数（人）	生均中级及以上专业技术职务教师数（人）	综合评价
全国	小学	学校总数	16 871	11 367	9 416	11 825	16 746	14 756	7 840	3 068	18 041
		达标学校数	15 324	10 382	9 170	11 642	16 279	13 373	7 800	2 820	18 041
		达标率（%）	90.83	91.33	97.39	98.45	97.21	90.63	99.49	91.92	100
	初中	学校总数	6 435	4 425	3 380	4 970	6 370	5 335	2 619	788	6 768
		达标学校数	6 124	3 858	3 300	4 944	6 162	5 116	2 552	708	6 768
		达标率（%）	95.17	87.19	97.63	99.48	96.73	95.90	97.44	89.85	100
东部地区	小学	学校总数	11 091	8 347	3 776	9 964	11 091	10 214	3 842	1 247	11 091
		达标学校数	10 172	7 974	3 768	9 797	10 785	9 116	3 818	1 057	11 091
		达标率（%）	91.71	95.53	99.79	98.32	97.24	89.25	99.38	84.76	100
	初中	学校总数	4 431	3 194	1 441	4 056	4 431	4 030	1 056	405	4 431
		达标学校数	4 324	2 922	1 441	4 038	4 292	3 842	1 043	344	4 431
		达标率（%）	97.59	91.48	100	99.56	96.86	95.33	98.79	84.94	100
中部地区	小学	学校总数	4 058	1 306	3 918	141	4 055	4 028	2 411	1 477	4 057
		达标学校数	3 680	1 203	3 704	135	3 911	3 753	2 406	1 434	4 057
		达标率（%）	90.69	92.11	94.54	95.74	96.45	93.17	99.79	97.09	100
	初中	学校总数	1 156	382	1 091	65	1 156	1 150	783	302	1 156
		达标学校数	1 118	357	1 032	63	1 098	1 117	729	286	1 156
		达标率（%）	96.71	93.46	94.59	96.92	94.98	97.13	93.10	94.70	100
西部地区	小学	学校总数	1 721	1 721	1 721	1 721	1 601	514	1 587	344	2 894
		达标学校数	1 470	1 206	1 697	1 709	1 582	505	1 577	329	2 894
		达标率（%）	85.42	70.08	98.61	99.30	98.81	98.25	99.37	95.64	100
	初中	学校总数	848	848	848	848	782	155	780	81	1 181
		达标学校数	682	579	827	843	773	155	779	78	1 181
		达标率（%）	80.42	68.28	97.52	99.41	98.85	100	99.87	96.30	100

资料来源：高丙成（2014）

标差别量有的不足 1 个百分点，有的高达 25.45 个百分点。各项指标及其最大差异情况具体如下：全国小学生均教学及辅助用房面积达标率为 90.83%，东部地区该指标达标率高于西部地区该指标达标率 6.29 个百分点；全国小学生均体育运动场馆面积达标率为 91.33%，东部地区该指标达标率高于西部地区该指标达标率 25.45 个百分点；全国小学生均教学仪器设备值达标率为 97.39%，东部地区该指标达标率高于中部地区该指标达标率 5.25 个百分点；全国小学每百名学生拥有计算机数达标率为 98.45%，西部地区该指标达标率高于中部地区该指标达标率 3.56 个百分点；全国小学生均图书数达标率为 97.21%，东部、中部、西部地区之间该指标达标率相差均不到 2 个百分点；全国小学师生比达标率为 90.63%，西部地区该指标达标率与东部地区该指标达标率相差 9 个百分点；全国小学生均高于规定学历教师数达标率为 99.49%，该指标达标率东部、中部、西部地区之间相差不足 1 个百分点；全国小学生均中级及以上专业技术职务教师数达标率为 91.92%，东部地区该指标达标率与西部地区该指标达标率相差 10.88 个百分点。全国初中阶段的情况，除生均体育运动场馆面积、生均中级及以上专业技术职务教师数两项指标的达标率稍低，其他指标达标率均在 93% 以上。从全国小学阶段与初中阶段的各项指标的达标率情况来看，总体差异数量较小，即便是最大差异项"师生比"的达标率，初中也仅仅高于小学 5.27 个百分点。综合不同学段的数据可以得知，中国义务教育学校办学基本标准总体达标状况良好，东部地区、中部地区和西部地区各项指标的达标率总体差异不大，但部分指标如"小学生均体育运动场馆面积"达标率差异明显，需要查清问题根源，最大限度地进行整改提升，缩小区域差别。

从不同指标的达标率来看，全国小学生均高于规定学历教师数达标率为 99.49%，生均教学及辅助用房面积达标率为 90.83%，两者相差 8.66 个百分点。全国初中每百名学生拥有计算机数与生均体育运动场馆面积达标率分别为 99.48% 和 87.19%，两者相差 12.29 个百分点，并且两者在西部地区分别是 99.41% 和 68.28%，相差 31.13 个百分点。这些数据说明，中国义务教育学校办学基本标准不同指标间的达标率差异较大。

（二）校际总体均衡状况较好，区域之间校际差异不同

依据《县域义务教育均衡发展督导评估暂行办法》的有关要求，从生均教学及辅助用房面积、生均高于规定学历教师数、生均中级及以上专业技术职务教师数、生均教学仪器设备值、生均体育运动场馆面积、生均图书数、师生比、每百名学生拥有计算机数等 8 个方面设置了指标体系，通过对这些指标体系数值的对比分析，对校际均衡状况进行评估。计算差异系数的指标数据来源于国家教育事业统计数据，评估标准为小学、初中综合差异系数分别小于或等于 0.65、0.55（不要求每个单项指标均达标）。中国义务教育阶段学校校际差异系数情况统计表如表 3-2 所示。

表3-2 中国义务教育阶段学校校际差异

区域	学校类型	类型	生均教学及辅助用房面积（平方米）	生均体育运动场馆面积（平方米）	生均教学仪器设备值（元）	每百名学生拥有计算机数（台）	生均图书数（册）	师生比	生均高于规定学历教师数（人）	生均中级及以上专技术职务教师数（人）	综合评估
全国	小学	全县平均数	4.348	7.881	1 620.700	12.361	28.304	0.079	0.062	0.043	
		差异系数	0.510	0.638	0.523	0.378	0.286	0.271	0.263	0.360	0.404
	初中	全县平均数	6.218	11.790	2 373.600	15.605	39.146	0.105	0.085	0.067	
		差异系数	0.425	0.532	0.462	0.348	0.292	0.262	0.263	0.314	0.363
东部地区	小学	全县平均数	4.270	7.777	1 856.700	13.066	29.016	0.062	0.064	0.045	
		差异系数	0.528	0.648	0.539	0.359	0.293	0.247	0.237	0.336	0.399
	初中	全县平均数	6.435	12.491	2 791.600	17.142	41.322	0.094	0.093	0.071	
		差异系数	0.453	0.560	0.485	0.349	0.311	0.262	0.259	0.307	0.374
中部地区	小学	全县平均数	4.039	7.111	911.180	9.138	25.881	0.074	0.055	0.041	
		差异系数	0.540	0.691	0.545	0.490	0.299	0.344	0.337	0.422	0.458
	初中	全县平均数	5.490	9.239	1 383.300	11.037	33.098	0.101	0.065	0.063	
		差异系数	0.399	0.535	0.451	0.403	0.304	0.262	0.279	0.334	0.371
西部地区	小学	全县平均数	5.453	10.080	1 605.000	14.549	28.824	0.196	0.068	0.041	
		差异系数	0.400	0.533	0.430	0.321	0.241	0.284	0.280	0.383	0.360
	初中	全县平均数	6.371	12.709	1 784.300	15.420	37.996	0.186	0.073	0.053	
		差异系数	0.332	0.397	0.369	0.267	0.186	0.258	0.261	0.320	0.299

资料来源：高丙成（2014）

从表 3-2 中所列的数据来看，我国提请复核的 450 个区县学校之间的差异系数达到了国家标准要求，其中，小学综合评估系数为 0.404，初中综合评估系数为 0.363，没有超出国家规定的 0.65 和 0.55 的标准。从不同年度的对比来看，2013 年通过国家督导检查的 293 个达标县小学、初中综合差异系数从 2011 年的 0.529、0.475 分别下降到了 2012 年的 0.413、0.356（高丙成，2014）。这种情况说明中国义务教育校际均衡程度呈逐渐提高的趋势，义务教育校际总体均衡状况较好。

从不同区域的差异系数来看，东部地区、中部地区、西部地区小学综合差异系数分别为 0.399、0.458、0.360，东部地区、中部地区、西部地区初中综合差异系数分别为 0.374、0.371、0.299。这些数据表明中部地区小学之间差异最大，西部地区小学之间差异最小，东部地区初中之间差异最大，西部地区初中之间差异最小。此外这些数据还说明中国不同区域的学校之间有一定的差异，这种差异不仅存在于西部地区，也存在于中部和东部地区。

（三）县级政府重视义务教育均衡发展，经费投入和师资力量有待提高

依据《县域义务教育均衡发展督导评估暂行办法》的有关要求，县级政府建立了推进义务教育均衡发展工作的评估指标体系。该体系包括两个指标级别，其中一级指标体系包括入学机会、保障机制、教师队伍和质量与管理四个方面，每个一级指标又分别涵盖 4～5 项二级指标，共计 17 项二级指标，指标体系评估总分为 100 分，要达到评估标准，总分需不低于 85 分。不同区域的省市，依据当地的实际情况制定了适合当地需求的目标要求和政策标准。表 3-3 是中国县级政府推进义务教育均衡发展工作得分情况统计表。

表 3-3　中国县级政府推进义务教育均衡发展工作得分情况

地区	入学机会		保障机制		教师队伍		质量与原理		总分
	原始分	得分率（%）	原始分	得分率（%）	原始分	得分率（%）	原始分	得分率（%）	
全国	19.30	96.52	22.91	91.64	32.99	94.26	19.02	95.11	94.22
东部地区	19.30	96.51	22.67	90.69	32.99	94.27	19.07	95.35	94.03
中部地区	19.23	96.15	23.40	93.59	32.95	94.15	18.89	94.43	94.47
西部地区	19.43	97.17	23.38	95.53	33.05	94.42	18.99	94.95	94.85

资料来源：高丙成（2014）

从表 3-3 中可以看出，全国县级政府推进义务教育均衡发展工作总体得分为 94.22 分，达到了总分不低于 85 分的国家标准，其中，东部地区得分 94.03，中部地区得分 94.47，西部地区得分 94.85，西部地区得分稍高于中部地区和东部地区得分。这些数据表明，中国县级政府普遍重视义务教育均衡发展工作。

从不同指标的得分率来看，入学机会得分率 96.52% 为最高得分率，表明总体上学生能够顺利入学，入学率高。保障机制得分率 91.64% 为最低得分率，表明政府保障义务教育均衡发展的相关措施还有待提升，特别是近三年教育经费还有较大的缺口，需要县级政府加大义务教育经费的投入。此外，调查还表明，二级指标体系中的"建立并有效实施了县域内义务教育学校校长和教师定期交流制度"这一指标的得分率也较低，说明师资队伍建设有待提升，政府应该重视义务教育均衡发展工作中的师资队伍建设。

需要说明的是，以上所列的这些数据及揭示的结论，仅仅是我国 26 个省（自治区、直辖市）450 个达到义务教育均衡发展指标体系的申报区县的情况，这些申报区县仅仅占中国 2856 个县级行政区划单位的 15.7%，这对于中国实现基础教育高位均衡发展的总体目标来说相差甚远，还需要社会各界从各个方面给予义务教育更多关注和支持。

二、彰显特色文化，提升质量

文化内涵的多元性揭示了基础教育高位均衡发展的实现不仅要从物质、制度、师资等外部层面满足其发展的需要，走物质基础决定上层建筑规律的常规路径，还要从人们的思想意识、价值观念和思维方式上进行变革，改变通过夯实教育所需的物质基础提升教育质量的常规道路，创造性地通过塑造特色文化实现教育教学质量的提升，实现基础教育高位均衡发展的超常路径。这种超常路径的建设，很难通过行政命令的方式在短期内实现突破，更多地要通过社会文化特别是学校特色文化的变革来实现。作为隐性存在的力量，文化潜移默化地影响着人们的行为和教育改革的进程。这种作用具体表现为四个方面。①基础教育高位均衡发展适宜文化的形成是文化内源性作用和外源性作用融合的产物。外源性作用和内源性作用的差异，主要来源于文化变革的主体和动力。如果是外部主体作为主导力量促进了文化革新，继而产生新型文化，就属于外源性作用。从基础教育高位均衡发展的各种实践来看，社会民众和学校教师对办学基本条件标准化的强烈呼吁，是促进基础教育高位均衡发展的外部动力，体现为基础教育高位均衡发展的外源性作用。如果是文化内部主体的自我革命，推动文化主动变革，就属于内源性作用。从基础教育高位均衡发展的实现来看，其需要通过学校内部文化的革新来完成，这是文化内源性作用的结果。只有这两个方面共同作用，才能达到基础教育高位均衡发展的目标要求。②基础教育高位均衡发展适宜文化的形成是文化冲突和文化整合的结果。不适合基础教育高位均衡发展需要的物质文化、制度文化和精神文化与适合基础教育高位均衡发展的各类文化，因价值观念、指导思想、规章制度以及具体实施中的差异形成了文化的矛盾冲突，造成异质文化进一步共存与整合，同时又会孕育新型文化，经过多次的文化冲突和整合，基础教育高位均衡发展适宜文化才能最终确立。③基础教育高位均衡发展适宜文化的形成是文化濡化与文化涵化的结果。作为文化传递的两种基本模式，濡化与涵化体现为继承与发展、适应与创新等方面的差异。一方面，我国基础教育高位均衡发展目标的实现，需要立足并继承已有传统优秀文化的营养，保持文化的承传与延续，这是文化濡化功能的体现；另一方面，要有充分的文化自觉，认知本土文化的不足，借鉴和吸收异己文化的优势，突出借力发展，谋求文化发展的创新和延续，这是文化涵化功能的体现。中国基础教育高位均衡发展目标的实现，一方面要从已有文化中汲取营养，以求发展的延续性；另一方面，要强调已有文化对异己文化的借鉴和吸收，突出借力发展。各地基础教育高位均衡发展实践中的创新性做法，鲜明地体现了继承与借鉴的辩证统一。④基础教育高位均衡发展适宜文化的形成是文化自在性与超越性的结果。自在性是维护文化稳定的特质，超越性是实现文化发展的特性。自在性与超越性揭示的文化守成与文化创新的矛盾实际上就是文化的危机，这种危机对基础教育高位均衡发展产生了一定的启示：基础教育高位均衡发展实际就是在文化产生危机和消除危机的过程中曲折前进、螺旋上升的渐进过程，这个过程不仅表现为物质文化、制度文化、精神文化等保持原有文化特色的固有惰性，还表现为突破惰性促进发展的内在超越性，这种原有惰性和内在超越性的矛盾存在和冲突发展就是基础教育高位均衡发展的文化危机，也是基础教育高位均衡发展的动力。

通过培植和挖掘区域、学校的文化特色，通过点、线、面有机结合的方式实现区域和学校的提升，以此带动区域和学校的整体发展，促进薄弱学校整体实力的提升，达到基础教育高位均衡发展的目标要求，这是提高基础教育教学质量、培养具有个性化的学生、实现学校内涵式发展的重要路径。在实施过程中，一方面，要善于总结、提炼和发扬区域和学校的管理文化、课程文化、教学文化等特色，并将特色长期显现、保持和发展，使之真正成为促进区域和学校发展的文化传统；另一方面，要将区域和学校办学特色所体现出来的先进性和优质性文化从理论、实践两个方面进行提炼和总结，及时向其他区域和学校渗透、拓展，为基础教育高位均衡发展提供动力。

在中国基础教育高位均衡发展实践中，省域实践的典型做法如"校长职级制""走校制""对口签约""教师转会""启明星计划""名校托管、一校两区""中心校战略"，市域实践的典型做法如"名师迁移""名校+新校""名校+民校""名校+名企""名校+弱校""名校+农校"，学区实践中的典型做法如"中心校"学区管理方式等，看似是一些纷繁多样的具体做法，但均深刻地体现为文化内源性作用和外源性作用的融合、不同文化的冲突和整合、文化的濡化与涵化，以及文化的自在性与超越性等多种文化的共同作用。在此过程中涌现出了一些耀眼的明星学校，如杜郎口中学，它的"三三六"教育改革就是特色文化发展模式中的典型。为推广和宣传杜郎口中学的教学成果，中国教师报刊社专设推广机构"中国名校共同体"。"中国名校共同体"高擎"课改聚义、搂抱发展、相互借道、共同成长"的精神大旗，致力于高效课堂教学途径和方法的研究与推广。组织成员以杜郎口中学的改革经验为基础，经历了"临帖""入帖""破帖"的过程，形成了各自独具特色的教学范式：山东省潍坊市昌乐县二中的"271"模式、山东省济宁市兖州区一中的"循环大课堂"、江苏省连云港市灌南县新知学校的"自学·交流"学习模式、河北省承德市围场满族蒙古族自治县天卉中学的"大单元教学"、辽宁省沈阳市立人学校的"整体教学系统"、江西省九江市武宁县宁达中学的"自主开放型课堂"、河南省郑州市第 102 中学的"网络环境下的自主课堂"、安徽省铜陵市铜都双语学校的"五环大课堂"、河南省洛阳市汝阳县圣陶中学的"六无课堂"等，都发挥着表率和示范作用。

通过文化的共同作用，集中彰显特色文化，促进教育教学质量的提升，已经成为基础教育高位均衡发展的重要举措之一。从当前的效果来看，局部目标初步达成，教育教学质量在一定范围内有所提升，但是还没有达到基础教育高位均衡发展的总体目标要求。

三、受制于历史惯性，差异制约发展

近年来，因地域经济、人口结构、教育现状等的不同，中国的基础教育高位均衡发展呈现出明显的区域化、板块化特征。推进区域基础教育高位均衡发展，不仅是区域教育学的诉求，也是法学意义、社会学意义以及文化学意义上的诉求，更是关乎民生的重要工程。不管是省域经验、市域经验的实践类型，还是学区管理的实践类型，在实践过程中均存在一些共性问题。

　　一方面，历史惯性的阻滞作用在短期内难以革除。城市学校与农村学校、优质学校与薄弱学校，以及特色学校与一般学校的差异是在长期的办学过程中形成的，这种差异既体现在城市学校和农村学校之间，也体现在同一地区内的不同学校之间。由于历史惯性的阻滞作用，从薄弱学校向优质学校、从一般学校到特色学校、从农村薄弱学校到城市较强学校的转型，需要有一段较长时间的适应、变革和发展。在这个过程中，需要经济因素、文化因素以及环境因素为教育变革提供较好的外部社会环境，因此有必要对其进行相应的变革。当然，这些因素只是基础教育高位均衡发展所需的外部环境条件，是基础教育高位均衡发展一般路径的外部支撑因素。从教育内部来讲，办学理念的更新、教师素质的提升、学校文化的变革以及优良的班级文化、课程文化、教学文化的形成，是促进基础教育高位均衡发展、达到基础教育高位均衡发展目标要求的必要条件。从变革历程来看，正确的办学理念可以通过专家引领、公开讨论在较短的时间内形成，但正确办学理念下思维方式的确立以及思维引领下的行为习惯的养成却需要较长的时间才能达至。薄弱学校要提升办学质量，必须从自身内部认识到危机的存在，这种在外源性压力下形成的内源性动力是无穷的，它能够使薄弱学校教职员工认识到学校生存的危机，主动地进行自我内部的思想斗争，通过头脑观念的冲突和整合，以代替、附加和创造的方式进行个人乃至学校发展的文化涵化。只有小至个人观念、大至学校文化进行了变革，才能形成促进基础教育高位均衡发展的内部文化力量，学校变革取得良好成效则指日可待。当然，从学校所处的经济环境、文化环境来看，如果这些外在因素能够与学校同步发展或者先于学校发展，为学校创设一个良好环境的话，学校的变革就会更加顺畅。即便外部环境不能做到与学校变革同步，从学校内部来看，通过自身的努力，尽早打破传统惯性的阻滞作用，促进学校的发展，也是至关重要的。从目前的实践情况来看，虽然省域、市域等实践探索的做法不同，具有鲜明的区域特色，但不可否认的是其中均存在大量的矛盾，这些矛盾不论是制度还是具体行为，最终都体现为不同学校在长期发展进程中形成的文化的差异和冲突。

　　另一方面，文化差异造成了教育教学质量提升的现实障碍。地区基础教育高位均衡发展的差异，主要表现为城乡差异，文化差异是城乡差异的显著特征，这种差异源于长期的历史积淀。作为教育发展的主导力量，教师在基础教育高位均衡发展中起着至关重要的作用，要促进基础教育高位均衡发展必须在区域内打破教师"单位人"的限制，使教师成为"系统人"，通过教师的流动提升薄弱学校的教育教学质量。文化差异对教师流动后是否能够确实提升教育教学质量提出了挑战，更进一步说，城乡师资流动受文化差异的影响在现实中表现明显。农村教师为了到城市交流，想方设法、挖空心思，希望通过交流尽量能留在城里，无非是为了城里较为优越的文化资源。城市的教师不管是出于政策要求还是制度规定，多是迫于无奈才到农村交流，并且，城市学校很大程度上是要在保障正常上课质量的前提下才派出教师。优秀教师短期内的流动固然能够为农村学校带来新鲜血液，但不容回避的事实是，不同学校文化传承有差异，交流的教师能在多大程度上发挥作用，不得而知。这种作用发挥的有限性，在深层次上体现为文化的差异。优质学校、重点学校、特色学校的形成，是在长期的办学实践里通过点滴的积淀形成的，是多代教师在学校文化的长期熏染下，通过班级文化建设以及在各具特色的课程文化、教学文化的基础上形成的。文化形成的长期性，决定了教育变革的艰巨性以及教师交流作用发挥的有限性。人们在关注教师流动的表象时，一定要从文化变革与建设的角度，切实分析教师流动的带动效应。

四、政府主导强劲，民众热情不足

城乡差异、区域内差别、薄弱学校、弱势群体等共同形成了基础教育高位均衡发展的问题，而构建基于群体差异、学校差异、城乡差异、区域差异的基础教育高位均衡发展是我们孜孜以求的目标。从目前的实践来看，已经形成了省域、市域以及学区等基础教育高位均衡发展类型，当然这样的划分只是一个基于问题分析的视角。这些类型既有交叉也有重叠，大至省域内的政策制度，小至一个学区的典型做法，中至区域内的城乡教育力量的融合，形成了一个立体式网络格局。在这个网络中，弱势群体是细胞，薄弱学校是组织和物质载体，经费、资源、师资在城乡之间、区域内合理流动，以带动弱势群体、薄弱学校的发展。同时，弱势群体、薄弱学校内部或深挖潜力形成发展特色，或借助外部专家学者的智力引领创设特色，促进自身发展（晋银峰，2013）。这种立体式网络格局的出现，既充分显示了政府在基础教育高位均衡发展中的主导地位，又充分体现了各地在促进基础教育高位均衡发展中的智慧，标志着基础教育高位均衡发展已经进入多样化时期。

基础教育高位均衡发展具有明显的阶段性，大体可分为两个阶段。一是基础条件均衡，指主要依靠外力，以有形物质投入、标准化建设及外在条件弥补的方式，推进城乡、区域及校际教学场所的硬件设施、师资水平等有形教育资源配置的基本均衡，追求有形方面的均等化、规模化和标准化。二是高位均衡，指根据各自基础、优势和特色，主要通过深化内部改革、加强文化建设、创新体制机制及推动特色发展等方式，将外在条件弥补与内生引领相结合，促进城乡、区域及校际教育互动交流、优势互补、资源共享，实现自主创新、多元特色、峥嵘并进、可持续协调发展（刘志军，王振存，2012）。其中，基础条件均衡是实现高位均衡的前提和基础，高位均衡是基础条件均衡的价值追求和奋斗目标。在中国基础教育高位均衡发展的实践类型中，居于基础条件均衡的实践比例占绝大部分，只有较少实践强调特色文化的构建，达到了高位均衡阶段，这些事实说明，中国基础教育高位均衡发展还有很大的发展空间。同时，从政府政策驱动以及市场配置、民众力量的划分来看，政府在基础教育高位均衡发展过程中发挥着主导作用，如北京的实践、湖北的实践、浙江的实践、山东的实践等就是政府主导作用的充分体现，而依靠市场配置、民众力量促进基础教育高位均衡发展的较少，其中以上海的实践为最佳。总之，综观各地的实践操作，地方行政驱动的痕迹均较为明显，民间力量发挥不够，形成了政府"热"、民间"冷"的现状。但是，由于认识的差异以及经济发展状况滞后的制约，在西部地区十二个省（自治区、直辖市）中，特别是西藏自治区、新疆维吾尔自治区、青海省等，其行政的主动性相对于东中部地区而言就有些偏弱（张天雪，2010）。

五、学区管理掣肘，内部动力不够

作为一种来源于异域的新型管理类型，学区管理在区域教育行政管理和学校教育管理之间增加了一个"学区"，"学区"成为推动基础教育高位均衡发展的责任主体。这个责任主体仅仅是一个教育管理机构，而非教育权力机构，这种性质决定了其只有管理职能而无行政职能。我们在充分肯定其优越性的同时，一定要认真总结并客观看待其不足。

（一）学区资源管理中的问题

从当前已实行学区管理的国内部分地区来看，其学区资源共享管理方面存在的不足之处表现在四个方面。①"学区"教育管理机制变革的动力不足。"学区"教育管理机制变革的动力来自外部，即在群众强烈要求孩子受教育机会平等的需求驱动下，由教育行政管理部门推行的强制性变革，这种变革并非源自教育内部自我的、内在的需求驱动，这种驱动方式使变革缺少内动力。②资源共享的范围较小。资源共享仅仅停留在硬件资源、课程资源和人力资源的共享上，缺少学校作为知识生产与传播地的知识资源的共享。同时，学区发展多停留在资源共享上，对学区作为学校合作与发展平台的体现不够。③区域教育均衡研究涉及的因素较少。研究仅仅从设备设施资源、课程资源、人力资源单方共享进行区域教育均衡研究，没有从知识资源、信息资源等的共享来综合研究区域教育均衡问题，难以提高资源利用的综合效益。同时，学区资源共享管理的研究多局限于"择校"的角度，从教育均衡与公平的角度研究学区资源共享管理的机制和操作则尚在探索中。④政府对学区管理的督导有待加强。学区共享管理多依靠学区自主发展，若政府的学区督导功能不能发挥作用，这将会影响学区的持续与协调发展（蔡定基，高慧冰，2011）。

（二）学区管理政策轻视默契与配合

科尔巴奇认为，人们对政策的理解实际上暗含了对社会秩序的三个核心假设：工具性、等级化和一致性。工具性的假设指一般意义上的公共组织都具有特定的目的，人们通过询问目的达到对组织的理解，成功的组织也就是能够实现目的的组织；等级化的假设是指统治是从处于权威地位顶层的人们开始的，这些人做出具有权威性的决策，下级机构和个人要依据这些决策行事；一致性的假设是指人们行动的所有环节都必须彼此契合，构成一个独立系统的组成部分。从这三个核心假设来看，政策的权威性实际上表明了一种意向，即由明确的、有目的的决策者组成一个团体来确定政策方针。政策方针能否在现实实践中确实得到贯彻实施，在很大程度上并不直接取决于政策本身，而是以实际过程中各方面力量的整合程度为基准。

以科尔巴奇对政策理解的目的、权威和契合三个标准来审视当前的学区管理实践，可以发现学区教育政策的制定和实施充其量不过是注重了从"工具性""等级化"的视角考虑区域教育整体的财政和人事等政策，没有兼顾"一致性"对各学区的统筹作用。以人事政策为例，囿于编制问题，学区内以及学区间的优秀人才流动较难，"单位人"依然是人事制度的主体，"系统人"并没有真正得以体现；就财政政策而言，政府财政拨款也是区域性的，没有基于不同学区的实际情况制定相对灵活的拨款政策，学区的发展特色不够鲜明；从督导政策来看，政府的督导仅仅停留在定期地对常规性教育教学的督导，造成学区发展目标督导的缺位，无法保持学区的持续发展与特色发展。

（三）学区行政管理阻滞资源共享

作为国家行政的重要组成部分，教育行政是政府职能表现的一个方面。教育行政主要有三个层面：制度层面，包括教育行政的体制、机构以及学校教育的制度；内容层面，涉及课程行政、人事行政、财务行政和设施管理；方法层面，主要指通过立法与执法、规划、督导、评估等手段，推动教育事业朝着预定的目标发展与前进。教育行政的职能主要体现为：领导功能，即通过领导作用的发挥使教育系统的目标与社会发展的总目标相一致；服务功能，即教育行政就是为教育事业、为师生的教学、为学校工作服务；监督功能，即教育行政对教师、学生和学校进行考核和监督。作为一种以资源共享为基础的松散型组织，学区管理固然存在着一定的管理组织机构和人员，并制定了一些要求共同遵守的规章条例，但是与国家教育行政管理所体现的层次和职能相比，显得大相径庭，主要表现在：学区主任没有行政管理权，很难督促校长完成学区应有的管理任务，出现了校长不配合完成工作的现象；学区助理很难指挥各校管理员的工作，学区内各校管理员的工作仅停留在一些学区工作的简单安排上，其研究潜能没有得到充分的挖掘；学校教师参与学区建设的积极性不高，没有意识到学校发展与自身专业发展的关系，一定程度上影响了学校教师参与学区工作的积极性，阻碍了教师的专业化发展（蔡定基，周慧，2010）。比如，在广州市越秀区，由各校校长组成的工作小组和办公室在学区层面上共同负责实施学区总体规划、资源配置计划，落实具体工作；每个参与学校对学区内义务教育高位均衡发展承担相应的责任。这样的设计看似责任明确，实际运行中却出现了人人有责、人人不负责的状况。此外，在河北省承德市，由学区中心校代替乡镇中心校的管理模式，看似责任主体比较明确，同样也存在资源调配能力有限的问题。

学区管理权的局限与缺失，在一定程度上影响着学区资源的进一步共享共用，这种影响在物质资源、人力资源和知识资源共享上都有所反映。一方面，学区内特色活动的开展需要调用不同学校的技术人员、管理人员以及场所设施，但由于没有权威的行政领导机构进行协调，很难落实；另一方面，学区教研机构没有既定的管理约束机制，如考勤、计分以及实时反馈等，教研组织管理松散，教研活动缺乏计划性，教研内容缺乏技术性，教研结果缺乏实效性。同时，一些优秀的教育资源，如教育教学经验、管理经验等，与核心学校人与资源的引领协调密切相关，如果引领相互协调时，这些优秀资源的引领作用会发挥到最大程度，反之，这些优秀资源的引领作用将难以得到切实发挥。

要让学区管理在基础教育高位均衡发展中切实发挥教育协作互动作用，政府应该明确区域教育行政主管是决定学区内基础教育高位均衡发展效果的责任主体，"学区"只不过是便于开展和实施相关工作的一个制度安排。要充分发挥学区的作用，必须做到：从广大群众的意愿和要求出发，科学公正地划分学区；充分激发学校成为学区成员的内在动力，推动办学跨上新台阶；加强学区办学的远景规划制定，发挥制度的整体规约功效；强化办学实践经验的总结提升，积极开展学区办学的理论研究（郭丹丹，郑金洲，2015）。此外，还要体现区域教育行政主管部门的行政权威，通过设置对建设资源共享平台、名师共享平台、校际交流互派教师等的具体要求，加大学区功能的发挥，在既定的职责内实现区域教育资源共享与互动。比如，在广州市越秀区"构建学区管理模式"中，学区内各学校处于平等地位，这种"平等"是各校合作共赢的基础。为了能够在学区实施的各种交流活动中保持"平等"，学区中各所学校及教师都会自加压力，加快发展，可以说，实现基础教育高位均衡发展的动力主要来自交流互动中同行的压力。因此，如何促进教师之间的交流与互动可能是该模式后期工作的重点（蔡定基，2012）。

六、集团办学广纳，问题难以规避

作为一种行政区域划分类型以及区域均衡划分类型中共同推崇的典型做法，名校集团化充分利用并发挥了名校作为一种优质教育资源对薄弱学校的引领和带动作用，这种作用在上海实践、城乡教育均衡发展实践以及学区管理实践中都有突出的表现。上海实践作为一种典型的行政区域划分的类型，其中突出的表现就是集团化办学的实践探索。这种实践做法有其典型的经验积累，集中体现为"校长职级制""走校制""教师转会""对口签约"等，主要体现为通过优秀师资的均衡与共享达到基础教育高位均衡发展的目的。在城乡教育均衡发展模式中，同样也存在名校集团化的办学做法。这是一种以名校为龙头，通过合并弱校、新校、农校的方式组成教育集团，形成"单法人，多校区"的结构的办学做法。集团通过建立"一会三系统"实施管理，总校长统筹调配、统一管理集团内的人、财、物、事。与上海实践中偏重优秀师资共享的做法相比，这种管理方式更强调集团内所有力量的和谐与共享，更强调制度统一作用的发挥。学区管理中的集团实践侧重于品牌学校的发展，强调发展过程中学校之间教育资源的联合。这种同一名称下不同内涵的表现形式，充分说明了集团化办学在实施领域中的广纳性。

我们在称颂不同类型集团化办学的创举时，一些实际存在的问题也不容回避，比如，学校内在的扩张冲动欲使得集团发展速度过快，导致教师培养难以跟上；单一学校发展成为教育集团后，管理不能适应；相当一部分集团中，都没有建立起法人治理结构和专业治理结构等（徐一超，施光明，2012）。除了这些问题外，还有一些需要认真思考的问题。

1）如何明确集团化的责任划分？集团化作为众多学校集合的产物，除了集团领导阶层之外，更有下属学校的管理层，其下又有较多的教师以及学生合法权益主体，面对较多的责任主体和网络化层级结构，我们必须思考以下问题：集团化责任主体身份如何划分？集团管理层的权力有无边界，边界在哪里？集团对于集团内的事物该不该负责，负多少责任？集团内不同学校层面的校级管理权、教师自身合法权益、学生自主学习权利如何得到充分保障？

2）如何规避集团化的市场化和商业化？我国法律明确规定，教育不能以营利为目的。随着教育集团化规模越来越大，效益越来越好，我们必须思考如何规避集团化发展过程中可能出现的市场化和商业化行为。

3）如何形成适度的集团规模？集团化的形成根植于不同学校之间优质教育力量的合作共赢，适度规模最能发挥集团化办学的合力。如果超过一定的规模，无论是管理层面还是经济层面都会出现失控的局面，导致教育质量和效益的降低。在对合适规模的追问过程中，我们必须思考集团有无既定的规模限定，如何做到集团化的"适度规模"增长。

4）如何凸显不同学校的个性特色？作为学校发展的重要保障，学校文化对师生的价值观念、思维方式和行为习惯都会产生潜移默化的影响。在教育集团化的发展过程中，一所学校的优质文化会对其他学校产生带动作用，但是也容易出现照抄照搬优质学校文化的现象。"集团文化"发挥有余，文化复制及同质化问题严重，集团内不同学校个性文化难以体现，容易造成一些学校文化"水土不服"的情况。基于此，我们必须考虑如何避免集团学校的同质化，突出学校文化个性化、特色化，以保证学校之间的良性生态。

5）如何适度处理办学主体的竞争与合作关系？集团化的过程是既定学校资源共享和教育质量共同提升的过程，在这个过程中，集团化规模的限定只能吸纳一定的学校而非全部学校，这样就会存在集团化学校与非集团化学校之间关系的处理问题。同时，在集团化学校内部，同样存在着不同学校之间的合作和竞争关系，特别是在当前以高考成绩作为评价学校教育质量高低的前提下，学校之间的竞争关系会大于合作关系。在这样的背景下，我们必须思考如何解决集团化学校与非集团化学校之间的关系，如何处理集团化内部学校之间的竞争与合作关系。

6）如何保持持续发展的内在动力？作为政府主导下的教育实践，集团化办学在一定程度上满足了基础教育发展需求，化解了基础教育高位均衡发展中存在的一些问题。过大的教育规模增大了办学的风险系数，加大了集团化校长的办学责任，但是，责任主体相应的工资和待遇却难以落实，形成了名校集团化办学"上热下冷"的状况；同时，集团化办学自主权较小，缺乏统一和自主的人权、物权、财权与事权，"一个集团多个法人主体""一个集团多头任命""一个集团多个独立账户"等情况普遍存在，资源分割、内耗迭生现象严重。这两个方面问题的存在，削弱了集团化办学力量。如何保持持续发展的内在动力？这是一个需要认真思考并解决的问题。

第四章　基础教育高位均衡发展的国际借鉴

近年来，中国的教育获得了长足发展，取得了显著的成效，这些成效的取得既基于因地制宜的实践探索，更基于改革开放、借鉴国际经验。总结国外教育发达国家，特别是美国、英国和日本等国关于基础教育高位均衡的政策制定、实践探索，对于在短时期内实现中国基础教育高位均衡发展具有重要的现实意义和价值。

第一节　美国基础教育高位均衡发展

自 20 世纪以来，美国历届政府都把推进教育改革、重视教育公平、提高教育质量作为一项重要工作来抓。通过制定一系列法律，采取诸如补偿教育、教育优先区政策、财政充足、颁发《不让一个孩子掉队法案》（No Child Left Behind Act）、教育券制度等措施，从教育资金补助、办学条件改善、教学质量提高等方面改造薄弱学校和帮扶弱势群体，保障黑人、移民、少数族裔、农村和城市贫困人群等弱势群体应有的教育权益，推进基础教育高位均衡发展，谋求教育公平。

一、美国典型经验

（一）补偿教育保障了弱势群体的受教育机会

补偿教育是指提供修改的或附加的教育计划和服务，使残疾儿童恢复正常生活，增加那些因处于不利地位而丧失接受良好教育权利的人和学校中的后进生的教育机会。补偿教育产生于 20 世纪五六十年代的民权运动，最初是为了解决贫困儿童、少数民族儿童的教育问题，主要措施包括 1956 年的更高视野计划、1965 年的头脑启迪计划和一系列的黑人儿童补偿计划等。随后，有学者提出处境不利不仅体现在经济上，还体现在文化和身体残疾等很多方面，联邦政府又陆续制订了双语教育计划、残疾儿童补偿计划等补偿教育计划，以期使所有的儿童都有平等地受教育的机会。

作为学校对贫困儿童的文化困境进行补偿的一系列计划的总称，更高视野计划强调通过小班教学、课业指导和心理辅导等活动，达到开阔社会视域，丰富文化生活，挖掘智慧潜力，体验成功愉悦的目的；头脑启迪计划是美国为贫困儿童开设的学前教育活动，为出身于贫困环境的儿童提供各种游戏和材料，以唤起他们的好奇心和想象力，希望能够补偿因家境贫困造成的文化剥夺；免费午餐计划保证了每个孩子都能上学并吃上营养的午餐，学校为那些低收入家庭的孩子提供免费或低价的早餐、午餐，费用由联邦政府承担；双语教育计划是指基于母语不是英语的儿童因为语言障碍而导致学业困难的情况，联邦政府就拨款为其设置双语课程，帮助他们学习英语并尽快适应新的文化和语言环境；残疾儿童补偿计划是指政府要为每个残疾儿童提供适合其发展的教育计划，以使其受到合适的教育。

补偿教育计划对美国的基础教育高位均衡发展产生了积极的影响。一方面，补偿教育计划提高了处于不利地位的学生的认知能力，减少、降低了其在学业上失败的次数和概率。另一方面，补偿教育计划改善了处于不利地位学生的学习态度和学习动机，提高了其学习成绩，增强了学生之间的情感交流以及对学校的情谊，从而使他们有机会改变自己的不利处境，有追求和别人同样的生活的机会。从补偿教育的实施过程与成效来看，这是美国促进教育机会均等的最佳范例。

（二）教育优先区政策提升了贫困生学习成绩

为推动高度贫困社区的学区改革，帮助这些贫困社区的学生提升学习成绩，美国实施了教育优先区政策。该政策要求贫困社区要千方百计地采用较高的学科标准与学生学习成绩测验等措施，使学校的运行保持在较高的水平，为了保障政策的切实有效，还要对学生、教师与学校提供必要的协助；开设具有挑战性的课程，推行高品质的课堂教学，延长学习时间，以此来防止学生成绩的下降；取消齐头式的升级制度，树立挽救学校免于破败的决心。另外，通过加强教育投资、改变评价体制、提供学习工具等措施来帮助学生提高学习成效，提供额外的资源以提升教学品质，对教师与校长提供持续性的专业发展训练，改变教师评价模式，用相互竞争的补助办法支持有发展潜力的教育模式。教育优先区政策的实施对改善贫困社区儿童的未来前景产生了重大影响。

（三）财政充足助推学生学业达到高水平

美国的基础教育财政体制经历了从投入角度考虑财政公平、到基础教育财政支出的中央化、再到关注财政充足与教育效果的关系三个阶段。第二次世界大战后，美国对农村教育的管理责任逐步从地方学区转到州政府和联邦政府，州政府对学区基础教育的财政支持甚至超过学区征收的财产税，成为农村基础教育的最大财源，这种从投入角度考虑财政公平的做法是美国基础教育财政体制经历的第一个阶段。州政府成为农村基础教育财政投入主要来源的做法固然可以减轻学区的经济压力，但不同州之间经济发展的差异决定了不同学区投入的资金也不相等，影响着基础教育高位均衡发展的实现。基于基础教育高位均衡发展的目标，中央政府逐渐认识和明晰了自身在助推基础教育高位均衡发展中的地位和作用，基础教育财政投入的中央化趋势不断增强，这是美国基础教育财政体制经历的第二个阶段。当教育发展所需的经费基本达到均衡的时候，教育投入与教育质量、学业水平之间的关系成为人们关注的重点，这是美国基础教育财政体制经历的第三个阶段。在这个阶段，美国政府对教育效果的关注使得人们将教育投入与教育产出、教育结果联系起来。于是，单纯从投入角度考虑的教育财政公平的焦点问题逐步被连接着投入和产出的财政充足所取代。如果说，追求财政公平有可能带来低水平公平的话，那么，连接着教育结果和充分资源的财政充足为公立中小学的学生带来的将是高水平的公平（尹玉玲，2012）。这种高水平的要求，是实现基础教育高位均衡发展的关键。

（四）《不让一个孩子掉队法案》提高了学生的基本能力

2002年1月8日，美国总统布什签署了《不让一个孩子掉队法案》。该法案要求3～8年级的全部学生进行年度数学和阅读统考。另外，在高中还要再参加一次。之后，再增加其他课程。依据这些考试成绩，学校可以判断学生是否取得合格的学年成绩做出了努力，这些成绩标志着学生是否熟练掌握了考试科目的内容。此外，学校必须提出"适当年度进步"（adeauatecy yearly progress，AYP）目标，以报告不同群体学生，如不同的种族和少数族裔群体、学习困难群体、第一语言不是英语的群体以及来自低收入家庭的群体等的测验分数。为保证教学质量，该法案要求所有核心课程的教师必须是高素质的教师。《不让一个孩子掉队法案》通过提高处境不利学生的学业成绩，训练和聘任高素质的教师和校长，以期提高学生的基本能力，从而提高基础教育的质量，缩小学生学业成绩鸿沟，实现教育平等。

（五）教育券制度促进学生教育机会平等

"教育券"即"教育凭证"，是美国政府以教育券的形式将学费补贴给家长，家长用教育券来支付子女所选择学校的学费或是支付子女所选修的课程以及参加的教育项目费用。实行教育券制度的初衷是解决公共教育制度僵化和效率低下的问解，将竞争机制引入公立学校体系，实现公立学校的优胜劣汰。随着人们对教育券制度意义和作用认识的深入，教育券发放主体不断扩大，从最初的政府逐渐增加到企业和私人，受惠学校也逐步从单纯的公立学校拓展到私立学校，从非教会学校逐渐拓展到教会学校。美国最早实行教育券制度的城市是威斯康星州的密尔沃基市。第二个实施教育券制度的城市是俄亥俄州的克利夫兰市，1995年，议会通过立法，允许来自低收入家庭的2000名学生以教育券的形式接受政府的资助。1999年，佛罗里达州在全州范围内实行了教育券制度，办学条件差的公立学校的所有学生都可以享受政府财政资助。此后，其他州也逐步推行教育券制度。教育券制度引入了市场竞争机制，打破了僵化的教育制度，充分调动了办学机构的办学自主权和积极性，既向学生提供了教育福利，又把受教育的选择权交给了学生，促使教育机会平等、效率和自由三方面获得一致和谐与平衡。

二、美国经验启示

综观美国在推进基础教育高位均衡发展中的实践，有一些经验值得我们借鉴。

（一）以学生为本，促进学生发展

不论是美国保障残疾儿童恢复正常生活、弱势学生享受应有的受教育权利的补偿教育，还是提升贫困学生学习成绩的教育优先区的政策、促进学生教育机会均等的教育券制度，这些措施的侧重点和具体做法虽然不同，但均以学生为本，立足学生的需求、促进学生发展的宗旨始终不变。实际上，在中国基础教育高位均衡发展过程中，以学生为本的理念和做法始终贯彻其中。教育部门制定的一系列教育法规，北京、上海等地立足实际进行的探索，学区制、集团化办学等不同办学类型的实践，无不闪烁着上至中央、中至地方、下至学校促进基础教育高位均衡发展的智慧火花，体现着保障弱势群体、赋予学生应有权益的价值主导。在以后的发展过程中，我们既要立足实际探索适合中国国情的基础教育高位均衡发展的方式方法，更要开阔视野，从国外特别是从美国以学生为本的具体做法中汲取营养。

（二）多措并举，发挥政策主导

美国基础教育高位均衡发展的政策制定，既包括保障学生最基本的入学机会权益和提高其基本能力，也包括保障学生高水平学业成绩的达成等层次类型。如果说补偿教育、教育券制度是政府针对弱势群体制定的，保障学生能够均等接受教育，《不让一个孩子掉队法案》是从提高学生的基本能力入手保障基础教育均衡的话，教育优先区政策则是对贫困社区学生提出的高标准学业要求，这种立足不同的层次类型制定提高基础教育高位均衡发展的政策，表明了美国提高基础教育高位均衡发展的螺旋式发展思维路线。特别是美国的基础教育财政投入与教育质量、学业水平之间的正向互动关系，再次说明了教育财政投入不是单纯为了保障学生的基本受教育权益的均衡，维护社会的基本稳定，而是要有促进学生学业成绩达到高水平的更高目标追求。从中国多年的基础教育政策制定轨迹来看，保持基本办学条件的均衡已经成为一段历史时期必须认真思考的问题，当然这个问题的延续与中国的国情息息相关。从发展的角度来看，在满足基本的办学条件以后，我们必须从教育质量的提升、学生高水平学业的完成等质量视角来思考未来的基础教育高位均衡发展，而不能简单地停留于基本办学条件的满足。

（三）推行教育券制度，促进学校发展

打破僵化体制，引进竞争机制，促进学校改革，提升教育教学质量，一直是人们孜孜以求的教育发展目标。美国教育券的实施，对于实现公立学校的优胜劣汰具有至关重要的意义。这种形式改变了美国政府直接拨付教育经费给学校的惯常做法，改为将教育经费以教育券的形式补贴给家长，家长用教育券来支付子女选择的学校学费、选修的课程费用、参加的教育项目费用。教育券制度的实施，在一定程度上达到了变革学校教育的要求，促进了基础教育高位均衡发展。受美国教育券制度的影响，为了解决职业学校和私立学校的生源困难问题，解决弱势群体和贫困学生的就学问题，在考察美国教育券制度和细致调查分析当地教育发展状况的基础

上，浙江省湖州市长兴县出台了《长兴县教育局关于教育券使用办法的通知》，并在 2001 年尝试并分阶段地实施了教育券制度，开始了中国实施教育券制度的尝试，在国内引起了很大的反响。在以后的基础教育高位均衡发展过程中，我们要扩大教育券的使用范围，充分发挥其调节作用，促进教育质量的提升。

第二节　英国基础教育高位均衡发展

英国是世界上基础教育较为发达的国家之一，但不容置疑的是，其区域之间、学校之间、社会群体之间在教育机会和质量上的不平衡问题依然存在。为了系统改造薄弱学校，以使所有的青少年得到公平的教育机会，布莱尔政府提出了"教育行动区计划""追求卓越的城市教育政策"，布朗政府出台了《儿童计划：构建美好的未来》《国家挑战：提高标准，支持学校发展》《你的孩子，你的学校，我们的未来：建立 21 世纪的学校制度》等报告。上述系列政策、报告的制定，不仅注重基础教育的整体和谐发展，也更加注重基础教育高位均衡发展的可持续性、动态性和可操作性。通过实施这些政策，英国期望缩小教育质量方面的"两极"差距，形成全面改造薄弱学校的系统做法，最终达到基础教育高位均衡发展的目标。

一、英国典型经验

（一）"教育行动区计划"鼓励社区参与学校发展

针对以往注重培养英才，忽视大多数学生发展的教育不公平现象，布莱尔政府将提高教育薄弱地区和薄弱学校作为教育改革的突破口，改善弱势学生的厌学情绪和成绩低下状况，根据《1998 年教育改革法》的有关要求，英国政府提出了"教育行动区计划"，并依据该计划设置了教育行动区。教育行动区的目标是联合企业、学校、地方教育当局和家长树立新型改革运动的标兵，使薄弱地区的教育向现代化迈进。教育行动区一般设在因学生学业成绩低而需要特别支持的城镇和乡村地区，旨在通过整合区域内的教育资源，鼓励自愿机构、企业以自愿的形式与地方政府合作办学，从而为薄弱学校带来新的管理思路、经验和资金，迅速提高这类学校的办学质量。同时，教育行动区在课程设置、师资聘任、教育拨款等方面享有一系列优惠政策。这种发挥社区的力量而非单纯由政府和学校负责教育质量提升的做法，形成了英国提升基础教育质量的"第三条道路"。这条道路改变了学校的经营模式，为学校的发展注入了新的生存力量。

（二）"追求卓越的城市教育"提升教育质量

英国政府先后通过实施提倡自由择校、增加学校办学自主权、鼓励学校间的竞争等举措，在一定程度上提高了教育质量，但城市基础教育的薄弱状况并没有得到改善。基于这种情况，英国政府于 1999 年颁布了"追求卓越的城市教育"政策，该政策旨在改善学校管理，整合教育资源，提高城市教育质量，实现基础教育高位均衡发展。该政策主要包括"追求卓越群体""追求卓越个体"两个子计划以及相应措施。主要内容有：①建立地方伙伴关系组织，统筹各所学校的发展。针对不同学校各自为政、孤立发展的情况，地方教育当局与辖区学校成立地方伙伴关系组织。该组织在学校管理、制定战略规划、争取外界支持、监控学校发展等方面发挥着重要的作用。②建立发展支持体系，促进学生不断成长。基于贫困、低收入和失业永远不是低期望、学业不良的借口，而是增加投资、支持和采取补救措施的原因，政府通过设立学习辅导员、学习支持单元、城市学习中心，为学生制订学习发展计划、提供有效学习指导等，以促进学生获得发展。③通过设立不同学科的"专门学校"，满足不同学生的学习兴趣和学习需求，实现教育方式的多元化。这些举措在提升城市基础教育质量、促进学校合作发展、发展学生的个性特征等方面均取得了较好的成效。

（三）"儿童计划"确保贫困生的教育权益

针对儿童特别是来自贫困家庭的儿童面临的教育质量得不到保证、潜能没有得到最大限度的挖掘、童年过得并不快乐等教育问题，布朗政府于 2007 年发表了《儿童计划：构建美好的未来》报告。该报告包括确保儿童和青少年的福祉和健康，保护青少年和弱势群体，消除来自弱势家庭儿童在教育成绩上的差异等 6 项主要战略目标。促进基础教育高位均衡发展方面的具体内容体现为快乐与健康、卓越与公平。①快乐与健康：在对待弱势儿童问题上，政府将通过扩大儿童中心的服务范围确保更多家庭受益；加大对最需要帮助家庭的支持力度；3 年内投入 9000 万英镑用于改善残疾儿童的服务设施（缪学超，2012）；扩大家庭基金的资助范围。②卓越与公平：通过教育拨款、提高师资等措施确保教育公平。对于少数弱势群体，为了帮助他们实现将来的生活目标，政府在学习和生活方面也给予了关注，加强了管理。比如，3 年内拨款 3000 万英镑用于提高父母及监护人的教育技能（缪学超，2012）；定期收集并公布学生表现的相关数据，敦促学校重视教学质量的提升；加强学校的基础教育设施建设，使用一流的建筑和教学技术。总体来说，该报告勾勒出了布朗政府对基础教育未来发展的主要政策和理念，对英国未来的教育工作提出了发展的目标并确定了具体的方向，其中对于弱势群体受教育的关注对基础教育高位均衡发展产生了积极的影响。

（四）"国家挑战"提高薄弱学校办学标准

针对英国儿童面临着学校考试和校外商业主义的双重压力，教师和家长也对这种状况感到"普遍的担忧"和怀有"严重的悲观情绪"的情况，2008 年 6 月，英国政府颁布了《国家挑战：提高标准，支持学校发展》。这是一个帮助薄弱学校提高教育质量，应对基础教育质量与均衡挑战的重要文件。其目标指向是改造薄弱学校，提升其教育质量，促进英国基础教育高位均衡发展。主要内容及实施策略包括三个方面。①全方位扶持薄弱学校。投入资金帮助学校及地方教育当局开展对薄弱学校的改造工作，给每一所薄弱学校配备"国家挑战顾问"，共同制订针对该校的帮扶计划，创建"国家挑战信托学校"并与该校建立合作关系，使该校接受新的管理制度。②帮助薄弱学校提高学生学习质量。薄弱学校必须与优质学校、地方教育当局、家长等建立密切的伙伴关系，共同推进学校改进发展措施的实施；政府密切关注薄弱学校的发展，为其提供资金帮助与资源支持；建立地方教育当局对改造不成功学校的干预机制；消除学生的学习障碍，如贫困、家庭环境恶劣等；帮助家长建立对孩子的自信心，为孩子的学习营造良好的家庭环境。③为学校领导提供管理智慧支持。为薄弱学校选拔优秀的领导，与国家教学与领导力学院合作对薄弱学校领导进行培训，帮助薄弱学校建立持续稳定的管理体系（缪学超，2012）。

（五）"我们的未来"强化薄弱学校智力帮扶

2009 年，英国政府发布了《你的孩子，你的学校，我们的未来：建立 21 世纪的学校制度》白皮书。该白皮书的核心内容是权力下放，同时伴以更严格的责任制，通过坚持不懈地改善学校，确保每个孩子都能获得成功，该白皮书为英国中小学教育的未来走向勾勒了一幅宏伟的蓝图。该白皮书指出：改善学校，必要时政府建立问责制并适时干预，使薄弱学校的改造得到优质学校以及最广范围内的社会支持；政府转换为"学校改善合作伙伴"的角色，使其不仅监督学校的改善，更要对改善措施进行全方位的管理和支持；确保学校得到高质量的支持条件，满足学校改善的特殊需要，不断增加和改进学校改善策略；期望地方教育当局与薄弱学校建立伙伴关系以对薄弱学校进行支持；改革学校合作伙伴的培训与质量保障体系；引入"学校报告卡"，对学校工作采用新的评估方法（缪学超，2013）。

二、英国经验启示

英国的基础教育高位均衡发展给我们提供了很多可资借鉴的经验，特别是以下两个方面的做法尤为可贵。

（一）调动各方力量，群策群力

基础教育高位均衡发展不单要发挥政府、学校的责任主体作用，更需要社会民众的支持和参与，此外还需要优质学校对薄弱学校的适当帮扶。依据《1998年教育改革法》，英国政府提出了"教育行动区计划"，从激发民众办学热情、提升办学合作能力、整合教育资源等方面，为薄弱学校发展提供了思路、经验、资金、政策方面的支持。受英国此举的影响，有学者基于中国西部地区基础教育的落后状况，提出了"教育优先区政策"，强调政府对落后地区薄弱学校的统筹规划。此外，中国"集团化办学"中优质学校对薄弱学校的"兼并"，特别是浙江省充分利用民间资本、实施"名校托管、一校两区"的举措等，均强调了社会民众、优质学校、有志之士对促进基础教育高位均衡发展的参与作用。

（二）关注弱势群体，实施多元帮扶举措

英国政府不仅关注农村和边远山区的教育发展，还通过实行"追求卓越的城市教育"政策，关注城市弱势群体和薄弱学校的发展，提高城市教育质量。通过发布《你的孩子，你的学校，我们的未来：建立21世纪的学校制度》白皮书，强调政府对薄弱学校的智力帮扶。通过颁布《国家挑战：提高标准，支持学校发展》，以求全方位关注并支持薄弱学校的发展。该文件既强调政府教育经费的资助，又强调配备"国家挑战顾问"，制定适合不同学校的发展规划；既强调地方教育当局、学校、

家长之间的合作，又强调学生良好学习环境的创造，以帮助学生提高学习质量；既为薄弱学校配备优秀的领导，又帮助学校建立持续稳定的管理体系。与英国政府的做法相比，中国政府在促进基础教育高位均衡发展方面，虽然实施了"义务教育工程""对口扶贫支教工程""希望工程""春蕾计划"等项目，但依然存在偏重经费扶持、注重基础条件改善，忽视智力帮扶，没有充分发挥社会乃至家庭的力量等问题，这些问题难以使中国基础教育实现高位均衡发展的理想目标。在以后的促进基础教育高位均衡发展的举措中，应当积极借鉴英国政府关注多样群体，帮扶举措多元的相关做法。

第三节　日本基础教育高位均衡发展

日本被认为是"教育兴国"的典范，其把发展教育特别是义务教育作为"兴国""强国"的重要手段，并且较早地制定法律以保障实施义务教育制度。第二次世界大战后，随着日本九年免费义务教育的实施和普及，义务教育发展中的主要矛盾从入学机会的不均等转变成教育过程的不平等。为了达到义务教育高位均衡发展的目标，日本改变了"人人一样就是平等"的教育理念，转为关注培养学生的生存能力和丰富个性，注意教学质量的提高，以求给每个学生以最适合的教育。

一、日本典型经验

（一）健全法律法规，保障经费供给

为切实体现法律对教育的支撑，保障义务教育均衡发展经费的足额供给，日本政府根据形势需要，适时地制定了一系列法律。早在明治时代，日本就为实施义务教育建立了专门的"教育基金"。1899 年，日本制定了《教育基金特别会计法》《考试基金法》，明确由市町村和国库补助金支付义务教育经费。1900 年，日本公布了《市町村立小学教育费国库补助法》。从此，日本实行免费义务教育制度，确立了国家对义务教育应负的财政责任。1918 年，《市町村义务教育费国库负担法》决定，

市町村立小学教师工资由国库开支，以减轻地方行政的负担。1952 年，日本政府制定了《义务教育费国库负担法》，明确义务教育学校教职工工资的 1/2 和教材费由国库负担。1954 年《学校给食法》出台，1956 年《关于对就学困难儿童及学生实行国家奖励援助的法律》《关于对就学困难者所使用的教科书给予补助的法律》《公立养护学校整备特别措施法》出台，1958 年《学校保健法》出台，1959 年《学校安全法》出台，1962 年《关于义务教育诸学校学科用图书无偿措施法》出台，这些法规详细规定了政府对学生进行交通、医疗、供餐、安全等的补助措施。截至 1958 年《义务教育诸学校设施费国库负担法》的颁布以及地方交付税制度的创立，日本从法律层面建立了一套较完整的义务教育财政制度。

（二）立足法律法规，创建均衡发展环境

日本政府通过法律不仅保障了教育经费供给，而且也对学校标准化设施建设做出了明确的规定。1891 年的《学校设备准则》确立了学校"朴素坚固、排除虚饰"的建设方针，规定了校地、校舍的基准，使学校建筑趋于统一化、标准化。1947 年，日本政府颁布的《学校教育法》规定了办学基准，并对选址、占地面积、校舍面积、师资水平、实验器材、图书配备等设置了明确标准，日本政府要求必须依此法严格执行。1958 年，《公立义务教育学校的班级编制及教职员编制标准相关法律》规范了学校的班级规模和师生比例。此外，让偏僻地区的学校享有现代信息设施方面的特殊关照，确保了落后地区学校能够与发达地区学校享有类似的教育资源。

（三）提高工资待遇，吸引优秀人才

1872 年，日本在其颁布的第一个教育改革法令《学制令》中，把创立师范学校、培养师资放在仅次于建立小学的重要地位。1886 年的《师范教育令》明确规定，每一个县设立一所普通师范学校，师范生享有免除服兵役、得到奖金等特权。1896 年，为了鼓励人们当教师，日本政府制定了《市町村立小学校教员教龄津贴国库补助法》，以提高教师工资待遇。1949 年，国会通过了《教育职员资格法》《教育职员资格实施法》，这两个法案明确了从幼儿园到高中的教师由大学培养，教师职业的性质以及教师资格证书制度等一系列问题。1997 年，日本政府制订了《教师增薪三次计划》，该计划的实施大幅度提升了中小学教师工资。这些法规中重视教师的举措，吸引了大批优秀人才涌向教育行业，为基础教育高位均衡发展提供了重要的师资保障。

（四）"定期流动制"促进校际教育质量均衡

在培养大量优质教师的基础上，为了促进校际义务教育质量均衡，日本实施了公立基础学校的教师"定期流动制"。从地域来看，教师的定期流动既包括同一市、街区、村之间的流动，也包括跨县一级行政区域间的流动。从时间来看，教师和校长有所不同，教师平均每六年流动一次，中小学校长平均每三年流动一次。为配合教师的定期流动，日本政府在提高教师待遇，特别是提高偏远贫困地区教师待遇方面建立了相应的配套措施。例如，1949 年，日本政府制定的《教育公务员特例法》明确规定，日本中小学教师定期流动属公务员"人事流动"的范畴。此外，为树立尊重偏僻地区、提升其学校地位的新的教育行政理念，日本政府选拔优秀教师到偏僻地区学校任教，为配合此项工作顺利进行，日本政府还推行了"偏僻地区优先的人事行政制度"。

（五）"特别支援班级"保障残疾学生教育权益

为了保障所有儿童都能够接受教育，真正保障公民接受教育的合法权益。日本根据实际情况，实时地开展各项专门性的支援项目，如为身心障碍儿童设置"特别支援班级"，以使有身心障碍的儿童能够进入特殊学校学习。并且，为了便于对有身心障碍的儿童进行个别指导，日本还明确规定特别支援班级的人数，专门设置"访问班级"，保障教师在家庭、医院对因患重度或多种残疾而无法正常入校的少年、儿童进行指导。

二、日本经验启示

日本为实现基础教育高位均衡发展所采取的法规措施以及所做的有益探索，有很多值得我们借鉴的地方。

（一）重视教育立法，严格依法治教

日本高度重视教育立法，强调法律在教育发展中的意义和价值，同时，根据形势发展需要适时调整教育政策，以使政策更具时效性。通过政策法规的制定，日本政府对基础教育高位均衡发展中方方面面的问题，大到经费负担，小到学生给食，均以立法的形式加以保障。与之相比，中国教育立法的时间较短，教育立法的范围

有限，很多地方仍然存在有法不依、执法不严的情况，这些情况的存在提醒我们在以后的基础教育高位均衡发展过程中应予以教育立法关注并重点解决。

（二）工资待遇高，教师定期流动

从 1872 年的《学制令》，经 1886 年的《师范教育令》、1896 年的《市町村立小学校教员教龄津贴国库补助法》、1949 年的《教育职员资格法》《教育职员资格实施法》，到 1997 年的《教师增薪三次计划》等，这些法规中对提高教师工资待遇的规定，吸引了大批优秀人才涌向教育行业。此外，为了促进校际基础教育质量均衡，日本实施公立基础学校教师的"定期流动制"，从教师流动的地域、时间、频次等方面提出明确要求，为不同区域、不同学校共享优秀师资奠定了基础。与日本相比，近年来中国教师的工资待遇虽不断提高，但与民众对教师应有的社会地位和经济收入的期盼目标相比，还有一定的差距，"尊师重教"的良好局面还没有最终形成。与日本教师"定期流动制"相似的"走校制""教师转会"在上海集团化办学中开始试行，并在杭州等地实施，但是其推行的范围、力度和效果仍然非常有限，并且因依赖一定的外部保障条件，难以大面积推广实施。为保证中国基础教育高位均衡发展的实现，需要持续不断地提高师资待遇，保证优秀教师在不同地域、不同学校之间的持续流动。

第五章　基础教育高位均衡发展的模型构建

作为一种描述问题的工具，模型是一些规定性的操作概念和流程，这些概念和流程描述了影响事物发展之间的因素是如何组织和实施的。从理论联系实际出发，立足"如何做"进行的理论总结、提炼和设计的操作就是模型构建。模型构建是理论向实践的回归，其目的在于使理论更加具体，实践更加可行，使用更加便利。基础教育高位均衡发展模型的构建是建立在对基础教育高位均衡发展的意蕴、依据和已有类型的理论分析基础之上的，既需要分析影响基础教育高位均衡发展的因素，也需要分析这些因素发挥作用所需的条件和环境，并在最优化的视域下考虑已有因素最大效果的发挥。均衡的形成一般来说有两种形式：一种形式是自然均衡，指在没有外力的作用下，依靠内部因素的相互制衡自然而然形成的均衡，如自然界中的生态平衡、物理学中的力的平衡等；另一种形式是在人力作用下，通过制度和组织驱动形成的人为均衡（刘耀明，2012）。基础教育高位均衡发展既有自身运行的规律，也有人为的因素，在进行模型构建中要对构成均衡的各种因素进行合理分析和构建。

第一节　基础教育高位均衡发展的构成要素

基础教育高位均衡发展的形成受到诸多因素的影响，总体而言，这些因素可以分为四大类：人力因素、财物因素、制度因素和文化因素。人力因素和制度因素在基础教育高位均衡发展的高级阶段即内涵性均衡中发挥着至关重要的作用；财物因素主要是促使基础教育高位均衡发展的初期阶段即外延性均衡的形成；文化因素包括制度文化、观念文化和心理文化等，对人、财、物等起到了价值定向和指导作用。

一、人力因素

作为万物之首灵，人独特的能动性和创造性特征，决定了其是实现基础教育高位均衡发展的决定性因素。基础教育高位均衡发展中的人力因素分为四类：教育领导、社会民众、学校的教师和学生。教育领导既指政府部门中管辖教育的领导、教育行政部门的直接领导，也指负责学校发展的法人代表、校长，他们对基础教育高位均衡发展的影响主要表现为对基础教育的关怀和重视、教育规章制度的制定、规章制度的上传下达，以及对基础教育高位均衡发展的评价和监督等；社会民众，广义上指一般社会公民，狭义上指学生家长，他们对基础教育高位均衡发展表现出期待和支持，并对基础教育高位均衡发展的过程和结果提出意见和建议；学校的教师方面既包括学校之间以及学校内部教师力量配备的均衡，也包括教师的素质和能力，具体包括教育理念、教育信仰、教育知识、教育能力等，他们决定着学校层面基础教育高位均衡发展实现的速度和进程，并对学生的发展起着决定性的培养、塑造和引导、生成作用；学生方面既包括学校之间以及学校内部在入学招生、分配班级方面的均衡，也包括学生的学习情感、学习态度、学习能力等。学生既是基础教育高位均衡发展实现的主体，也是基础教育高位均衡发展实现的标志。学校的教师和学生作为学校实施基础教育高位均衡发展的主体要素被提出，一方面是因为他们在基础教育高位均衡发展中起着至关重要的作用；另一方面是因为一些学校对师资、生源的配备并没有根据均衡的原则，而是人为地将优秀师资、优秀生源集中配置到城市学校、重点学校、重点班级，形成了与农村学校、薄弱学校、一般班级师资和生源配备的差异，造成了人力配备的失衡。

除了上述的四类人力因素之外，还需要考虑基于学校的关系资源。在现代社会，关系也是一种重要的资源，关系资源包括校外关系资源和校内关系资源。校外关系资源均衡是指学校与上级部门、学校与所在社区、学校与家长之间关系的均衡，它们是基础教育高位均衡发展的重要支持性资源。校内关系资源均衡是指学校领导与教师员工之间、师师之间、师生之间、生生之间关系的均衡，其中师生关系、生生关系和师师关系的均衡尤为重要，它们是基础教育高位均衡发展的重要资源。

作为基础教育高位均衡发展的主体因素，人在基础教育高位均衡发展的实现过程中表现为目的与手段、为己与为他的价值观念和行为方式的融合与冲突。马克思明确指出，人既是目的，也是手段。当把人作为实现基础教育高位均衡发展的手段时，人就成为一种工具。当然，人通过自身的劳动、自身的活动而实现教育发展、学生进步的愿望，这个基础教育高位均衡发展的实现过程也是人的价值和目的的实现过程，这时人又变成了目的。目的与手段的交互作用过程就是人为己与为他的价值观念和行为方式的融合与冲突，从均衡的角度来说，融合与冲突并存的和谐实际上就是自我均衡与他人均衡的统一，达到这种统一也就达到了儒家经常论及的"修己以安人""己欲立而立人"的境界。

二、财物因素

财物因素主要是指实现基础教育高位均衡发展所必需的教育经费和必要的物质基础。其中，教育经费是指中央和地方财政部门的财政预算中实际用于教育的费用，包括教育事业费（即各级各类学校的人员经费和公用经费）和教育基本投资（建筑校舍和购置大型教学设备的费用）等；必要的物质基础是指教育活动场所与设施、教育媒体及教育辅助手段。教育的活动场所与设施主要是指校舍、教室、操场、实验室等的数量与内部的设备装置。教育媒体是指教育活动中教育者与受教育者之间传递信息的工具。教育媒体具有多种形式，从最简单的实物到图片、书面印刷物、录音带、录像带、电影、电视、计算机程序等，它们的形式随着人类科学技术的发展，教育活动的日趋普及化、个别化而越来越丰富多彩和综合化。这些物质因素是实现基础教育高位均衡发展的前提和基础，如果这些条件缺失或达不到基本要求，正常的教育活动就难以实施，更难保障高位均衡的实现。当然，对物质因素的追求应该适可而止、不可过度，因为物质条件在达到一定的标准和程度后，其效益将呈现出递减趋势。物质因素只能满足实现基础教育高位均衡发展的初级阶段即外延性均衡阶段的要求，它为达到基础教育高位均衡发展的高级阶段即内涵性均衡奠定了基础。

物质因素作为一种条件性均衡，其实现的主体是政府，政府在物质条件的达标上起着关键性作用，学校一般处于被动地位。物质条件均衡主要表现在区域间均衡、区域内均衡、群体间均衡三个方面。从中国各地基础教育高位均衡发展实践探索反馈的信息来看，省域内特别是县域范围内，可以通过以学校标准化建设为契机来解决教育教学硬件设施失衡的问题，物质条件能够在较短的时间内达到，其均衡的实现会比较容易，比如，以行政区域划分的北京教育整体规划实践、湖北实践的"资教生"制度等，在物质条件均衡方面就做得比较好；此外，因上海早在2004年就制定了学校设施标准，目前已经实现了全市范围内的城乡学校标准化建设。除了政府对物质条件的统一调配外，还有一些民间资本在物质条件均衡上也发挥了重要的作用，比如，上海实践中的"集团化"办学、浙江实践中的"名校托管、一校两区"、城乡教育均衡发展模式中的"名校集团化模式"、学区管理实践等，都体现了民间资本在基础教育高位均衡发展中的重要作用。当然，由于中、东、西部地区经济发展水平差异较大，呈现出明显的区域差异，东部地区一些学校的物质条件已经非常优越，与之相反，一些中西部地区学校在基本办学物质条件上还不完备，需要对这些学校加大物质支持力度。

除了教育活动场所与设施、教育媒体及教育辅助手段等宏观物质均衡之外，在具体使用这些物质因素的过程中，还会出现因物质使用不均衡而表现出来的微观失衡，这种微观失衡集中体现为不同群体在物质利用效率方面的差异，比如，当前仍然比较普遍存在的区分重点班和普通班、快班与慢班等现象，表明班级性质不同的学生在教育教学条件使用方面存在差异。

作为一种低级的、外延性均衡，物质因素呈现出来的条件性均衡具有外显性、可感性、周期短、见效快的特征，并且能够在短期内达到标准化要求。但是，这种外延性均衡并不会直接带来基础教育高位均衡目标的实现，需要人们合理核算、充分利用，让有限的物质发挥出最大的效益。

三、制度因素

"制度"一词包括机构或组织的系统、机构或组织系统运行的规则两个方面的内容。教育制度是一个国家各级各类教育机构与组织体系有机构成的总体，及其正常运行所需的种种规范、规则或规定的总和。它不仅包括学前教育机构、学校教育机构、业余教育机构、社会教育机构等，还包括各机构间的组织关系，各机构的任务、组织管理等，它的设立主体是国家，是国家教育方针制度化的体现。各地政府机构、团体或个人基于对国家教育方针的理解，会在局域范围内制定出适合一定行为方式的制度。教育制度是一个社会赖以传授知识和传承文化遗产以及影响个人社会活动和智力增长的正式机构和组织的总格局。

伊万·伊里奇认为制度有两方面的作用：一方面是互惠性制度，即保障人们之间平等交往、互助学习和交互影响，不是纵容人吸毒，而是促人成长的制度，是重要的教育资源；另一方面是操纵性制度，即以对人诱骗、压制和等级区分为特征的制度安排，则是对人身心发展的限制（伊万·伊利奇，1994）。适合时代发展需要的制度本身就具有均衡的意义，它产生于对失衡的认识和约束，并导向新的均衡。教育制度不仅调节着行为主体的关系，更调节着行为主体的价值观念和利益归属，它本身更是一种促进教育高位均衡发展的资源。各地根据实际情况，因地制宜地在基础教育高位均衡实践探索中总结出来的不同实践类型，鲜明地体现出教育制度的基础作用，比如，上海实践在探索师资力量优势互补中，总结出"校长职级制""走校制""对口签约""教师转会""专家实验"；湖北实践从解决农村教师短缺、质量不高等关键性问题入手，总结出了"资教生"制度、农村教师特录计划、"启明星计划"等；山东实践中总结出的教育信息资源共建共享、城乡一体化制度和"大学区制"；等等。

目前，因教育制度而产生的教育问题是多种多样的，比如，政府、市场与教育的关系尚未理顺等，这些问题将对基础教育高位均衡发展产生直接或间接的影响。为了保障科学化的教育制度对基础教育高位均衡发展的提升和保障作用，"就要恢复机体建立制度的能力，使制度经常处于'建立之中'（即能够随着个人生活的变化而不断做出与他们的意愿相一致的调整）"（康永久，2003）。

四、文化因素

教育的文化属性以及文化的媒体作用，决定了教育教学自身的本质和发展规律不同于政治发展和经济发展，而呈现出教育教学的相对独立性。文化内涵的广博性决定了人们对文化理解的宽泛性，物质文化、制度文化、观念文化以及心理文化等都是文化的应有含义。物质文化强调促进教育均衡发展的物质基础，这种物质基础既是促进教育均衡发展的必要条件，又作为一种文化形态对受教育者产生影响和作用，比如，优美的学校建筑和教室陈设，不仅仅表现为一种实用性，更表现为对学生发展的潜移默化的作用。制度文化，不仅要表现出对师生的约束功能，更要以师生发展为本，体现出人本价值和意义。同样，师生的价值观念、思维习惯、生活方式等反映出来的观念文化和心理文化，要从超越具体物质形态的角度表现出促进基础教育高位均衡发展的特有意义和价值。

在基础教育高位均衡发展的低级或者最初阶段，必要的物质和资金是不可或缺的。但是，当基本的物质和资金达到一定的标准之后，这些方面已经不是促进基础教育高位均衡发展的必需条件。也就是说，必要的物质文化和制度文化对基础教育高位均衡发展的实现仅仅起到奠基作用，发挥决定作用的是直接制约师生价值观念、思维习惯和行为方式的观念文化和心理文化等。更进一步讲，科学合理的学校文化、班级文化、课程文化乃至教学文化对基础教育高位均衡发展的实现起着决定性的作用。这些文化集中体现为师生对创建优质学校的期盼，对打造有效教学、高效课堂的探索，以及围绕教育教学质量的提升而进行的教师素质提高、能力提高和学生学习热情激发等活动。

第二节　基础教育高位均衡发展的形成过程

作为一个动态、循环的过程，基础教育高位均衡发展一直处于失衡与均衡的交互、反复之中。均衡总是开始于失衡，当人们开始对失衡进行反思、总结、提高等纠偏性行为时，实际上已经进入了基础教育高位均衡发展的起始阶段。基础教育高位均衡发展是一个由易到难、由低到高、由外到内、由形式到内容的形成过程，表现出一定的层次性和阶段性，是一个外延性均衡与内涵性均衡相互结合、不断发展演进的过程。

一、基础教育外均衡

基础教育外均衡，即基础教育的资源性均衡，主要是指基于政府政策支持和物质倾斜所表现出来的教育资源、教育功能、师资配备、办学条件、办学标准等方面的均衡，它是基础教育高位均衡发展的初级阶段和基础条件，也是对基础教育资源性失衡的反思和纠偏。教育资源失衡的形成既有物质因素方面的原因，也有人力因素方面的原因，还有制度因素方面的原因，应通过对物质因素、人力因素和制度因素的调整和配置来达到均衡。

（一）基础教育外均衡的基本思路

作为一种条件性均衡，基础教育外均衡是一种资源性均衡、初级性均衡，是基础教育内涵性均衡、高级性均衡的基础和前提，其负责主体主要是政府和学校行政系统。在人力因素、物质因素和制度因素三要素中，物质因素和制度因素是比较容易实现的部分，而人力因素则是难以在短期内完成的因素。人力因素的均衡，一方面要考虑教育领导、社会民众对基础教育发展的关心、支持和帮助；另一方面还要考虑教师素质的提升以及招生录取、升学编班的均衡，以及校外关系和校内关系的完善和提升。物质因素的均衡，一方面需要提高教育经费支出占国内生产总值的比重；另一方面在经费等的拨付和使用上要对薄弱地区、薄弱学校有所倾斜，真正做到物尽其用、合理高效。制度因素的均衡，既要考虑强化政府决策机构、教育主管部门以教育政策为依据，保证相应规章制度制定的科学性；又要基于地区经济文化差异，考虑制度制定的人文性。

基础教育外均衡应该在资源性均衡的基础上，为基础教育高位均衡发展塑造一个平等、自由的和谐环境，激发关涉基础教育发展的每一个主体因素的工作热情，为基础教育内均衡打下良好的基础。

（二）实现基础教育外均衡的基本步骤

1. 制定完善的政策法规制度

党的集中统一领导，决定了党对我国教育行政的统一管理，上级机关负责教育行政事务的决策权和最终决定权，下级机关根据上级机关的决定、命令和指示行使管理职能，并向上级机关负责。党的统一领导、分层管理体制，使得中国教育事业成为国家事业，地方办学必须遵循中央政府的方针政策。教育的统一管理的优点具体体现为：统一教育政策和法规，并在全国实施；统一教育标准和要求，调控全国办学水平；能够有效调节区域教育发展，重点扶持落后地区；等等。这种特征和优点使得教育行政机构在基础教育高位均衡发展中起着至关重要的作用，通过政策法规制度的制定、实施、评价能够发挥其全局性的指挥和调控功能。基于此，制定具有科学性和人文性的政策法规制度，做好顶层设计就成为基础教育高位均衡发展的关键性环节。政府既要以合理性、明晰性、协调性、稳定性、公平性为基准体现政策法规制度的科学性，也要以人的需要和发展为出发点和中心，围绕着激发和调动人的主动性、积极性、创造性，体现政策法规制度的人文性。

2. 调配基础教育发展所需经费和物资

经费和物资是基础教育存在和发展的前提，缺乏必要的基础教育经费和物资，基础教育将会寸步难行，更谈不上发展。中国基础教育经费存在一些投入不足、分配不合理、使用效率不高等方面的问题，这种情况会直接导致支撑基础教育发展所需的物质资源的不平均。改变这种情况，首先，应在国家加大基础教育经费投入的基础上，改变资源集中配置的做法，使所有教育机构的经费在区域间、区域内达到比较均衡的状态。当然，对于因历史原因和当前条件所造成的教育薄弱地区，在经费投入上要有所倾斜。其次，形成教育经费和教育资源配置的激励性机制。教育经费和教育资源配置应该是动态变化的，应该向最有使用效率的地方流动，以发挥其最大的效益。最后，教育资源在区域内实行共享共用，使学校成为资源合作共同体。在人口密集、学校比较集中的地方，可以尝试两校或多校合用图书馆、运动场等做法，最大限度地发挥这些设施的功能，将教育经费用在最能促进教育发展的地方。

3. 营造宜人的教育环境

人是办教育的主体，更是提升教育质量、促进教育发展的源泉和动力，营造促进教育发展所需的人文环境至关重要，这种环境既要能提升教师素质，又要能激发民众对教育的关注和支持。高尚的师德、科学的理念、先进的思想、发展的意识、精深的学科专业知识、广博的跨学科知识和健全的能力结构等，都是优秀师资的构成要素。这些要素的获得，既靠教师专业发展的意识和要求，也需要教育行政机构在经费、时间等方面为教师进修创造条件。作为基础教育发展的关心者和支持者，民众是基础教育获得发展的外部动力。社会要通过多种途径向民众宣传基础教育政策、法规、制度，使民众明了；学校多向学生家长介绍基础教育改革的现状、存在的问题和解决的对策，争取家长的谅解、支持和帮助。

二、基础教育内均衡

基础教育外均衡是一种显性的均衡，也是一种条件性均衡，属于基础教育高位均衡发展的初期和基础阶段，但是基础教育高位均衡发展的目的不仅在于教育的资源性均衡，更在于教育教学的质量均衡。通过高效的教育教学促进学生的全面发展，这就是我们孜孜以求的基础教育内均衡。基础教育内均衡是一种隐性的、长期的均衡，也是基础教育高位均衡发展的高级和成熟阶段。在基础教育外均衡形成以后，如何将外在的资源性均衡转化为内在的教学质量提升是实现基础教育内均衡的关键性问题。

（一）基础教育内均衡的基本含义

基础教育内均衡是指促进学校发展、教育教学质量提升所需要的软件设施和智力保障的均衡。基础教育内均衡主要包括柔性的学校管理、科学的课程设置、灵活的教学艺术以及合理的教育评价等，在基础教育内均衡的实现过程中，要通过塑造必要的文化环境，如学校文化、课程文化、教学文化等提升教育质量，达到培养高素质人才的目的。作为学校实施教育的主渠道，教学对基础教育内均衡的达成起着关键性的作用，由此，教学内均衡就是基础教育内均衡的重要组成部分，是基础教育高位均衡发展应有的研究课题。教学内均衡，指的是学校层面与教学内涵性品质密切相连的教学理念、教学行为和教学评价等方面的均衡，其目标是追求学生个体和群体之间发展质量的均衡（刘耀明，2012）。基础教育内均衡的实质是学校层面的文化构建，包括学校文化、课程文化、教学文化等。基础教育内均衡与基础教育外均衡是相对而言的，两者具体体现为教育教学质量提升与教育教学质量提升保障体系。

作为人才培养的主要场所，学校与社会、家庭一起构成学生成长的环境，在三者之中，学校起着主导性的价值引导和礼仪性的行为习惯养成的关键作用。学校文化是一个非常重要又难以统一界定的概念，在内涵上可以有三个层次的划分（石鸥，1995）。大而言之，学校文化是学校全体人员通过共同努力所达到的学校文化总体文明的状态，既包括学校的物质财富和环境资源条件，也包括学校成员的学校意识、学校精神以及学校的行为规范等精神财富，是物质财富和精神财富的总和，是科学文化、教育文化和传统文化的综合反映；小而言之，一所学校的文化是由其传统、风气与行为准则构成的，着重在精神形态方面，学校文化将文化的价值观、人生观和信念、理想等输送给师生员工并对他们产生影响；更窄一点说，学校文化指的是学校成员在长期实践中创造的、共同遵循的精神准则以及在这些准则指导下的行为、心理取向及风貌。校园的财物因素、环境设施等在学校文化的影响下，具有一定的意义内涵，使僵硬的、冷冰冰的教学楼等具有特定的人文熏染价值和意义。不同学校对教育教学理解的差异，使得学校文化呈现出地域风情和个性特色。对学校文化的省察，对应然状态学校文化的追求，是实现学校文化构建和发展的基本途径。学校文化"觉解"即学校文化自觉可以分为两个层面：最高层面，学校明确应该秉承什么理念，应该用一种怎样的理念去贯彻学校的方方面面，去影响全体师生的自我意识；最低层面，学校仅仅知道是在教书，知道要把上级布置的任务完成。学校文化的好坏与学校是否具有文化自觉有很大的关系。学校文化应该处于一种觉醒、自我觉解的状态中，而不能处于一种不自觉的冥睡状态中。觉醒状态，就是改变那种使学校和其中每一个个体生命都处于压抑、黯淡状态的文化，倡导一种使学校和其中每一个个体的生命都处于舒展、成长状态的文化。说到底，还是要努力让师生过一种幸福完整的教育生活。①

课程是学校教育教学价值负载和内容承担的载体，其对教育质量提高和人才培养起着基础性的作用。课程文化是按照一定社会对下一代获得社会生存能力的要求，通过对人类文化的选择、整理和提炼而形成的一种课程观念和课程活动形态（裴娣娜，2002）。课程文化既体现课程本身的文化特征，又体现一定的社会群体的文化特征。课程文化只有在文化自觉和文化认同的状态中，才能符合当前课程改革的需要。课程文化自觉是以自觉的课程知识和自觉的理性思维为基础的课程文化，它通过传承、理论、系统化的道德规范，有意识、有目的地引导和左右着学生的行为（王德如，2007）。课程文化自觉一般以课程文化精神活动为载体和表现形式，通过课程哲学、课程文化学、课程社会学等体现出来。课程文化自觉的实质，就是人的自觉、人生的自觉，就是教师和学生的人生自觉（刘启迪，2008）。课程文化认同是在课程文化自觉的基础上，对教育改革的更深层次理解。课程文化认同，指实践者对于课程文化预设的认可与接纳，表现在社会文化背景下与社会文化之间的动态融合，具体而言，是指对于当前基础教育课程所体现出的以人为本的精神文化、走向生活世界的物质文化、走向对话的制度文化及行为文化的内心接纳与积极实践的过程（马家安，2012）。

教学自身的文化属性以及作为文化传递重要载体的双重角色，要求课程改革有适宜的教学文化。教学文化是教师和学生在长期的课堂教学过程中所形成的师生共享的价值体系和行为方式，以及与之相互影响的环境氛围。其中，价值体系包括知识、教育价值观、教育信仰以及教学伦理；行为方式主要指教学思维方式和教学习惯；环境氛围影响甚至支配着师生共享的价值体系的选择、确立和行为方式的表现，师生的价值体系和行为方式也对环境氛围产生反作用，影响环境氛围发展的进程和方向（晋银峰，2014）。基于文化自觉的要求，教学文化同样强调文化自觉。立足教学文化自觉，人们可以从教学文化的层面来认识、反思和改善长期以来形成的比较稳定的教学思维定式和教学行为习惯，以深化课程改革的实施进程。

---

① 朱永新. 2014-03-14. 完善中华优秀传统文化教育. http://www.cssn.cn/jyx/jyx_xzljy/201403/t20140314_1029266.shtml

作为基础教育内均衡的重要组成部分，教学内均衡的理念、行为和评价三个要素至为关键。理念在很大程度上决定着教学发展的适切性，科学且适合自身的理念能够促进学校持续、健康的发展。理念的生成，一般来说有三个途径。①从主流教学理念中直接选取。这是最简单也是最方便的途径，能够让学校直接受益，但是容易出现学校盲从其他学校的现象。②名校理念的间接模仿。这是最为常见的途径，但是刻意模仿痕迹明显，容易形成课堂教学范式的雷同，缺乏因地制宜的个性特征。③本土理念的实践探索。这是最为艰难的途径，但是最具有学校本土特色、最适合学校自身发展需求、也是最容易形成可持续发展理念的途径。理念经选择内化之后最终要变成教学实践领域的行为，这是一个从隐性到显性的转变过程。在现实的教学过程中，常常会出现教师已经认同教学理念，但教学行为难以形成的情况，因此教学失衡现象依然如故。要真正促进良好教学行为的形成，必须做到教的行为、学的行为、管理行为、评价行为的和谐一致，仅仅强调理念的转变是徒劳的。作为教学内均衡的激励环节，评价既是对上一个教学过程的效果评价，也是下一个教学均衡的起始环节。教学评价有正向效能和负向效能之分，即教学评价既能促进教学均衡的实现，也能使教学失衡更加稳固。要使正向效能体现出来，学校就必须不断调整教学评价系统的三个组成部分，即目标性均衡评价、过程性均衡评价和结果性均衡评价，使其始终保持在最佳状态。当然，对教学均衡的评价，应该以教学的对象和目的即学生的发展为准，通过对学生的知识、能力的发展，情智、身心的和谐，情感、态度、价值观的达成等指标体系的测量和判断分析中表现出来。

（二）基础教育内均衡的基本思路

基础教育内均衡是促进学校发展、教育教学质量提升所需要的软件设施和智力保障，适宜文化的形成是基础教育内均衡的最重要环节。宏观层面的学校文化、中观层面的课程文化和微观层面的教学文化，共同构成了基础教育内均衡的基调，其中贯穿着学校领导和教师员工的教育理念、教育行为、教育评价，形成了独具学校特色的教育模式和教学范式，不断提升着学校的内涵品质。

教育模式是人们对教育进行有效实践而采取的一系列应对策略方案。教学范式是各种类型的教学活动的基本结构或框架，是表现教学过程的程序性策略体系。两者之间存在必然的联系，教育模式内含教学范式，影响着教学范式的形成和发展；教学范式的形成又会对教育模式的改革与发展产生直接的提升和引领作用。两者的共性特征集中表现为：理念在基础教育内均衡的实现中发挥着引领作用，行为在基础教育内均衡的实现中发挥着奠基作用，评价在基础教育内均衡的实现中发挥着激励作用。基础教育内均衡的实现过程就是将教育教学理念运用于实践中，通过实践总结成为经验，经过经验提升成为理论，最终成为学校发展指南的过程。或者说，学校长期实践的教育教学经验取得了成功，得到了全体师生和家长的认可，经过理论提升成为学校发展的指针。

（三）实现基础教育内均衡的基本步骤

基础教育内均衡作为学校层面教育的高位均衡，其实现既需要理清发展中存在的矛盾冲突，构建适合学校发展的各种文化；也需要构思学校未来的发展目标，促进学校均衡发展；还需要广纳各方主体，设计适宜的学校发展制度。

1. 明确学校当前存在的问题

学校当前存在的问题是学校在长期的办学过程中，因发展价值定位不准、目标不清、行为不当、评价乏力等综合因素或单一因素的存在，出现的或多或少的薄弱环节，影响了学校的进一步发展。对于大多数薄弱学校而言，学校文化环境没有产生积极的熏染作用，课程文化停留在课本唯一、缺乏内容深度加工的阶段，教学文化存在满堂灌、学生主动性缺失等现象。这些都是应试教育影响下学校将分数作为唯一追求目标的结果，是学校存在的共性问题。当然，在不同的学校，这些问题出现的形式和内容不尽相同。因存在时间较长，形成原因复杂，并且人们的思维已经定式，这些问题就不太容易解决。但是不管如何，学校一定要结合自身的实际，有针对性地提出解决的办法，不断试误以使问题得以解决。

2. 规划契合学校发展的行动

为了解决学校教育教学中存在的问题，学校需要在明晰问题后，采取适当的行动进行改变。在采取行动之前，为了避免盲目行为的发生，一定要对行动有一个科学合理的规划。以构建适合学校发展的文化为基准，首先要合理规划学校文化，同时要综合考虑课程文化变革和教学文化创设。制定科学合理的目标、选择适合的理念、组建有战斗力的实践团队、采取切实有效的途径等，都是必不可少的。统筹考虑这些方面，目的就是要对学校未来变革的结果有一个切合实际的预设。从基础教育内均衡的角度来看，制定学校发展目标、构建适合学校的文化、激发教师献身教育事业的热情、促进教师专业发展、调动学生发展的积极性和主动性、设置科学合理的评价制度和体系等，都是促进学校教育发展必须考虑的环节和要素；此外，教学目标的制定、教学价值的选择、教学评价的实施等都要从"三维目标"（知识和技能、过程和方法、情感态度价值观）着手，综合考虑学生在"三维目标"方面的需求，只有真正以学生发展为本，充分调动学生学习的积极性和主动性，才能使教学内均衡切实可行。

3. 设计适合学校发展的制度

作为一种促进基础教育高位均衡发展的保障机制和约束机制，制度对基础教育高位均衡发展起着激励和纠偏的作用。好的制度应该是以激励为主，惩罚为辅，只有充分激发教职员工献身教育事业的热情，最大限度地调动学生学习的积极性和主动性，才能说制度的作用达到了目的。传统教育中的制度一般由教育行政部门的领导或者学校领导制定，广大的教职员工和学生是没有资格参与的。因为没有话语权，他们或对制度的内涵不甚了解，或对制定制度的目的不明确，或对制度中规定的措施不认可，导致制度的外显性和强制性明显，在实施过程中的实效性较差，不能达到预期的效果。基于此，基础教育内均衡的制度制定既要有教育行政部门人员、学校行政人员的参与，也要有教师代表参与，在广泛征求他们的意见和建议之后再形成制度，以红头文件下发并开始实施。教学内均衡相关制度的制定，既要有学校领导的统筹，更要有广大教师和学生的参与，还要有家长代表参与，积极献言献策，使制度具有最大意义的代表性和包涵性。当然，不论是基础教育内均衡制度的制定，还是作为其重要组成部分的教学内均衡制度的制定，都要从各地、各学校的实际情况着手，切忌"一刀切"或者盲目照搬。另外，任何制度都有一定的时效性，随着社会发展特别是教育改革的不断发展，制度要适时而变，这个过程既要考虑制度内容的连贯性，也要考虑制度内容的更新。制度制定的目的是激励人而不是约束人，我们既要充分发挥制度的规范性和权威性，也要根据实际情况，考虑执行中的特殊性和人文性，使冷冰冰的制度富含人文气息。

第三节　基础教育高位均衡发展的模型结构

基础教育高位均衡发展模型构建强调理论向实践的回归，即既要使理论更加具体，又要使实践更加可行。基础教育发展具有一定的层次结构，以基础教育内均衡为例，校园环境和必需的教育教学设施是基础；课程和教材是教育内容的载体；课堂教学和课外实践是教育活动的类型；教育评价是判断教育活动好坏的依据；等等。这些内容和环节都说明教育教学是有层次的。在设定基础教育高位均衡发展的模型结构时，一定要考虑教育教学的相关要素，分清不同主体的权利与职责，保障模型构建的顺利完成。

一、系统准备

基础教育高位均衡发展的实现是一个系统工程，是基础教育内部各要素之间以及基础教育内外各要素之间相互促进、共同作用的结果和表现。在基础教育高位均衡发展实践环节展开之前，首先要做好相关的系统准备工作。

（一）文化系统的准备

一定时期呈现出来的文化是时间积累、历史选择、民众接纳的结果，这些文化中有的作为一种主流文化呈现，有的作为一种边缘文化呈现，不论是什么类型的文化，如果能够存在，必定有其存在的合理性。这些文化从不同的类型和视角对基础教育高位均衡发展模型的构建和发展产生直接或间接的影响，基于此，我们必须从正向引导的角度对文化进行筛选，发挥其先导作用，为基础教育高位均衡发展的实现打好基础。

1. 建立科学的价值导向

所谓价值导向是指社会、群体或个人在自身的多种具体价值取向中将其中某一种价值取向确定为主导的价值追求方向。对于组织而言，价值导向是确定激励机制的基础，通过树立标杆、奖励绩优来明确组织鼓励的行为，传递组织倡导的价值导向。基础教育高位均衡发展的实现，必须要让实践者接纳新的理念，否则强制推行新的教育教学模式不仅有阻力，而且难以成功。基于此，科学价值导向的确立，则要通过社会媒体渠道，如网络、电视、报纸、博客等，宣传基础教育高位均衡发展的意义和价值；教育领域既要开展一种倡导教育公平、支持教育改革的主题大讨论，也要通过专家讲座、小组座谈、大会引导等形式，形成一种师生赞誉的正向价值引导。确立科学的价值导向，必须对教育教学中存在的失衡问题进行剖析，以引起教育实践者和理论者对失衡问题主动进行反思，包括对失衡现象的归纳和总结，对失衡原因的分析和确定，对方法措施的思考和运用等，这些方面体现为三个集中的问题，即价值问题、情感问题、知识问题。

价值问题主要体现为教育参与者对教育教学失衡问题的认识和理解，这种认识和理解既可能来自教育理论者的理论总结和思索，也可能来自实践者的日常实践和经验感悟。不论哪一种渠道来源，只要能符合教育主体的需要，能够使他们感到幸福和快乐，就是符合教育改革和发展的价值取向。反之，如果教育参与者没有能够从教育教学活动中感受到快乐和幸福，有的仅仅是挫折、失落甚至是失败，那么他们就不会认同这种价值引导。当然，这里涉及的教育参与者不仅包括学校领导和教师，更包括广大的学生群体。情感问题与价值问题密切相关，合乎需求的价值导向容易满足教育主体的情感需要，而违背需求的价值导向则会使教育主体感到失意甚至是痛苦。一些学校和教师受应试教育分数主导一切的影响，片面地认为只要分数高学生就是快乐和幸福的，为了达到这个目的，他们完全不顾学生的感受和需要，结果既可能造成学生高分低能、高智低情的结果，也可能造成学生厌学、逃学的结果，这种做法就忽视了学生的情感需求，不能形成教育促进个体终身发展的长效机制。知识问题在很大程度上既表现为知识观问题，也表现为知识的结构和多寡问题。从古代的农业经济时代经工业经济时代到现在的知识经济时代，知识观将会相应地表现为从形而上学知识观经客观主义知识观到后现代知识观的转换，这种转换鲜明地体现出从尊重客观理性到尊重个体主观情感的变迁，这种发展变迁要求教育参与者必须因时而变，既要改变观念，更要更新知识的结构和数量，以全新的知识观、知识结构和知识积累去应对教育改革和发展的需要，以促进基础教育高位均衡发展的实现。否则，教育参与者不仅会落伍，更会违背教育改革发展的规律和需要。

2. 营造愉悦的文化氛围

"文化"是一个最难界定、最有争议的概念，其丰富的内涵无所不包。就其功能来说，大致可以归结为三个方面：导向与激励功能、约束与调适功能、凝聚与辐射功能。这些功能对基础教育高位均衡发展的实现具有非常重要的意义和价值。良好文化氛围的构建可以从学校文化、课程文化和教学文化三个方面入手。

作为学校发展的灵魂，学校文化决定着学校的发展方向、发展战略、发展道路、发展前途，影响着学校人才培养的目标和结果。学校文化建设需要从物质文化、行为文化、制度文化和精神文化四个方面进行，学校文化构建的主体既包括政府行政领导、教育行政机构领导，也包括学校领导以及广大的师生员工。学校文化的构建既要坚持整体性和科学性原则，又要坚持比较性和创新性原则，以使学校文化既体现各方面的利益和要求、符合发展的需要，又体现学校之间的文化差异、具有独特的个性，使学校获得长远发展。

作为一种承载教学内容的载体，课程文化在不同程度上呈现出文化缺失：相对于社会发展与学科发展而言，课程内容比较陈旧；课程所体现出来的文化取向与学生接纳的新潮文化不相适应；课程偏重传承，对创新力的培养重视不够；对信息技术传播的新方式重视不够等。课程文化的建设必须立足解决这些问题，从自觉的态度和视角促进自身的完善。

作为课堂教学的主题文化氛围，教学文化对文化知识的传承、创新和发展起着至关重要的作用，并通过师生的言行直接表现出来。在传统的应试教育影响下，当在课堂教学中代表教师意志和利益的文化占据主导地位时，教学文化就体现为"以教为主"的"教导型"教学文化。"教导型"教学文化以知识本位、学科本位、统一管理、单一评价为价值追求，以教授、背诵、做题、苦学为内涵和要素，这种文化脱离了学生的日常生活经验，抹杀了学生的兴趣爱好，造成学生片面发展的结果。基于学生文化自觉的要求，要构建满足素质教育需求的"以学为主"的"学导型"教学文化。"学导型"教学文化以促进学生个性发展、倡导教育民主、实施多元文化教育、教学回归生活等为价值追求，以适应教育改革需要的学习、对话、开放、探究和交往为内涵和要素。这种教学文化以学生为本，关注学生的全面发展，密切了课堂教学与生活世界的联系，提高了师生的幸福指数，使教学变得更加生动、活泼，既激发了学生的好奇心和求知欲，缓和了师生的矛盾冲突，又能使教师感受到教书的快乐，增强其对教书的兴趣。

3. 构架合理的规章制度

在国家教育政策的正向指引下，不同区域之间或区域内部通过规章制度的制定和实施，以促进基础教育高位均衡发展的实现，这是一条常规性的发展道路。当然，作为对失衡的教育教学的反思和纠偏，均衡的教育也要求新的均衡体系与之相适应，这种体系的构建必须以一种有效的规章制度为保障。在所有的规章制度中，激励性制度最为重要，因为激励往往蕴含着价值导向。基础教育高位均衡发展包含宏观、中观、微观三个层面。宏观教育层面主要包括教育资源、教育功能等方面的均衡，这是实现基础教育高位均衡发展的基础，责任主体是政府行政领导和教育行政机构领导。中观学校层面主要包括学校办学条件和办学标准等方面的均衡，这是实现基础教育高位均衡发展的必要条件，责任主体是政府和教育机构领导。微观教学层面主要包括课堂和教学变革等方面的均衡，即教学内均衡，这是实现基础教育高位均衡发展的关键，责任主体是学校领导、教师和学生。

规章制度的构架，既要考虑国家教育政策的宏观要求，做到科学的顶层设计；也要考虑具体实施的教育主体要素，如教师和学生的需要，以人为本、富含人文价值。①规章制度要科学全面。从基础教育外均衡来看，规章制度要保证物质因素、人力因素和制度因素的调整和配置，做到均衡合理；从基础教育内均衡来看，就是要保证促进学校发展、教育教学质量提升所需要的软件设施和智力保障的均衡。从教学内均衡来看，规章制度要保证教学理念、教学行为和教学评价的协调性和学生个体以及群体之间参与教学机会的均衡。从因素的协调来看，规章制度既要考虑基础教育外均衡中人力因素、财物因素的均衡，对薄弱地区、薄弱学校有所倾斜，也要考虑基础教育内均衡的管理、课程、教学、评价的均衡与适度倾斜，还要考虑教学内均衡中教与学、情与理、知识与能力等方面的综合要求，优先考虑弱势学生的需要，实行差异性均衡，通过提升弱势学生的素质达到基础教育高位均衡发展的目的和要求。②规章制度要不断调整和完善。均衡是相对的，不均衡是绝对的。要保持基础教育高位均衡发展的动态性，就需要不断完善和调整规章制度。规章制度的制定要结合区域发展、学校发展以及师生的需要，特别是薄弱地区、薄弱学校和弱势师生的需要来调整。当然，规章制度的不断调整意味着主体利益的不断调整和分配，有可能在惠及他人的同时对自身利益有所削弱，因而要综合考虑、广泛征求各方意见和建议。当规章制度比较成熟时，不应频繁变动甚至朝令夕改，在一定的时间内，应该保持规章制度的相对稳定性和权威性。③规章制度要体现激励价值。规章制度体现激励价值就是要强调基础教育高位均衡发展对教育参与者主体性的关注。只有最大限度地激发教育主体的工作热情，充分体现上至领导、下至师生员工献身教育事业的信心和决心，才能保证规章制度的实效性，为基础教育高位均衡发展保驾护航。

（二）资源系统的准备

从来源进行划分，资源可以分为外延型资源和内生型资源两种类型。外延型资源是指得益于教育外部力量支持的资源，主要表现为基础教育高位均衡发展构成要素中的财物因素所包含的教育经费和物质基础。这种资源的供给主体是国家政府机构，它们是达到基础教育外均衡必需的外部支撑。由于历史原因、地域缘由以及当前经济发展状况，一些中西部地区的学校还缺乏办学所需的经费，必要的办学设施设备还不完善。基于这种情况，在促进外延型资源均衡的过程中，国家既要考虑公平的因素，也要对这些地域的学校有针对性地倾斜。在国家的政策层面，通过公平与倾斜的价值导向，发挥其全局性的行动指南作用。在区域内部制度规范的制定和实施过程中，充分体现国家政策的内涵要求，真正兼顾区域内资源配置的公平与效益。

内生型资源是指来源于学校内部的人力因素，特别是挖掘师生内部潜在力量，达到使学校富含文化特色，具备培养高素质人才的资源性条件。这种资源的供给主体是学校自身，主要表现为基础教育高位均衡发展构成要素中的人力因素所包含的教师和学生，具体表现为积极进取的学校文化、内蓄学生生活体验的课程文化、调动学生积极性和主动性的"学导型"教学文化等。高素质的教师是内生型资源的主体要素之一，教师潜在力量的塑造和挖掘必须依托教师基本素质的提升来完成，教师基本素质包括教师专业知识的发展、专业技能的娴熟、专业情意的健全（唐玉光，2008），而提升的途径主要是教师专业化发展。当然，教师具备了较高的教育教学素质，在教育改革发展中要善于改革滞后的课程内容和教学方法、手段，以打造"高效课堂"为出发点，在有限的教育教学资源环境中，培养出符合新课程"三维目标"的高素质人才。作为教育教学的主体、对象和产物，学生也是内生型资源的重要方面。学校教育者既要充分利用学生内部的资源互补、协作互助，让优秀学生去带动弱势学生的发展；还要充分调动弱势学生的内在潜力，通过主动性、积极性的发掘，使他们获得持久发展。

（三）组织系统的准备

组织系统是指基础教育高位均衡发展中学校的组织架构以及运行方式。组织系统与资源系统、文化系统密切相关，它能够使资源系统和文化系统协调一致，并有效地转化为促进基础教育高位均衡发展的行为和能力。要实现基础教育高位均衡发展，既要保证教育经费足额拨付，也要保证教育经费的合理利用，前者是保证教育所需费用和设施设备均衡的基础，后者是保证教育所需费用和设施设备均衡的关键；还要打造富有地域特色、富含个性化的学校文化、课程文化和教学文化，这是保证基础教育高位均衡发展的环境和思想氛围，使身在其中的人在价值观念、思维方式和行为习惯上潜移默化地受到影响。

教育支出占 GDP[①]的比重，是最常使用的衡量公共教育支出总量的一个指标，也是衡量一个国家教育投入水平的重要指标之一。2019 年，我国财政性教育经费占 GDP 比例保持在 4%以上[②]，但是，已有教育经费的使用结构和效益还有待进一步提高。针对这种情况，国家既要统筹各方力量，确保国家财政性教育经费支出占 GDP

---

① 国内生产总值（gross domestic product，GDP）。

② 李克强. 2019-03-05. 2019 年政府工作报告——2019 年 3 月 5 日在第十三届全国人民代表大会第二次会议上. http://www.gov.cn/guowuyuan/2019zfgzbg.htm

的比例一般不低于 4%①，也要建立科学的教育经费预算制度。通过出台教育经费法等措施，对教育经费预算的决策主体、学校参与预算过程的保障措施、生均标准的确定方法及提升办学质量的经费促进措施等予以具体化与明确化。同时，通过立法建立完善的教育经费使用或分配公示制度，确保占 GDP 4%的国家财政性教育经费支出在阳光下运行，并将此"阳光行为"纳入法律强制保护轨道。为了进一步提高教育经费的管理水平，教育部确定 2013 年为"教育经费管理年"，以此优化教育经费支出结构，加强对其的监督监管，提高经费使用效率，从而促进教育事业科学发展。

要实现基础教育高位均衡发展，一定要强化文化对基础教育的影响和促进作用。通过文化的润泽使生硬的建筑外壳具有人文气息和价值内涵，让每一座楼宇、每一条道路都有自身的特色。每位教师根据自身的特点，精心打造具有特色的课程文化和教学文化，使学生在文化熏陶中改变静坐聆听、被动消极的状态，积极参与到课堂讨论、小组合作的活动中去。要实现微观层面的教学内均衡，学校从组织设置上要进行改革，譬如，改变原有的以班主任为核心、班干部为辅助的松散型班级管理组织形式，使班级管理的重心下移，构建以兴趣小组或活动团队为核心的常规型教学组织形式，将班级教学和日常工作交由小组管理，充分发挥小组长和组员的管理能力，通过定期的组长轮流、职责更换和动态考核，使课堂焕发出勃勃生机。

二、层次与环节

从基础教育高位均衡发展的构成要素和发展阶段来看，基础教育高位均衡可以分为区域内均衡和区域间均衡两大层次，不同层次又有不同的环节和步骤，它们共同构成了基础教育高位均衡发展的实践模型。

（一）基础教育高位均衡发展的层次划分

基础教育高位均衡发展分为两大层次：区域内均衡和区域间均衡。区域内均衡是指一个省（自治区、直辖市）中的某个县（市、区）内部的教育均衡。区域内均衡从小到大可以分为课堂教学均衡、校内教学均衡、校际教育均衡三个环节。课堂教学均衡包括个体均衡和群体均衡，校内教学均衡包括班级均衡和年级均衡，校际

① 国务院办公厅. 2018-08-27. 国务院办公厅关于进一步调整优化结构提高教育经费使用效益的意见. http://www.gov.cn/zhengce/content/2018-08/27/content_5316874.htm

教育均衡包括硬件均衡、师资均衡和生源均衡。区域间均衡主要是指一个省（自治区、直辖市）中的县（市、区）之间的教育均衡，主要包括财物均衡、人力均衡两个环节。

个体均衡即学生个体的全面和谐发展。个体均衡既是学生个体努力的结果，也是同伴和群体帮助的结果，其实现经由一些基本的环节。群体均衡即学生群体之间的均衡。个体均衡是群体均衡的基础和起点，群体均衡是个体均衡的结果和发展，只有达到了个体的均衡，才能满足群体均衡的需要，同时，群体均衡又为个体均衡指明了努力方向和目标。班级均衡是指一所学校内部没有重点班和非重点班之分，没有快班和慢班之别，平行班级的划分依据原则是"班内异质、班间同质"，即一个班级内部在性别、成绩分布等方面呈正态分布，不同班级之间性别、成绩分布是一致的。年级均衡是指不同年级之间特别是毕业班级和新生班级之间，在经费使用、硬件设施、师资配备等方面没有因升学压力而出现明显的差别。校际均衡是指不同学校之间，没有因竞争而出现明显的差别，基本达到了硬件设施、师资配备和生源质量的均衡。区域间均衡是指省（自治区、直辖市）内不同县（市、区）之间在财物、人力和制度方面保持的均衡。这两大层次之间构成一定的逻辑关系，通过课堂教学均衡能够达到校内教学均衡，以校内教学均衡为基础，可以达到校际教育均衡，校际教育均衡实现后就完成了区域内均衡的目标，不同区域内的均衡构成了区域间的均衡。

（二）基础教育区域内均衡的环节构成

1. 课堂教学均衡

课堂教学均衡主要强调个体均衡和群体均衡。个体均衡的实现是学生立足自我，通过自我努力并在班集体和教师的帮助下获得发展的过程。个体均衡一般包括自主质疑、求助解惑、练习提高和持续反思四个环节（刘耀明，2012）。自主质疑是指个体在自我预习、认真听课、小组讨论、实践深化的过程中，经过认真思考提出疑惑不解的问题。这些问题反映了学生在学习中的薄弱之处，如概念不清、逻辑不明、缺乏与已有知识的衔接等。问题的难易和视角，既揭示了学生已有的知识基础、能力水平的差异，也反映了学生思维方式的不同。求助解惑是指学生在提出问题后，向小组同伴或班内其他人、任课教师寻求帮助，解决疑难的过程。当然，"组内异质、组间同质"的分组原则决定了一般性的问题是可以通过不同学生之间的探讨得以解决的，疑难性的问题可以通过与组间学习优秀学生的探讨得以解决，最终不能解决的问题可以求助教师。练习提高是指学生在解决了疑难问题后，通过课堂练习或者课外活动加深、拓宽书本知识，提高能力，培育情感的过程。教师应该根据学习情况将学生分成优秀、中等、薄弱三个层次，有针对性地进行作业布置。优秀学生的作业应强调智能提升，中等学生的作业应强调一般能力的培养，薄弱学生的作业应强调基本知识、技能的巩固。持续反思是指学生在完成作业的持续练习中，通过知识能力的积累，对自身的学习过程进行持续性的思考，总结自己的缺点、错误，分析需要努力和提升的方面的过程。它包括知识能力方面的反思，也包括学习方法、情感态度以及立身处世方面的反思。反思是学生获得长足发展必不可少的环节，如果能够坚持下去，学生将会受益终生，反之，学生将难以取得较好的发展。遗憾的是，一些学生缺乏自我主动反思的方法和勇气，需要教师、家长的提醒和帮助。

群体均衡主要是一种以小组或团队形式开展的教学均衡。其目的在于通过学生个体之间的交流和互动，促进学生群体的均衡发展。群体均衡一般包括组内互助、组间竞争、重点施教以及巩固深化四个环节（刘耀明，2012）。组内互助是指为了让学生之间互相学习、共同提高而在班级内将学生划分为不同学习或兴趣小组，通过协同合作获得共同发展的教学组织形式。当学生在学习过程中遇到困难时，先在小组内互相研讨，得到答案；当遇到共性问题而又无法解答时，就求助教师。这是一个共同学习的过程，又是一个增强团队意识和协作精神的过程。组间竞争是指班级内不同小组之间围绕共同的问题展开比赛的教学组织形式。这些问题可能是书本中出现的问题，也可能是教师围绕课程内容提出的相关问题，还可能是学生提出的其他问题。组间竞争可以在班级内形成你追我赶的学习热潮，可以锻炼学生对问题不断探究的能力，更可以培养学生的发散思维品质。组间除了竞争之外，还可以进行协作，这实际上是在更大范围内的合作学习。重点施教是指在进行了组内互助、组间竞争之后仍然存在的疑难问题，由任课教师重点解释、解决的教学组织形式。通过教师讲解，疑难问题得到解决，会使学生具有"柳暗花明又一村"的感觉。巩固深化是指在教师重点讲解了疑难问题后，学生在教师解决问题的思路或点拨的关键点的基础上，通过课堂练习或课外实践，巩固知识、提升能力的教学组织形式。这个过程既是对上一个章节学习的结束，又是对下一个章节学习的开始。

2. 校内教学均衡

校内教学均衡主要强调班级均衡和年级均衡。班级均衡是指同一年级的几个平行班之间，在教师力量、学生基础、设施设备等方面基本一致，不分重点班、非重点班以及快班、慢班。当然，不同的班级因班主任的要求以及学生积极性程度的差异，会呈现出不同的班级文化。班级文化是班级所有或部分成员共有的信念、价值观、态度的复合体。它的形成涉及班级内的各类人群，既包括生生之间的关系、师生之间的关系，也包括教师之间以及教师与家长之间的关系。班级文化包括"硬文化""软文化"。硬文化，即显性文化、物质文化，是能够摸得着、看得见的环境文化，比如，教室墙壁上的名言警句，英雄人物、世界名人的画像；马蹄形、矩形、椭圆形的桌椅排列；艺术展示的书画长廊；激发学生探索未知世界的科普长廊；教室内悬挂的班训等图案和标语；等等。软文化，即"隐性文化"，包括制度文化、观念文化和行为文化。制度文化指班级规约，它构成了班级运行的法制文化环境；观念文化指体现班级、学生、社会、人生、世界、价值的观念，它潜移默化地影响着学生；行为文化指从学生身上表现出来的言谈举止和精神面貌。班级文化是一个班级的灵魂，是每个班级所特有的，它具有自我调节、自我约束的功能。我们倡导班级师资、设施等的配备均衡，这是我们达到基础教育高位均衡发展的基本条件要求，同时，我们更倡导班级文化的丰富和多元，这是达到基础教育高位均衡发展的高层次要求。

年级均衡是指同一学校的几个年级之间，在教师力量、设施设备等方面基本一致，没有因年级不同特别是毕业班和低年级班的不同而出现明显差异。年级均衡的提出是因为在一些学校中较普遍地存在偏重毕业班，忽视其他年级的做法。这种做法的初衷是毕业班学生面临升学考试，需要通过优秀的师资、良好的设施以及严格的管理和紧张的氛围来保障学生取得较高的分数，并通过较高的分数满足学生的升学需要和家长的殷切希望，支撑学校的声誉和发展。这种做法实际上是应试教育文化在学校弥散并发挥作用的结果，导致学校的核心任务就是追求高分，以学生分数替代学生素质来衡量学生的发展水平，这种做法极易导致年级失衡。针对这种情况，学校应当将优秀师资分散在不同年级，通过年级内不同班级的带动，做到年级之间均衡，从而达到一所学校内部教育教学力量和效果的均衡。

3. 校际教育均衡

校际教育均衡强调硬件均衡、师资均衡和生源均衡。硬件均衡是指一个区域内不同学校在办学所需硬件设施上基本一致，没有出现因基础设施差异而影响教育教学质量的情况。硬件均衡问题的提出，是因为在同一区域内实际上存在学校硬件设施不均衡的情况，这种情况在城乡学校之间以及优质学校和薄弱学校之间表现突出。这种状况的形成，一方面是基于历史原因，即中国城乡二元经济结构所造成的城乡教育经费投入机制的差异；另一方面是基于现实原因，政府对优质学校投入相对较大，从而造成了城市学校优于农村学校、优质学校优于薄弱学校的现实。实际上，这些所谓的优质学校是建立在牺牲大多数薄弱学校的基础上形成的，这种靠增加投入、集中优秀教师和优秀学生所树立的典型、榜样学校，在一定的地域内固然具有示范和带动的效应，但是这种做法能够被其他薄弱学校成功复制的可能性几乎为零。由此，政府应该通过政策法令的强制力量，按照科学发展观和构建社会主义和谐社会的要求，均衡配置公共教育资源，预防和缩小不合理的教育差距，消除因城乡差距和投入差异所造成的教育不公平现象。

师资均衡是指区域内不同学校的教师在学历、职称等方面比较均衡，在教育教学方面各有自己的特色，没有因为教师素质差异而造成教育不均衡。城乡二元经济结构以及优质学校、薄弱学校的存在，实际上造成了教师在城乡之间、不同学校之间流动的现实。农村学校的优质教师流向城市学校，薄弱学校的优质教师流向优质学校，这种教师"孔雀东南飞"的现象造成了教育教学的师资不均衡。人才培养的关键是教师，如果教师总体素质低下，没有专业发展的信心和决心，"做一天和尚撞一天钟"、得过且过，那么一定不会有良好的教育教学效果，反而会阻滞学生的发展，从而造成误人子弟的后果。我们强调师资均衡，并不是片面地强调教师不应该流动，适度的流动是人事调配必须考虑的问题，对激发教师的工作热情也有一定的积极作用。教师个人有向上发展的愿望本无可厚非，教育行政部门和学校领导不应该设置门槛阻碍他们的流动，能够做的就是通过政策的制定，比如，通过实行"教师流动制""支教生制度"等，调配师资均衡；同时，通过教师学历提升、在职进修、职后培训等多种方式普遍提升教师素质，达到基础教育高位均衡发展的要求，不会因为个别优质教师的流失而影响教育质量。

生源均衡是指学校在招生过程中，没有学习成绩测试、特殊才能要求，使不同素质的学生较为均匀地分布在不同学校的做法。学生作为教育培养的对象、目的和结果，其素质差异在一定程度上直接决定着学校教育教学的质量高低，学校教师都希望有优质的生源，但是高智商、成绩优秀的学生毕竟有限，这就造成了不同学校争夺优秀生源的现实。当然，优质学生也希望能够到优质学校学习，这种所谓的"意向相投""两情相悦"的做法就会形成优质学校更加优秀、薄弱学校更加薄弱的"马太效应"。这种做法在尊重教育竞争的效益原则时，在一定程度上违背了基础教育是提高国民素质教育的本然要求，即教育的公平原则。在社会财富有限、教育投入不足的古代社会，统治阶级为培养政治上需要的人才而追求效益、忽视公平是可以理解的，但是，在当前财富得到极大丰富，以提高国民素质为基本价值追求的时代，政府应该大力追求教育的公平与均衡。基于此，应该改变追求效益兼顾公平的传统价值，代之以公平优先兼顾效益的现代价值观。在基础教育招生录取时，应该通过取消考试、划片招生等方式使学校在生源质量上比较均衡，这样才能更好地提升我国基础教育的整体质量。

三、基础教育区域间均衡的环节构成

区域间均衡主要强调财物均衡和人力均衡。

财物均衡是指办学所必需的教育经费和必要的物质基础在区域间学校中的均衡，其中，教育经费包括教育事业费和教育基本建设投资，物质基础是指教育活动场所与设施、教育媒体及教育辅助手段。这些物质基础是学校教育存在的基础，也是实现基础教育高位均衡发展的前提。财物均衡问题的提出是因为区域经济发展状况的不同导致教育经费和物质基础上存在着较为显著的差异。目前，东部沿海地区因经济繁荣，对教育投入较多，教育发展较快；而广大的中西部地区因经济发展缓慢，对教育投入相比较少，教育发展速度较为缓慢。基于此，国家在制定教育经费投入政策时，既要考虑总体的均衡，又要考虑地域差异而对中西部地区有所倾斜。由此，才能保障基础教育高位均衡发展在全国范围内的最终实现，而不会出现基础教育发展的极度差异。

人力均衡是指办学所需的师资力量在区域间学校中的均衡。中国地域广阔，各地自然状况、经济发展速度以及文化设施存在明显的差异。与区域内优秀师资流动极为相似，中西部地区的很多优秀教师陆续地流动到东部经济发达地区。关于人才流动，国家应加大对中西部地区教育经费的投入力度，提升教师工资福利待遇；利用各种手段提升教师的学历、职称乃至通过继续教育提升教师的专业素质，使中西部地区不再担心人才流失；同时，要充分利用中西部地区教育发展的广阔空间，大力发挥教师的聪明才智，做到事业留人、感情留人。

第六章　基础教育高位均衡发展的实现策略

中国基础教育高位均衡发展，是一个"标准+非标准"的过程。"标准"是指发挥政府职能和社会力量，构建一个标准化办学条件的过程；"非标准"是指发挥学校力量，达到多元化、特色化、优质化教育教学质量的过程。基础教育高位均衡的实现，可以倚重多元办学主体与社会支持力量，从传承与创新文化、完善教育政策制度、发挥行政职能、集聚民众力量、倾心课堂研究等策略途径，形成基础教育高位均衡发展的运行和保障机制。

第一节　立足文化传承，绘制均衡文化

文化，一种亘古绵久的社会现象，与教育相伴而生，相随而长，在漫长的历史长河中互为前提，互相砥砺。文化给教育以社会价值和存在意义，教育给文化以生存依据和生机活力，两者缺一不可。教育的文化属性以及作为文化传递载体的双重角色，要求政府和学校必须以文化为立足点促进基础教育的高位均衡发展。

一、挖掘传统文化，铺就精神底色

2014 年，教育部颁布了《完善中华优秀传统文化教育指导纲要》，该纲要阐明

了加强中华优秀传统文化教育的重要性、紧迫性及其指导思想、基本原则、推进方式、支撑体系和条件保障。教育部强调从爱国、处世、修身三个层面推进立德树人教育，立德树人教育具有凝聚共识、统一思想、正本清源、激浊扬清的重要作用。这标志着中国传统文化教育活动终于有了明确的指导方针、有力的政策保障和具体的行动指南。完善优秀传统文化教育，要以《完善中华优秀传统文化教育指导纲要》为基础，采取有力措施，铺就出基础教育高位均衡发展的精神底色。

（一）发挥传统文化的立德树人作用

教育是民族振兴和社会进步的基石，立德树人是教育的根本任务。针对社会上出现的拜金主义、享乐主义、极端个人主义等突出的道德问题，发挥传统文化对道德教育的提升作用至关重要。孔子主张"仁者爱人""为政以德""远人不服，则修文德以来之""德不孤，必有邻"，孟子主张人性本善、人性"四端"等，这些思想为个体发展需求的仁义礼智、社会格局需求的德治仁政奠定了基础，凝聚着中华传统文化的精髓。在当代中国，发挥传统文化对立德树人的引领作用，首先，要从理想、信念、价值的高度重新认识中华优秀传统文化教育的价值，强调传统文化对教育的重要意义与价值。其次，从广播新闻、手机微信以及网络媒体等方面营造浓郁的社会文化氛围，弘扬中华传统美德，发挥以儒学为主导的中华优秀传统文化对社会发展的引领作用。最后，在正确的思想指导下，加强社会公德、职业道德、家庭美德、个人品德教育，全面提高公民道德素养。

（二）发挥传统文化在课程中的核心作用

实现中华民族的伟大复兴，离不开民族文化和民族精神的支撑，传统文化在其中起着重要作用。"天人合一"对于纠正当前人与自然对峙的弊端具有启示意义；"知行合一"对于健全现代人格有启示作用；"义利之辨"可以帮助人们甄别正当利益与不当利益；"情景合一"给人以审美意味，为一些沉溺于物欲的现代人提供借鉴。传统文化的精髓，主要表现为儒家倡导的民本仁政的治国理念，法家主张的信赏正罚的管理方略，道家追求的取法自然的人生理念，墨家宣扬的兼爱交利的社会情怀，兵家阐发的知己知彼的军事谋略，还有名家的辩论智慧、纵横家的外交策略、农家的尊重劳动、阴阳家的相生相克、小说家的考察民情、杂家的兼容并包等。这些传统文化精髓，为中国历史进步、社会发展注入了强大动力，理应成为我国基础教育实施的课程内容。首先，国家教育行政机构统一编制必修类的爱国主义教育课程教材，系统开展以天下兴亡、匹夫有责为重点的家国情怀教育，以仁爱共济、立己达人为重点的社会关爱教育，以正心笃志、崇德弘毅为重点的人格修养教育，向学生系统讲授传统文化的精神和内容。其次，地方教育行政机构系统研制、开发中华优秀传统文化教育的地方课程。通过研制中华剪纸、中华武术、中华礼仪、书道与绘画、木刻年画等课程，让学生从切实的课程内容中感受传统文化的博大精深。最后，学校从课程与生活、教学回归生活的角度，在开学典礼、毕业典礼、节日庆典、班会活动以及体育竞赛等活动中，让学生体会传统优秀文化的精髓。

（三）完善传统文化在基础教育中的形成

从学校教育来看，中华优秀传统文化的缺失，与全社会中华优秀传统文化的缺失是有密切关系的。从国际视野来看，我国虽然是一个传统文化积淀深厚的国家，是一个经济大国、文化大国，但还不是文化强国。几乎所有的中华优秀传统文化，在课程、教材、教学评价标准中都处于缺失或分量不足的现状。当下教育没有自觉履行对成熟的思想文化进行"选编"的责任，较少从中国文化的长远发展来考虑教育的目标。事实已经证明，仅靠媒体的宣传和国民自发的学习，弘扬中国传统文化的事业是无法长久地进行下去的，传统文化教育需要规范化，需要受到国家和人民的足够重视。只有将传统文化教育纳入正规的学校教育，才是弘扬中华优秀传统文化的有效途径。①精心设置校园环境，让每个建筑都能有生命，让每个建筑都充满传统人文气息，细微之处浸润中华优秀传统文化精神。②开展各种文化实践，在活动中弘扬传统文化。通过开展"文化植根""文化塑形""文化育人""文化强师""文化立信"等方面的学校文化实践活动，将中华优秀传统文化的精神、理念渗透到学校实践活动的各个领域。③针对不同学生的特点，开展有针对性的传统文化教育。小学低年级，以培育学生对中华优秀传统文化的亲切感为重点，开展启蒙教育，培养学生热爱中华优秀传统文化的感情；小学高年级，以提高学生对中华优秀传统文化的感受力为重点，开展认知教育，了解中华优秀传统文化的丰富多彩；初中阶段，以增强学生对中华优秀传统文化的理解力为重点，提高学生对中华优秀传统文化的认同度，引导学生认识我国统一多民族国家的文化传统和基本国情；高中阶段，以增强学生对中华优秀传统文化的理性认识为重点，引导学生感悟中华优秀传统文化的精神内涵，增强学生对中华优秀传统文化的自信心。④强化考试的指挥棒作用，通过考试夯实传统文化教育。教育部在《完善中华优秀传统文化教育指导纲要》第二十三条中明确指出：增加中华优秀传统文化内容在中考、高考升学考试中的比重。

这一规定意味着中华优秀传统文化将被纳入考试的范围，成为中小学教育教学中的正规教育内容，这一举措必将使中华优秀传统文化教育备受关注并取得良好的效果。

二、拓展文化资源，彰显区域特色

我国地域广阔，各地自然风光、风土人情、习俗文化迥异，因此必须从战略的高度深入拓展区域文化资源，加强区域文化建设，用文化统筹区域发展，解决区域基础教育不均衡问题，彰显基础教育高位均衡发展的区域特色。

（一）整合区域物质文化资源

随着我国城镇化建设步伐的加快，各地区受其特殊的地理环境和历史人文因素的影响，物质文化资源分布相较松散，并且呈现出明显的区域不均衡性特征。因此，为了更好地利用区域物质文化资源，必须整合资源，合理调整图书馆、文化站等有形的物质文化遗产的布局。①政府相关机构应当集中力量完善基础设施、人员配置、手段方式、管理模式与提高管理水平，为区域文化建设营造良好的发展环境；②依据人口分布、区域特色等，完善文化资源设施，使物质文化效益最大化；③优化人员队伍结构，建立科学规范的管理新模式，从松散型管理的模式中解放出来，提高区域文化资源管理水平。

从现代化建设的全局出发，把加强区域物质文化建设纳入经济与社会发展的总体规划，保证必需的资金投入，增加区域物质文化供给，加快解决教育、科技、文化、卫生等基础设施匮乏的问题；贯彻统筹城乡协调发展的基本方针，在注重城市文化建设的同时，更加注重农村文化建设，搭建城乡协调发展的平台，营造良好的基础教育高位均衡发展的物质文化环境；完善多元化的区域物质文化建设的投入机制，在坚持地方文化正确发展方向的前提下，积极引进民间投资，通过架设多元化的投资渠道，鼓励社会资源加入到地方文化建设中来，促使地方文化建设朝着积极健康、多元有序、协调共进的方向发展。

（二）挖掘区域精神文化特色

1）树立正确的区域精神文化观念。正确的区域精神文化观念，能为区域精神文化建设提供正确的指导思想。摒弃"经济附属论""文化靠后论"等一味强调经济增长忽视精神文化发展的片面的思想认识，摒弃残存的"等、靠、要"计划经济模式下的发展思路，树立"文化也是生产力"的教育观，正确认识和处理好物质生活与精神生活、经济建设与文化建设的关系，助推地区基础教育事业改革和发展。

2）构筑地方精神文化建设的内生机制。地区政府要在文化的内容、形式和机制上不断创新，加大专项经费投入，科学制定、实施有效举措，加强对地区宝贵的精神文化遗产的挖掘、建设和保护，加大对地区文化名人、文化产业的宣传和扶持力度。学校可以通过编写具有本土特色的教材、开设体现本土文化特色的校本课程、开展有利于本土文化传承发展的社会实践活动等全面加强精神文化建设，以精神文化建设的整体提升推进基础教育的全面发展。

3）汲取民间传统艺术营养。基础教育学校可以从民间传统艺术中汲取营养，组织学生观摩、参与、开展丰富多彩、健康有益的群众性文化活动和精神文明创建活动，使学生对区域精神文化的理解更加具体形象，更加贴近自身的生活实际。这些积极健康的文化活动，对学生具有娱乐身心、培养交流沟通能力、锻炼健康身心、提高文明素养等作用。丰富的地方特色文化活动，不仅能够促进区域精神文化的发展，还能让学生在活动中感受传统道德文化，在潜移默化中得到教育。

4）统整地方文化资源。在区域精神文化发展的问题上，也应当注重特色地方文化间的资源整合和相互交流，只有在相互交流和合作中，才能发现对方的优势和特色，才能在相互学习中进步。基础教育学校应该积极汲取地方文化的精髓，在各区域物质基础均衡的前提下，大力发展与地方特色文化相吻合的特色教育，在区域精神文化整体发展的背景下，全面提升基础教育的水平，从而实现区域间基础教育的高位均衡发展。

为保障区域文化特色的构建，地区的各级政府领导，特别是主要领导要充分认识到，建立起一套与区域相适应的制度文化体系对办好教育的重要作用，形成一套明确的区域制度文化，能够保障区域文化建设工作有章可循，有序发展。因此，应落实各级政府的责任分工，落实好各项区域文化制度。

三、加强文化建设，激荡生命亮色

学校硬件改造，如校舍标准化等，最多只能实现基础教育高位均衡发展中的外延发展，而内涵建设、文化立校才是真正实现基础教育高位均衡发展的突破口。有研究表明：学校文化的一致性、参与性、适应性和使命性四特质与学校效能之间存在显著的正相关性，且都对学校效能具有显著影响效应（徐志勇，2011）。只有创设良好的学校文化，改变学校文化系统内各行为主体在价值取向、情感倾向和行为方式上不符合时代要求、不利于基础教育高位均衡发展的方方面面，并在校长正确价值观的统领下，经各方力量同心同力，共同营造有利于学校发展、师生发展的文化软环境，激发学校发展的活力，才能够真正走上基础教育高位均衡发展之路，绘出基础教育高位均衡发展的生命亮色。

（一）制定学校文化建设标准

学校文化建设要做到三个方面。①要树立"以人为本，以校为本"观。立足学校、为了学校，着眼学生的全面发展、教师专业自主发展、学校持续协调发展。②要树立"全面和谐，特色发展"观。学校文化建设在全面和谐建设的同时，也要重视文化个性发展、强化优势特色发展，尊重多元，崇尚差异，追求个性，凝练特色。③要"内外结合，自主创新"。学校文化建设既要重视外部专家的引领、理论指导，又要注重内部学习、研究、创新，健全领导、管理机构，完善建设、评价机制，加强经费、精力投入，促进内外全面和谐发展。只有在学校文化建设理念的引领下，才能顺利构建文化建设标准。文化建设标准是一种在长远目光下形成的可供将来遵循的"标尺"，体现了前瞻思想的决策力、管理者的政治远见和发展的洞察力，表达了管理者用精神理念解决情感、态度、价值观问题的卓见。学校文化建设标准包含"内涵建设标准""特色建设标准""目标建设标准"三个维度的内容。

（二）激发学校文化建设动力

政府要积极做到合理分配财政资金，加大财政资金的投入量，加大基础教育阶段学校文化建设投入；学校要把文化建设经费纳入学校预算，设立学校文化建设专项经费，在人、财、物等方面加大投入，确保学校文化建设各项工作顺利开展；学校还要积极吸收校外资金投入，广开筹资渠道，多方筹措文化建设经费，不断完善文化建设的政策和措施，切实解决文化建设过程中遇到的实际问题和困难。在经费投入的基础上，应提升学校文化建设的动力。提升学校文化建设的动力主要体现为坚定的领导意志、明确的集体意识和强烈的师生意愿。①坚定的领导意志。"一个好校长，就是一所好学校"，任何时候学校领导都是学校文化建设的领导者和倡导者，学校文化建设首先必须拥有坚定的领导意志，并形成完整统一的美好愿景。②明确的集体意识。学校文化建设愿景目标，只有得到全体领导和干部的共同认可和理解，才能成为大家极力关注的共同的基本目标和发展方向。③强烈的师生意愿。教师的言行举止不仅不断地传递着一种文化，也不断再生产着一种文化，极为鲜明地体现着学校文化的内涵和特色；同时师生共同实践、共同创造、共同享用学校文化。教师对学生的引领、组织和指导，形成了全体师生全员参与的生动局面，有力地促进校园文化建设的发展。

（三）创新学校文化建设机制

学校文化评估即对学校文化的价值做出判断，是能够推动学校发展的重大力量。评估不仅可以促进学校物质文化、精神文化、制度文化等多元文化的建设，同时，有利于促进学校的教学和管理工作，促进学校的内涵发展。在加强学校文化评估的同时，还要加强学校文化建设机制的创新。①要加强对校园文化建设的组织领导，努力完善校园文化建设的管理机制。②要加强对校园文化建设的指导，努力构建校园文化的引导机制，引导中小学生把学校文化所倡导的思想观念最终外化为实际行动。③加强对校园文化的统筹规划，努力构建校园文化建设的整合机制。

第二节　完善政策制度，强化调控功能

在不同的历史时期，国家基于不同的现实情况而采取的促进义务教育标准化建设的政策和制度有着较强的针对性，取得了明显的效果。

一、强化政策引导，体现"有法可依"

从中国已实施的教育政策来看，促进义务教育均衡发展，特别是义务教育标准化建设的主旨一以贯之。1998年，教育部在其印发的《关于加强大中城市薄弱学校建设，办好义务教育阶段每一所学校的若干意见》中明确指出，要加强大中城市义务教育阶段薄弱学校建设，办好每一所学校，缩小学校之间办学水平上的差距。该文件的发布，拉开了国家推进区域教育均衡发展的帷幕。1999年，《中共中央国务院关于深化教育改革，全面推进素质教育的决定》倡导城市教师赴农村任教的政策，因应了"城市反哺农村"的社会发展战略。2001 年，《国务院关于基础教育改革与发展的决定》明确提出要继续实施"国家贫困地区义务教育工程"，省级人民政府也应制定相关政策，加大对贫困地区和少数民族地区义务教育的投入力度。2003 年，《国务院关于进一步加强农村教育工作的决定》颁布，全方位地启动了教育均衡发展工作。2004 年，教育部在其颁布的《2003—2007 年教育振兴行动计划》中明确提出，要重点推进农村教育发展与改革，将推进农村教育发展与改革列为教育改革与发展的战略重点。2005 年，《教育部关于进一步推进义务教育均衡发展的若干意见》强调要把农村教育作为教育工作的重中之重，明确提出新增教育经费主要用于农村，包括完善办学基本条件、统筹教师资源等，有力地促进了区域之间、城乡之间义务教育的均衡发展。2010 年，《国家中长期教育改革和发展规划纲要（2010—2020 年）》将推进义务教育均衡发展、促进教育公平提升作为教育的基本政策。2012 年，国务院颁发了《国务院关于深入推进义务教育均衡发展的意见》，这是针对义务教育均衡发展而单独提出的一个指导性意见，为保障该意见的具体要求能够得到切实的贯彻执行，国务院针对各级地方政府明确提出了要建立健全义务教育均衡发展责任制。2013 年，《教育部　国家发展改革委　财政部关于全面改善贫困地区义务教育薄弱学校基本办学条件的意见》为统筹城乡义务教育资源均衡配置，加快缩小区域、城乡义务教育差距，促进基本公共教育服务均等化，全面改善贫困地区义务教育薄弱学校基本办学条件，提出了明确的要求并指出了达到目标的工作重点。2018 年，第十三届全国人民代表大会常务委员会第七次会议通过了新修订的《中华人民共和国义务教育法》，使中国推进义务教育均衡发展进入了依法操作的又一新阶段。以上列举的这些政策法规对促进中国义务教育发展特别是标准化建设起到了重要的推动作用，在以后的义务教育均衡发展历程中，需继续制定和完善相关教育政策法规，充分体现达到"有法可依"的基本要求是一个长期的历史任务。

二、加大投入保障，均衡配置资源

为了发挥教育经费在促进基础教育高位均衡发展中的作用，必须通过各种途径和方法筹措资金，完善教育经费的投入和使用机制。①在国家相关政策的要求下，各级地方政府特别是县级政府要切实建立和完善教育经费投入的保障机制，切实落实国家义务教育经费的"三个增长"（即用于实施义务教育财政拨款的增长比例应当高于财政经常性收入的增长比例；保证按照在校学生人数平均的义务教育费用逐步增长；保证义务教育教职工工资和学生人均公用经费逐步增长）。②建立起以政府投资为主体的机制，以保证基础教育经费来源主渠道的畅通，同时，家庭、社会、个人等各方要积极参与，实现资金筹措机制多元化。③借鉴发达资本主义国家的先进经验，逐步提高生均教育事业经费和生均公用经费的标准，把增加教育经费投入作为保障实现义务教育均衡发展特别是标准化建设的关键因素。④在经费的使用上，新增的教育经费应该向中部地区、西部地区等倾斜，使薄弱学校切实享受到增加教育经费带来的效益。⑤学校标准化建设应该成为政府促进义务教育均衡发展的首要目标和基础性工程。在城市建设和发展过程中，要优先考虑中小学学校的规划，加快人口密集区学校的扩容改造步伐；在农村地区，要重点解决小规模学校，如村小和教学点的硬件和软件配置，全面优化农村中小学的办学条件。

三、谋划统筹发展，提高建设标准

在促进基础教育高位均衡发展的过程中，各级政府依据自身的职责权限，发挥着不同的作用。在中央政府层面，根据当前中西部地区义务教育发展状况，依据"教育优先发展区"的理论要求，中央财政应加大对中西部地区的义务教育投入。在省级政府层面，按照"雪中送炭、抬高底部、倾斜薄弱、补齐短板"的原则，省级财政应加强统筹，加大对农村地区、贫困地区以及薄弱环节和重点领域的学校的倾斜和支持力度。各省（自治区、直辖市）可结合本地区实际情况，适当拓展基本公共教育服务范围和提高服务标准。既要立足义务教育学校建设、教职员编制、教职员工资和公用经费标准的城乡统一，逐步推动区域内义务教育资源的合理配置；也要按照"大小搭配、强弱联盟、管理同步、捆绑考核、资源共享、共同发展"的总体思路，从中国各地基础教育高位均衡发展的实践做法中汲取经验，积极探索多元化的办学体制和管理模式，以优质学校带动薄弱学校的发展，最大限度地缩小校际、城乡之间办学水平和教育质量的差距。在谋划教育统筹发展中，推进义务教育学校标准化建设是重要抓手。各级政府依据国家标准和当地实际，既要着力建设薄弱学校学生宿舍、食堂等生活设施，也要为薄弱学校配齐图书、教学实验仪器设备、音体美等器材；既要积极进行农村薄弱学校改造计划和中西部地区农村初中校舍改造，也要积极推进节约型校园建设。

四、加快智能建设，提升均衡能力

自"十二五"以来，尤其是《教育信息化十年发展规划（2011—2020 年）》正式发布和全国教育信息化工作会议召开后，信息技术与教育教学深度融合的核心理念深入人心，以"三通两平台"①为主要标志的各项工作都取得了突破性进展。2015年 9 月，教育部办公厅发布的《关于"十三五"期间全面深入推进教育信息化工作的指导意见（征求意见稿）》明确指出，到 2020 年基本实现教育信息化对学生全面发展的促进作用、对深化教育领域综合改革的支持作用和对教育创新发展、均衡发展、优质发展的提升作用。2016 年 2 月，《教育部关于印发〈教育部 2016 年工作要点〉的通知》明确指出"加快推进教育信息化""加快推动信息技术与教育教学融合创新发展"。由此可以看出，加快教育信息化建设，提升教育信息化促进教育公平的能力刻不容缓。①提高教育信息化治理能力和健全服务支撑机制。各级教育行政部门建立"一把手"责任制，各级各类学校建立教育信息化首席信息官制度，逐步健全规范化管理体制机制，完善教育信息化技术服务支撑机制，形成多元化投入支持机制和制度化的评估机制。中央财政加大对中西部地区和薄弱学校教育信息化的投入力度，强化教育信息化的政策制定和整体规划；发挥地方政府在教育信息化经费投入中的主体作用，统筹推进实施教育信息化和"互联网+"教育教学工作；建立社会团体、企业参与和支持的多元化投入保障机制，鼓励网络运营商建立面对各级各类学校的网络使用资费优惠机制。同时，制定针对区域、学校、课程、资源、教师、学生信息化水平的评价指标体系和评估办法，将相关评估纳入教育督导工作，以有效推动教育信息化发展。②提升教育信息化对优质教育资源的拓展能力。立足"三通两平台"的建设与应用，不断扩大优质教育资源覆盖面。通过"专递课堂"的建设，大力推广"一校带多校"的教学教研组织模式，提高薄弱学校的开课率，提高教育教学质量；通过"名师课堂"建设，充分发挥名师的示范、辐射和指导作用，以"名师工作室"等形式组织特级教师、教学名师与一定数量的教师结成网络研修共同体，以名师带动教师队伍建设，提升广大教师的教学能力和水平；通过"名校网络课堂"建设，逐步使依托信息技术的"优质学校带薄弱学校、优秀教师带普通教师"模式制度化，鼓励名校带动薄弱学校，以使优质教育资源得到共享，让更

---

① 指宽带网络校校通、优质资源班班通、网络学习空间人人通，建设教育资源公共服务平台和教育管理公共服务平台。

多的学生享受到高质量的教育。③实行"数字资源券"制度。借鉴国外教育券制度和中国教育券实践的已有经验，发挥市场竞争在基础教育高位均衡发展中的主动作用和政府在基础教育高位均衡发展中的主体作用。通过"市场竞争+政府补贴"的机制大力培育数字教育资源服务市场，探索在生均公用经费中以"数字资源券"等形式购买资源服务的机制，将数字教育资源的选择权真正交给广大师生，形成数字教育资源服务供给的新模式。

五、推行标准班级，解决班额问题

"大班额"问题的存在，既有城乡发展失衡、"重点校"发展战略等历史原因，又有当前城镇化发展加快、城乡人口流动加快、教育资源投入不足等现实原因，最终归结为教育体制机制不完善，教育结构和布局不尽合理，城乡、区域教育发展不平衡。《教育部颁发关于贯彻〈国务院办公厅转发中央编办、教育部、财政部关于制定中小学教职工编制标准意见的通知〉的实施意见》规定，原则上普通中学每班学生 45～50 人，城市小学 40～45 人，农村小学酌减。但是，"大班额"问题一直没有得到彻底解决。据统计，截至 2010 年，全国小学 56 人以上的大班额占小学全部班额的 20.03%，其中 66 人以上的超大班额占 5.42%；全国初中 56 人以上的大班额占初中全部班额的 51.34%，其中 66 人以上的超大班额占 14.76%（刘华蓉，2011）。教育部在 2016 年提出要优化学校布局，努力消除城镇"大班额"，逐步实现区域内校际资源均衡配置[①]。实施标准班级建设需要做到：①科学论证和严格程序，审慎实施农村中小学布局调整，解决因过快地实施撤点并校带来的问题；②加快基础教育学校标准化建设，城镇新建小区或住宅区必须按照人口比例配套教育设施；③科学配置教师资源，不断提升教师素质，实施优秀师资的校际流动制度；④强化考评机制建设，把解决"大班额"问题作为地方政府发展基础教育的重要考核指标；⑤完善小学、初中入学和高中招生的管理办法，实行招生指标分配到学校的改革措施，适当控制义务教育学校的校均规模；⑥大力发展民办义务教育，缓解公办义务教育学校"大班额"的压力；⑦提高农村教师待遇，办好农村学校，从源头上解决因农村适龄人口流入城镇而造成的"大班额"问题。

---

① 中华人民共和国教育部. 2016-02-12. 教育部：2016年将评估认定500个义务教育均衡发展县. http://www.moe.gov.cn/jyb_xwfb/s5147/201602/t20160214_229558.html

六、完善教师流动机制，提升教师专业素质

作为国家后续人才培养的中坚力量，教师对促进基础教育高位均衡发展起着关键性作用。长期存在的城乡二元经济结构，造成了城乡之间在环境、文化等基础条件方面的差异，这种基础条件的差异造成了师资"孔雀东南飞"的现状：教师从薄弱学校向优质学校流动，从优质学校向城市学校流动。这种现状的存在，使得城乡学校之间、薄弱学校与优质学校之间师资力量悬殊。提高师资队伍素质，已经成为促进学校标准化建设不容回避的一个课题。①国家从政策层面，完善农村教师补充机制，继续推行"特岗计划""硕师计划"等，选拔优秀毕业生到农村任教，通过优惠政策的倾斜，使其安心教育工作。②通过各种培训途径，提高现有师资的素质。既要继续实施"国培计划""省培计划"等各类培训计划，也要根据现实需求，开展诸如师德教育、信息技术等专项任务培训。培训对象要向农村学校以及薄弱学校的师资倾斜，要落实对在特困地区的农村学校和教学点工作的教师给予生活补助的政策。③对农村地区学校、薄弱学校教师的职称晋级以及专业发展提供优惠政策，要结合实际制定农村教师职称评审条件、程序和办法，农村学校教师职称晋升比例应不低于当地城区学校教师。④推进县域内校长、教师交流轮岗，激发城镇中小学教师到农村学校任教的热情，加大交流轮岗的比例。通过人员流动，促进优秀的管理经验、先进的教育教学做法对农村学校和薄弱学校发展的提升和带动作用，继而培植被支持学校产生自身的特色文化，形成自身的学校特色，逐步走向优质学校。此外，还要积极推进农村教师周转宿舍建设，努力改善农村教师的生活条件，解除教师生存发展的后顾之忧。

第三节 凸显教育行政职能，发挥督导管理作用

教育行政部门从自身的职责出发，通过深化学校人事制度改革，对教师实行动态管理，构建满足教师需求的培训机制，推进优质教育品牌创建，实现优秀师资资源共享等，以促进我国基础教育高位均衡发展。

一、完善监督管理，创建优质品牌

（一）建立健全教师交流监督管理机制

监督对于一项政策或者措施的顺利推行具有重要的保障作用。政策或者措施的执行主体的行为缺陷，以及作为理性逐利人的执行者之间与政策制定者之间客观存在的利益矛盾或者利益冲突，为政策执行出现阻滞提供了现实可能性，而正是这种可能性决定了加强监督的必要性（丁煌，2004）。要使教师交流充分发挥预定的作用，使交流达到预期的目标，除了阶段性目标本身要具有高度的适切性，实施方案要具有较强的可行性，实施手段要具有较强的针对性以外，为了防止教师交流的过程出现偏离目标或者阻滞交流的现象，还要随时对实施过程进行监督。另外，由于教师在跨校交流过程中会出现很多不可预料的情况，这就更需要通过监督及时发现问题并予以调整。在公共政策科学合理的条件下，执行过程中各种因素会影响政策价值的实现程度，公共政策执行中的监督就是要减弱以至消除这些因素，克服政策执行中的负面效应（杨明军，2002）。对教师交流的监督就是指按照教师交流的预定目标，有目的、有计划地收集教师交流的相关信息，及时了解交流过程中出现的偏差并分析其原因，采取必要的措施，保证教师交流的顺利推行。

要保证教师交流的顺利推行，除了需要提高认识，制定完善的交流制度外，还需要加强对教师交流过程的管理。具体可以从以下几个方面做起。

1）加强组织领导。县（市、区）教育行政部门组建教师交流领导小组，教育局的一把手要作为第一责任人，担任领导小组的组长，亲自部署工作，监督落实。另外，还应抽调专人组建教师交流的工作小组，具体安排、实施、监督教师交流工作，并及时处理教师交流过程中出现的问题和矛盾。

2）加强统筹规划。县（市、区）教育行政部门要根据每年的具体情况，科学制订教师交流实施方案。不断改进、完善教师交流的相关政策，切实落实好每年交流的学校和教师。督促、检查派出学校和接收学校制定好各自学校的交流规划，督导、检查接收学校流入教师的工作安排、日常管理和工作生活条件保障。落实好交流教师的工资福利、生活补贴、交通补助等待遇，建立长期的对口关系。

3）营造良好氛围。定期召开交流教师经验座谈会，为交流教师创设一个敢想、敢说并能够得到积极应答和肯定的人际沟通环境。

4）加强督导评估。县（市、区）教育行政部门要根据每年教师交流的具体情况制订详细的督导评估方案，这项工作可与每年的年终督导评估一起进行。在督导过程中，要注重"五看"：看工作实效、看师生反映、看活动记录、看相关资料、看实施方案。

（二）加大教师交流宣传力度

基础教育高位均衡发展是"造峰扬谷"式的发展，而不是"削峰填谷"式的发展。教育行政管理者需要在均衡发展的思想指导下，采取积极措施切实扶持农村学校和薄弱学校的发展，同时鼓励不同类型的学校根据自己学校的实际情况，创造性地探索自己的特色化发展道路，最终达到基础教育高位均衡发展的目标。当前基础教育高位均衡发展最需要解决的问题就是区域内师资的均衡配置，而教师的跨校交流则是达到师资均衡配置的重要措施。在这方面，教育行政部门不仅要提高自身对教师交流的认识，还要采取各种措施提高学校管理者对教师交流的认识，让他们在思想上克服本位主义。

1）加强对教师交流的理论研究。理论研究是所有工作开展的基础和前提，是能够增强管理者和教师认同和接受教师交流的重要依据。要想成功地解决问题，必须对教师交流进行深入系统的研究，明晰教师交流的功能与价值，明确教师交流的理论基础和现实依据；同时对国外教师交流的成功经验进行有选择的借鉴，剔除其情境化的成分，取其精华，使其与本地区的实际相结合，最终形成符合本地实际的理论体系。只有理论上取得大的进展，实践起来才能避免盲目性，也才能更有理由让基层的教育者对教师交流产生认同和接受。

2）加大对教师交流的宣传力度。只有把理论研究得出的关于教师交流的正确认识向学校管理者、学校教师以及全社会进行宣传，让全社会形成共识，才能提高学校管理者、教师、学生以及全社会对教师交流的重视。通过大力宣传让学校管理者和教师了解教师交流政策制定的目标和意义，了解教师交流的具体要求和保障措施，避免因信息的误听、误传而导致认识上的模糊与混淆。要通过宣传使各级教育行政部门、学校管理者、教师以及学生、家长在从更大范围内充分认识到教师的跨校交流和他们之间的关系，引导教师积极参与跨校交流，调动学校管理者和社会积极地配合推行教师跨校交流。

3）提升宣传的实效性。搞好宣传是实施好教师交流的前提，有效的宣传可以使广大教师在心理上产生共鸣，深刻体会推行教师交流的必要性和紧迫性，充分肯定推行教师交流的价值，确保教师交流工作取得实效。一方面，要选好宣传的途径和方式。充分利用电视、广播、讲座、学校会议等各种媒介和方式对教师交流的相关内容在区域范围内广而告之，宣传的对象要包括与教师交流相关的所有人员。另一方面，要选好宣传的内容。要重点宣传教师交流提出的社会背景，宣传教师交流的理论意义与实践价值，以及推行教师交流的紧迫性或必要性，以征得教育工作者和广大民众的理解和支持。

（三）积极创建优质教育品牌

所谓教育品牌，是指在长期教育过程中逐步形成的、公众认可的、具有特定的文化底蕴和识别意义的教育资源。教育品牌不是重点学校的代名词，它们是两个各不相同而又相互联系的概念。重点学校反映的是学校在政府教育资源配置格局中的地位，是一种典型的行政干预的结果；教育品牌反映的是学校在社会和公众中拥有的品质地位，是市场和公众选择的结果。前者折射出教育领域的计划经济模式，而后者则反射出社会主义市场经济条件下优质学校的本质特征。重点学校是产生于中国特定历史时期的一种特殊历史记录，既有其历史功绩，也有其历史局限性。面向21世纪新形势，重点学校向优质教育品牌转型，既是一种历史的必然选择，也是其寻求自身发展的必然选择。

事实上，"优质教育品牌"有一部分是在重点学校的基础上发展、打造出来的，还有的是伴随着教育市场发育过程而产生的。如果以计划经济向社会主义市场经济转型作为参考，重点学校向优质教育品牌转型就是一种历史的必然选择，也是一种学校自身发展的自然选择。教育品牌是一种理想、一种追求、一种态度，不管是重点学校，还是薄弱学校，或者是刚刚举办的新学校还是普通学校，教育行政部门都应该采取措施，让每所学校都从某种特色切入，并且把这种特色发展为一种办学优势而最终成为品牌。

首先，要积极创造丰富多彩的教育品牌。从组织形式上看，可以优选集体教育品牌，如品牌学校、品牌教研组、品牌年级组、品牌处室等；也可以优选个体教育品牌，如品牌校长、品牌教师、品牌班主任、品牌教辅人员等。从专业角度看，可以优选富有创意、富有特色的教育教学活动品牌，如社会实践活动品牌、团队活动品牌、校园文化活动品牌等；也可以优选学科教学品牌，如语文教学品牌、数学教学品牌等。总之，凡是涉及教育工作的，都可以打造成品牌。其次，要"解放思想"，打造富有原创性、草根性的教育品牌。"解放思想"不仅包括从传统的教育思想中解放出来，还包括从脱离实际、贪大求详、刻意标新立异的形式主义的学风中解放出来。江苏省泰兴市洋思中学创造的"先学后教，当堂训练"的教学模式，比2001

年开始实施的新课程改革方案提前了 12 年，而洋思教学模式里所蕴含的教育思想，比起国外的一些教育理论也毫不逊色。分析洋思经验，看不到故弄玄虚的引经据典，而是散发着扎根于中国教育土壤的气息。有人说，这就是中国原创。洋思教育品牌打造的过程告诉我们，只要解放思想，尊重实践，尊重实际效果，尊重教师的创造，就一定能够涌现出更多的品牌教师和品牌教育。最后，我们要积极为打造教育品牌宣传、包装、造势。洋思教育品牌的打造，从其传播的过程看，其声誉远播国内外，应该说媒体对它的宣传、造势功不可没。据不完全统计，从 1992 年开始，《人民日报》《中国教育报》《新华日报》《中国信息报》等报刊对洋思中学的长篇报道达 10 篇之多，其中《中国教育报》就有 6 篇；由出版社出版介绍洋思经验的书籍至少有 8 本以上；出版教学刻录光盘也至少有 5 盘。

二、改革人事制度，优化资源配置

教育行政部门要以实行聘用（聘任）制和岗位管理为重点，以合理配置人才资源，优化中小学教职工结构，全面提高教育质量和管理水平为核心，加快用人制度和分配制度改革，建立符合中小学特点的人事管理运行机制，建设一支高素质、专业化的中小学教师队伍和管理人员队伍。

（一）加强编制管理，引入竞争机制

针对一些学校师资短缺、教师编制难以满足学校发展需求的状况，教育行政部门要因地制宜，将学校开课门数、上课时数、师生比例等因素作为教师编制设立的重要依据，及时补充中小学新教师和学科紧缺教师的编制，使教师编制符合当地的具体情况，让教师队伍不断更新。在教师招聘和管理中，教育行政部门要着力实行资格准入、竞争上岗、全员聘任、科学考核、合同管理等制度，集中解决"人员能进不能出、职务能上不能下、待遇能高不能低"等突出问题。学校和教师之间建立契约关系，实行合同管理，定期聘任，打破用人上的终身制；同时，为了保障教师能够安心任教，中小学教师工资应当全额纳入财政预算，按月及时足额拨付到个人工资账户；保障中小学教师医疗保险、养老保险、工伤保险、住房公积金等待遇。

（二）完善校长负责制，改进选拔任用制度

教育行政部门要积极实施对学校的管理，学校领导班子的选拔要引入竞争机

制。通过明确长期的校长责任制和聘任制度，严把聘任资格和条件，注重领导班子的思想道德水平、改革创新能力、专业素养、团结合作精神等的培养和提高，努力建设一支能力强、素质高，能大力促进基础教育工作发展的领导队伍，认真贯彻落实政府的决策，组织好教师的工作，提高学校的整体水平。

（三）健全分配激励机制，打破编制终身制

增加对教师年度教学质量的考核和相关的教育学、心理学知识方面的考核；掌握教师的专业发展动态，根据考核结果确定其奖惩、升降等；激发教师工作的积极性和热情，提高教师专业发展水平和教学质量。

三、创新培训管理，促进专业发展

（一）提升培训能力

针对现有教师培训低效甚至无效的状况，应当不断提升培训机构的培训能力。要通过各种方式提高培训机构教师的水平和提供培训的能力；要引入竞争机制，打破原有培训机构的垄断局面；在现有培训力量的基础上，把一部分教师培训任务交给市场，遴选具有一定资质的教育咨询与研究机构承担。

（二）合理设置培训内容

培训内容只有符合教师的实际需求，才能提高教师参与培训的积极性和主动性。目前的培训内容之所以不被参训教师接受，主要原因在于其重理论而缺乏针对性和实效性。要提高教师参与培训的积极性，就必须展开调查，分析教师的培训需求，这样培训内容才能做到针对性强，才能够解决教师专业发展中的实际问题。就目前有关调查结果来看，当前教师需要的培训内容按紧迫程度依次是组织课堂教学技能、班级管理技能、多媒体使用技能、现代教育理念、教育与学科教学评价方法、国内外教学改革动态、师德修养。只有对教师需求的精度分析，才能保障培训内容的高精准性，为高效培训奠定基础。

（三）实现培训方式多元化

教师培训方式的调查结果显示，各种培训方式对提高教师能力水平都有积极作

用，其中，阅读教育类书籍、专家到校讲座及参与立项课题研究的作用最为明显。目前，中国义务教育阶段教师的在职培训采用的方式，大多是让教师利用寒暑假时间到指定的培训机构接受培训，或者是利用周末时间接受讲座式培训。这种培训方式虽然不至于影响教师教学，但它挤占了教师的休息时间，使部分教师对培训持消极抵抗态度，致使培训效果大打折扣。因此应创新培训方式，实现其多元化。①从义务教育阶段学校，特别是农村学校遴选一批教师作为骨干教师，让这些骨干教师前往高等师范院校接受定期培训，接受新的理念与知识，回到单位后作为校本培训力量对其他教师进行培训。②根据学科分布，从教育研究机构、培训机构和重点中小学中遴选具有丰富教学经验与教学成果、具有先进教学理念与创新意识的优秀研究人员组成专家组，聘请高等师范院校教育专家作为顾问。专家组负责会同具体学校分析学校教师队伍状况，制订符合学校实际的培训计划与内容，实施有针对性的培训。③建立城乡教师交流与共同教研机制，缩小城乡教师素质差距。农村教师由于信息闭塞等原因，整体教育教学素质不高，可考虑利用城市优质教师资源培训农村教师，比如，开展城乡教师共同教研活动，分期、分批组织农村教师到城市学校听课、参与座谈交流等。

（四）加大教师培训力度

教育行政部门针对农村、边远、贫困地区学校，要根据其需求情况，相应地增加教师培训的数量和培训经费的投入，以使这些地区的教师有同样的机会参与国家级、省级、县级的培训。提升教师的专业发展能力、学科教学能力，为教师做好长远的职业生涯规划，使教师的发展和学校的发展结合起来，同时提高教师的职业道德修养，树立团队意识。针对农村教师实施有针对性的校本培训计划，制订农村教师培训计划时要注意以下三个方面。一是建立有力的保障系统。二是努力开发校本培训资源。学校要培养自己的"土专家"，并发挥其引导带动作用，同时采取"请进来"的方式，发挥协同作战的优势，解决问题，共同提高。三是增强培训的针对性。农村中小学教师在理论水平、专业能力和知识层次上的差别大，所以在培训中应尽量尊重教师的个性差异，实施分层培训策略。县镇提出统一基本要求，然后给教师选择的权利，教师自主选择学习内容和方法，自己确定培训的侧重点，自己确定培训的目标，让每一位教师都能学习有所得，培训有所获。

第四节　寻求民众支持，营造教育舆论氛围

作为社会的主人，民众在实现基础教育高位均衡发展过程中起着中流砥柱的作用。激发民众教育热情、获得民众支持、营造良好的环境氛围是实现中国基础教育高位均衡发展的必由之路。

一、加大宣传力度，明晰教育成就

自改革开放以来，中国教育既立足实际又借鉴国际经验，经过不断的改革发展，实现了突飞猛进的发展，取得了令世人瞩目的骄人成绩。从 1986 年中国公布实施的义务教育法提出实行九年义务教育制度，到 2011 年中国所有省（自治区、直辖市）（不包括港澳台地区）通过了国家"普九"①验收，中国用 25 年时间全面普及了城乡免费义务教育，从根本上实现了适龄儿童"有学上"的目标，这是所有民众都能亲身体会到的教育福祉。"十二五"以来特别是党的十八大以来，在以习近平同志为核心的党中央的坚强领导下，坚持德育为先、能力为重、全面发展，努力提供更加丰富的优质教育已经成为中国教育发展的目标。在该目标的引领下，经过全社会的共同努力，中国教育取得了显著成就：教育普及程度明显提高，国民受教育机会显著增加；城乡、区域、校际、群体教育差距逐步缩小，教育公平取得重要进展；教育结构得到调整优化，适应经济社会发展的程度不断增强；教育改革全面推进，教育质量稳步提升。这些成就充分表明，中国教育事业迈上了新的台阶，总体发展进入世界中上水平行列，服务经济社会发展的能力显著提高，国际影响力稳步增强。这些成就应该通过各种媒介进行广泛宣传，使每个民众都能知晓中国教育发展的历史跨越，增加民众的民族自豪感和自信心，为实现基础教育高位均衡发展目标助力加油。

---

① 普及九年义务制教育。

二、理清发展障碍，理解教育困境

中国基础教育发展不平衡，优质教育资源相对稀缺，难以满足民众"公平接受优质教育"的强烈愿望。我们必须理清基础教育均衡发展的障碍，让民众理解存在的困境，明晰存在的差距。①区域间差别大。因为历史及现实原因，东部、中部、西部地区之间的教育差距明显，东部地区教育发达，西部地区教育落后。②区域内差别大，不同学校处境大不相同。受城乡二元经济结构影响，城乡教育发展差距较大。城市学校、城镇学校和农村学校之间因教育质量不同存在着明显的差异。农村学校学生人数锐减，有的已经逐渐退变为教学点；城镇学校班额大，学校不断圈地扩建，逐步向"航母型"学校发展；城市学校基础设施好，师资力量整齐、水平较高，吸引周边农村和城镇中学习成绩好、家庭条件好的学生入城读书。这种受教育影响的人口迁移，虽然学生在一定程度上享受到了较为优越的教育资源，但不足之处也同样不可忽视：既减少了父母的亲情关怀，也增大了家庭的教育成本投资。与此同时，容易造成优质学校生源充裕、人满为患，薄弱学校生源紧张、生计难以维持的情况。③同一学校内部差别大，学生成绩呈现明显的两极分化现象。不少教师只关注成绩优秀、升学有望的优等生。同时，因教育理念、教育信仰以及教学能力的差异，教师体罚或变相体罚学生的现象时有发生。仔细分析这些阻碍基础教育高位均衡发展的困境，其成因多种多样：既有长期历史文化传统影响的原因，也有当今经济文化发展差异的原因；既有政府相关政策制定方面的原因，也有教育行政部门执行相关政策出现偏差的原因；既有教育资源投入不到位的原因，也有教育资源使用不合理的原因；既有社会支持力度缺失的原因，也有特色文化塑造和挖掘不够的原因；既有教师素质不高的原因，也有教育教学管理低效的原因；等等。理清基础教育高位均衡发展中的障碍，让民众理解促进基础教育高位均衡发展的艰巨性和复杂性，是获得民众理解和支持的重要因素。

三、激发参与热情，支持变革更新

民众对教育发展的支持，既包括对政府和教育行政部门相关教育政策和法规的理解，也包括对学校具体教育行为的支持，还包括对教育发展的献力献策乃至财力、物力的投入。

在教育发展过程中，通过教育政策和法规保障教育发展目标的实现，是必要且惯常的做法。基层民众关注、理解并支持相关教育政策和法规的精神和要求，对保障这些政策和法规的顺利实施是非常必要的。他们既可以营造出一种支持国家教育意志的舆论氛围，也可以从个人的角度出发，通过具体行动切实实现国家的教育发展目标。在具体的学校教育过程中，作为社区的民众可以为所在社区的学校发展提供力所能及的帮助和服务。当然，如果是学生家长，还可以在家校沟通以及亲子教育过程中，配合学校教育，做好对子女的教育和发展帮扶，让家庭的亲情教育和学校的个体社会化教育密切协作，为孩子的发展添砖加瓦。我国人口基数大的国情，决定了我国民众有办教育的巨大空间。当前，民办学校、民办公助学校、公办民助学校等不同学校类型的出现，充分体现了民间力量办学的积极性和主动性。在我国基础教育高位均衡发展过程中，财力缺乏、物力缺乏等客观因素的存在，决定了民众可以在学校基础设施、教育教学设备、师资培训、拓展办学空间以及新建优质学校等方面进行投资，从而助力我国基础教育的高位均衡发展。

第五节　学校明晰文化机理，增强文化建设力度

作为一种影响基础教育高位均衡发展的潜在力量，文化超越了政治、经济等对基础教育高位均衡发展的短期速效作用，而表现为一种潜移默化的长效作用。人们置身不同的文化之中，虽然难以言明其具体的作用表现，却能时时感受到其对个体价值观念、思维方式、知识能力以及行为习惯的影响。优质学校以其本身具有的文化优势，体现着基础教育高位均衡发展的目标要求。为了达到基础教育高位均衡发展的目标要求，优质学校要彰显特色文化，引领学校达到卓越水平；普通学校要通过挖掘内部文化促进学校特色发展；薄弱学校要借助外力，特别是其他学校的文化支持，实现学校的跨越式发展。

一、彰显特色文化，引领学校卓越发展

特色是学校核心竞争力的主导因素，走特色强校之路应当成为当前学校建设的

本质追求和必然选择。优质学校的魅力，绝不单单在于其显性的"高升学率"，还在于其更注重教育对人、对社会的正向影响，即其文化引领能力。凝练与彰显独具特色的学校文化对学校中人的发展、学校自身的发展和社会的发展都具有强大的引导力。

（一）特色文化引领师生发展

1）特色文化引领学校的发展方向，这种引领主要体现在对学生和教师在后天发展的定位上。优秀的学校文化具有强大的凝聚力，通过师生对学校的高度认同感和归属感而彰显出来。在这种凝聚力的感召下，师生会有强烈的自豪感、责任感，在任务的操作和完成过程中会自觉提高对自我的要求；在对未来成长进行规划时，他们会将在学校获得的价值体验、精神成长融入其中，进而确定人生发展的自我价值定位。

2）特色文化为学校提供发展动力，这种动力主要体现在师生对理想的追求过程中。人的发展受内部因素和外部因素的共同制约，其中内部因素具有决定性的作用。在学校文化的濡染与浸润中，师生的理想逐渐萌生、滋长，并成为他们工作和学习的原动力。

3）特色文化挖掘人的发展潜能。丰富多彩的特色文化，既为师生发掘自身的潜能提供了多元化视角，也为他们潜能的发展提供了广阔的平台，譬如，以艺体为特色的学校可以最大限度地发掘学生的艺体天赋；以国学为特色的学校能最大限度地发掘师生对国学的兴趣；以科技发明为特色的学校能最大限度地展示师生的理性思维与科技创造力。

4）特色文化能够彰显人的个性特质。当教育超越了知识传递这一唯一的功能的时候，教师的工作就是要实现文化的融合、精神的建构（陈玉琨，2008）。优质学校具有自身独特的文化，实现了"文化的融合、精神的建构"，便能强有力地推动师生创造力的开发，彰显师生的个性特质，比如，当前正在深入推进的"一校一品"活动，就是通过文化特色的凝练打造一所学校的特色。这种特色通过文化的交融和积淀，形成科学的教育评价观、质量观和人才观，发挥学校的终极魅力。

案例1：

从"百校一面"到"一校一品"

日前，青岛市教育局公布了"第四批青岛市中小学十佳德育品牌"名单，市南区第二实验小学"'七色花'美德育人"、重庆路第三小学"墨香怡情"、李沧区教体局"科普惠生"和青岛第三十九中学"包容开放"等 20 个德育品牌榜上有名。如今，迈入青岛德育品牌建设的百花苑，"一校一特色"芳香四溢，我市已打造出 4 批 80 个内涵建设与特色发展突出、深受学生和家长欢迎的"青岛市中小学十佳德育品牌"，奏响了"一校一品牌"德育品牌创建的和谐乐章。（姜姗国瑾，王墨然，杨宁，2015）

案例 2：

借我一生勇气和梦想——我的母校格致中学

在大学这一年多我一直在做社会实践，跟很多人打交道，特别是农民工子弟和他们的父母，因为当我看到他们脸上那种需要帮助的表情的时候，我会觉得义不容辞。这不是大学给我的，这是我 12 年的教育给我的，确切地说，是格致给我的。

我们在格致学习知识，学做人，学做一个有用的人，不做懒惰的人，不做无所事事的人，不做虚伪的人。我们会抱怨作业太多，但却永远不会说格致不是一个好学校。它的"好"一直伴我前行，它让我发现自己最亮丽的一面，给了我追求优秀的理由，给我勇往直前的勇气，给我义无反顾做一个正直人的果敢。（曲艳霞，2010）

世俗压力和体制的不完备都可能造成基础教育学校的文化迷失现象，要形成学校的特色文化，校长必须在转变观念的基础上，根据新时期、新时代的发展要求，充分挖掘既有文化特色，正确做出适合学校发展、适合学生成长的教育观念、行为方式的选择。"一校一品"建设能够打破学校文化迷失的局面，使学校走出"千校一面"的同质化办学之路，走向个性化、特色化的内涵式发展之路，推动基础教育高位均衡发展。以格致中学对学生发展的引导为例，作为一所因理科见长而声名远播的中学，格致中学却给了学生受用一生的人文情怀，这就是特色学校文化对个性的塑造力、对个人价值观影响力的具体体现。

（二）特色文化促进学校发展

学校文化既是学校的神经与中枢，也是学校形象与特色的代表。优质学校的发展实质上是在一种共享文化的感染下，学生学习、教师教学、领导管理三项的质量水平不断提升、关系不断改进的过程。

从管理的角度来看，健康的学校文化可以提高学生的学业成就、教师的劳动积极性和生活满意度，有利于学校各类管理细则的实施和管理目标的实现。萨乔万尼说，学校就是一个创造意义、文化和重要性的"生活世界"，与学校作为一个"系统的世界"或者是考试机构的管理系统相对（谢翌，马云鹏，2007）。优质学校发展的初级、中级阶段，"生活世界"的文化管理和"系统世界"的考试机构管理应该相互支持；在优质学校发展的高级阶段，文化世界的管理逐渐占据主导地位。从教学的角度来看，学校文化既影响教师群体的专业发展，又影响教师对课程与教学的态度。从学习的角度来看，学校文化为实现学校发展目标的基础。在富有关爱氛围的学校文化氛围下，学生的成就感和幸福感可得到提高；在支持性的学习文化中，学生的学校动机明显增强。

洋思中学的质量提升之路

江苏省洋思中学创立了"先学后教，当堂训练"的教学模式，有效地实施了素质教育，减轻了学生过重的课业负担，成为二十一世纪教育改革的典范。

学校秉持"没有教不好的学生，让每一位家长满意"的教育观念，以"热爱尊重，当堂训练"的思想为指导，让学生自主合作，勤奋探究。

学校办学质量的提升不从教学入手，而是把德育工作放在首位，坚持从最后一名学生抓起，从小事抓起，时时、处处渗透"不放弃每一个孩子"的德育理念，树立了"不让一个学生掉队"的德育理念。至今，在校学生无一违法犯罪，无一重大安全事故发生……（沈玉顺，2006）

洋思中学以 20 多年的"100%"升学率享誉基础教育领域。很多学校试图以模仿"先学后教，当堂训练"的教学模式为切入点，实现从一般到优质的转型。剖析洋思中学发展的历史过程方知，该校是以德育先行、建设充满关爱的学校文化为基础，推动学校教学质量、学习效率提升的。由此可知，优质学校的发展，离不开特色文化的支撑与引领。

（三）特色文化推动社会发展

特色学校文化的引领作用具有较强的辐射性，具体表现为对地区经济、政治、文化发展等都具有推动作用。

特色学校文化推动社会政治发展。优质学校的文化氛围，关注人格的培育，尊重个人的民主意识和权利。以洋思中学、杜郎口中学为例，优质学校更高程度地关注了每一个学生最大限度的进步、关注了学生个体的自主全面发展，更高水平地实现了教育资源、教育过程的平等，即较好地实现了小范围的教育公平。学校尊重、自主、平等的文化理念，奠定了学生先进的政治意识，并为社会政治的进步奠定了基础。

特色学校文化推动社会经济发展。在优质学校文化的濡染下，学生学会学习、学会生存、学会做人、学会发展，换言之，学生处理人与科学的关系、人与自然的关系、人与人的关系、人与社会的关系等方面的能力得到深度开发。这样的人可以更好地推动社会经济的可持续发展。如此一来，优质学校文化则间接地推动了社会经济的良性发展。

特色学校文化推动社会文化发展。一方面，优质学校能够强有力地传承优秀文化，譬如，成都市武侯区借石室中学之力，大力传承诸葛的诚、雅、智、博、容的智慧，弘扬文翁的民主精神，继承石室的教育精髓。另一方面，优质学校具有较强的文化创新能力。上海格致中学将"格物致知"的内涵延伸为"观察事物、分析事物、探究事物、改造事物"，在继承传统文化的基础上，与现代教育精神相结合，使"格物致知"的精神得以发展。可见，优质学校在发展自身文化特色的同时，往往可以推动社会文化的创造性发展。

二、挖掘内部文化，促进学校特色发展

作为一种隐性存在的环境氛围，文化对身处其中的个体乃至群体产生潜移默化的引导作用，表现为固化思想观念、思维方式，养成行为习惯。普通学校学习优质学校的发展模式，不是简单地移植照搬其具体做法，而是要了解其文化本质，把握其文化精髓。

（一）普通学校学习优质学校模式的困境

洋思中学的经验已经走红 10 多年，慕名而来的参观者二十几万，但至今仍然没能"克隆"出第二所"洋思中学"。具有"杜郎口旋风"之称的杜郎口中学，被誉为具有"原生性、开创性，扎根本土"特色，其"三三六"自主学习模式风靡全国，参观学习者络绎不绝，备受普通学校追捧。普通学校在寻找提升教育质量的切入点时，多参考甚至照搬"名校"的发展模式已经成为不争的事实，这种状况造成了教育领域一时间出现了诸多以学校名称冠名的教学模式，如"洋思模式""杜郎口模式"等。这些模式在短时间的声名鹊起之后，被一些学校怀疑及至诟病，同时也引起了众多教育研究者的反思。

从"如获至宝"到"味同鸡肋"

今年四月，教育局领导在一次会议上介绍了杜郎口的课堂教学改革。我隐隐感到，冥思苦想的教学改革突破口有望寻得了。凌晨4点，我带着各科老师从学校大门出发，经过9个小时的奔波赶到杜郎口中学，然后一头扎进教室听课。

在那里，我们真正看到了"学生是课堂的主人"是什么样子，知道了教师的引领作用是如何体现的了。通过研修，老师们知道了新的教学模式需要如何进行备课，预习课、展示课、反馈课的具体操作过程是怎样的，学生怎样才能动起来。

一周之后，全校教室开始尝试课堂教学改革。几天下来，学生们不亦乐乎，教师们却都傻了眼。原来以为经过这样的认真学习，杜郎口那套课堂模式都已经学会了，可是真正实施起来，却是闹剧几多。英语课上，教师让全班学生"爬"黑板默写6个英语单词，耗时12分钟，教室里桌椅碰撞声不断，课堂秩序大乱；展示课，一个学习小组刚展示完，教师还没有来得及说什么，下课铃就响起来了。

一个多月时间过去了，作为一校之长，我挖空心思鼓励老师们，一定要全盘照搬杜郎口的教学模式，并且要坚持下去。我们经常教学研讨至深夜，不断进行群体教学观摩，不断深入学习杜郎口精神。我的体重下降了7公斤，我们的努力在半期考试中得到了回报。

可是，好景不长，一段时间的上升之后，学生们的学习积极性开始消退，成绩也开始回落。站在改革的路口，我们开始无所适从，全校教师已经进入"杜郎口"式的工作框架中，却发现问题越来越多。再回到原来的常规教学模式，也觉得说不出的怪异。

我们，该何去何从？（范明刚，陈松信，2010）

从以上案例可以窥知，普通学校如果只是被动地接受和模仿名校的办学理念和管理模式，则无法从本质上提升学生学习的积极性、教师教学的成就感。一方面，简单移植给常规教学带来困扰。普通学校的文化背景和名校是相脱离的，不加消化地移植"名校模式"，不能从根本上改变学校的整体文化氛围。教师迫于压力，会在保持原来工作状态的同时，使用新的教学模式，这样会造成学校教师额外的精力消耗，甚至会引起教师的反感与抵制。学生固有的心理定势没有被打破，难以接受新教学模式带来的思维挑战。另一方面，简单照搬会造成本校文化无所适从。随着普通学校不断学习、模仿优质学校，重复的行为模式成为习惯，简单的模仿转化为认知性的信念，并嵌入学校原有的文化磁场中，从而导致了学校原有文化的失落。这种将人视为被动管理对象的简单模仿，忽视了教师群体已有文化的特质，将学校发展逼至进退两难的僵局。

为了创建优质学校，普通学校经常简单地模仿优质学校的课堂教学，但可以发现，即使在教学模式相同的情况下，两类学校的发展仍然相差甚远。从普通学校模仿优质学校教学模式中出现的共同问题，可以探究问题出现的原因有以下两方面。

1）教师群体缺乏自信心。一方面，是评价观念带来的自信不足。教师信心满满，相信不论面对什么样的学生，都能做到游刃有余，这种志在必得的气势应该为教师赢得教学改革成功的气势。不少普通学校教师的传统教学价值观是，如果学生连续两次没有考得满意的成绩，就表明教师的辛苦工作是失败的，就无法给自己、学生、学校、家长"交代"。这种价值观的背后是学校长期形成的评价氛围——成绩是证明教学成果的唯一标准。长期在此文化氛围下工作的教师对个人的评价会与学校的评价氛围趋同化，对于新的教学模式对成绩带来的影响持观望态度，从而也形成了群体性的不自信。另一方面，是教学观带来的自信不足。每种教学方式背后都有支撑其的教育观念，每个学校亦会在一定时期内形成相对稳定的教育观念。学校盲目引进新的教学模式，却未能从根本上扭转根植于教师心中的教学观念，对新教学模式的推广便出现了"穿新鞋，走老路"的局面。学校文化可以分为物质文化、制度文化和精神文化三个层次。从本质上看，学校精神文化层次上的差异很大程度上导致了普通学校和优质学校教师对教学改革的态度差异。

2）学生缺乏积极的学习氛围。环境的感染力和舆论的导向对学生的影响不容小觑。如果一个班级和一所学校已经形成了勤学奋进的氛围，懒散的学生便会显得格格不入，极有可能在环境的影响下不断改变个人的习惯；反之亦然，在散漫的氛围中，勤奋的学生不能如鱼得水，也可能受到不良影响。另外，优质学校在舆论的影响下，给学生心理上造成一种积极的心理暗示，促进学生不断追求个体的进步与完善。从根本上说，积极的学校文化和奋进的班级文化是普通学校走向优质之路的重中之重。

可见，普通学校模仿优质学校教学模式失败的原因，并非生源质量不高，亦非学校缺乏坚持教学改革的勇气，而是学校长期形成的精神文化氛围造成了新教学模式的"水土不服"。所以，普通学校的发展不应只从形式上学习"先进"的教学模式，而应转变价值观念，在更深层次上挖掘本校的特色文化，形成自身的文化自信心，然后在此基础上探索适合本校的教学模式，方能寻得适合提升学校品质的道路。

（二）普通学校文化潜力的挖掘

基于质量提升的基础教育高位均衡发展，普通学校需要立足教师、学生、课程、教学四个核心要素创生相应的文化，以提升课堂教学质量。

1. 教师文化的挖掘与创设

中国乡土文化的封闭状态，造成了教师在教育教学中"各自为政、自以为是"的局面，他们不愿意与其他教师沟通交流经验和感受，不愿意与其他教师分享自身的成功经验，形成了一种"互防型"的教师文化。这种文化的存在，造成了学校"群体智力"的丧失，制约了教师间的合作，影响了教师的专业发展，使他们处于封闭、分化甚至对立的状态之中。教师文化的挖掘与创设，应强调打破"互防型"的教师文化，构筑"共享型"的教师文化。"共享型"教师文化基于"群体智力"的存在。"群体智力"是一种共享的群体智慧，通常以协商一致的科学决策体现民众对事物的抉择和处理。"共享型"教师文化能够提升教师的"群体智力"，提高教学质量，促进学生全面发展。因此，构筑"共享型"教师文化已经成为普通学校优质文化创设的当务之急。

2. 学生文化的挖掘与创设

作为某个或某些学生群体所具有的独特的行为规范、言语表达和价值观念所构成的生活方式，学生文化既是特定年龄阶段学生真实生活世界的影像，也是学生由儿童世界向成人世界发展的阶段性产物。学生文化的形成受到学生自身因素、同辈群体、学校教育、家长和社会等方面的共同影响，体现了其不断濡化和涵化的发展历程。在新课程改革不断深入推进的过程中，学生文化的挖掘与创设需要做到两方面。一方面，增强学生的文化判断力，维护学生文化的弹性。教育要尊重学生的独立个性、发展学生的特长、培养学生的创新精神和创新能力，就必须让学生具有一定的文化判断力。文化判断力强调学生对既定文化现象及其价值进行选择、识别、取舍和整合的认识能力，旨在引导学生做文化信息的主人，开发学生的文化创新潜能，体现对学生的人文关怀。学生要敢于接受和容纳其他文化，要敢于通过自身的能力，将认为合理的文化进行传播和实践。另一方面，倡导文化多元化，强化课程改革的文化适应性。文化多元化强调，随着社会的发展特别是信息流通的加速，文化的发展会面临各种挑战，文化的更新和转型将日益加快，从而出现多样的文化类型。走向文化多元化是在多元文化背景下学生发展的必然选择。走向文化多元化强调，在增强文化判断力，使其达到文化弹性目标的基础上，学生要敢于破除管理文化、教师文化、课程文化等对其发展的制约，发挥自身在发展中的主体地位和作用，建立奠基于主体地位和个性人格的学生文化，促进多元文化的相互交流和互认，体现学生作为文化价值的主体地位，为基础教育课程改革的理念、理论、方法、路径的贯彻和实践营造良好的文化氛围和支撑环境。

3. 课程文化的挖掘与创设

课程文化是通过对人类文化的选择、整理和提炼而形成的一种课程观念和课程活动形态。作为学校文化的重要组成部分，课程文化是学校文化的一种显性表征，主导着学校文化的方向。挖掘与创设课程文化的基本意义是选择并确立崇高的理念、正确的价值观、形成理想的学校精神。教育的宗旨是育人：把学生培养成德智体美劳全面发展的合格人才，是学校教育的终极目标和时代要求。育人是课程文化最本质的要求，"以人为本"理应成为学校课程文化的核心内涵和价值追求。"以人为本"的课程文化体现着尊重学生的差异和满足学生的需要、为学生的可持续发展服务等价值目标，包含了生命课程文化和生活课程文化等具体形态。生命课程文化强调在课程文化建设过程中，始终坚持遵循生命的成长规律，尊重生命的个性差异，满足生命成长的合理需要，将国家课程和校本课程进行有效整合，搭建富有特色的生命课程体系，科学践行高效的生命课堂模式，为学生生命发展创造平台，帮助学生和谐、全面和多元发展。生活课程文化立足生活世界，是课程文化产生和发展的基础，它强调把人从科学理性世界中解放出来，使人回归生活世界。回归生活世界是当代课程改革的重要目标，体现了课程文化的动态性、创生化发展，符合现代课程文化发展的必然趋势。从生活世界视域来重建学校课程文化已经成为一种必然。

4. 教学文化的挖掘与创设

在中国传统文化中的群体观念、等级文化以及乡土文化的熏染下，教师被统治者赋予特有的地位和特权，加之教师自身的素质以及生活体验，决定了其在教育教学中的特有地位，并形成了一定的教学文化。这种教学文化主要表现为以课堂教学的话语独白、"灌输式"教学、学生被动接受等为主要特征的"以教为主"的"教导型"文化。"教导型"教学文化的长期存在，造成了学生缺乏个性、创新意识不强、创新能力匮乏。教学文化的挖掘与创设，应在打破"教导型"教学文化的基础上，构筑"学导型"教学文化。"以学为主"的"学导型"教学文化能够培养学生的个性，树立学生的创新意识，强化学生的创新能力。"学导型"教学文化的挖掘与创设，需要从教师独白走向师生对话、从话语灌输走向话语启发、从话语否定走向话语鼓励、从话语的单一封闭走向话语的开放多元。

5. 学校文化的挖掘与创设

在教师文化、学生文化、课程文化和教学文化的挖掘与创设时，作为外部支撑环境的学校文化的挖掘与创设也必不可少。学校文化一般包括物质文化、制度文化和精神文化等，其中，物质文化是基础，制度文化是保障，精神文化是核心。

（1）物质文化的挖掘与创设

在物质文化层面，普通学校可以因地制宜、科学合理地对校园环境、班级环境进行整体规划和布局，使学校的物质环境能够凸显学校的教育智慧和人文情怀。

勋望小学的校园文化建设

具有六十年建校历史的勋望小学，有着古老而浓郁的校园环境。集中体现学校物质文化的校园环境以"自然、优美、绿色"为主题，既为孩子们呈现了学校的悠久历史，又不失实实在在的育人功能。

"老树"记载历史：校园中的每一棵老树，品种不同，种植年代各异，每一株树木的成活背后都有着一个耐人寻味的故事，每一条年轮的生长都见证着勋望小学变革与发展的历史，每一片树叶的新绿似乎都代表着从这里走出的每一个孩子的精彩人生。每当有新生入学，学校一定会组织孩子和家长在老生的带领下徜徉校园，了解每一棵老树的历史，研读一所老校的发展历程，并从这里开始对孩子进行"绿色教育"的第一课。

"果园"象征繁荣：学校操场两侧的葡萄园、石榴园一直是师生最为喜爱的果实天地。郁郁葱葱的果园带给孩子们的不仅仅是果实的甘甜，更多的是一种文化的熏染，孩子们从这里懂得了珍爱，只有经过春与夏的精心呵护，才会有秋天的收获。

"凉亭""喷泉""花池""生态园"——浑然天成的自然雅趣。春天，师生们在石榴园里研究植物的生长过程；夏天，在葡萄架下与外教共建英语角；秋天，在体会收获快乐的同时，学会了快乐要与人分享……孩子们在这里真切地感受着大自然的无私馈赠，学到了种植、采摘等许多课本上学不到的技能，仿佛自己也成了大自然中的一景，为整个校园增添着无尽的生机与活力。

"走廊文化"——说孩子想说的话。"让每一面墙壁都会说话"一直是学校打造走廊文化的宗旨。勋望小学在进行走廊文化建设时，力图让孩子成为"温馨劝语"的主角，走廊中悬挂的温馨劝语都来源于学生之口，并在每条劝语之后写上小作者的班级、姓名。这些劝语出自孩子之手，自然也会让孩子乐于自觉遵守了。（鲁宏飞，沈艳华，魏馨，2007）

（2）制度文化的挖掘与创设

在进行制度文化的挖掘与创设时，要预测其可能出现的问题及其最佳的解决方案，以使学校制度文化的挖掘与创设更具科学性、可操作性，譬如，科学的管理机制应该具有什么样的特征，如何培养具备服务精神的管理人才，如何将凸显特色与规范建设相统一等。

（3）精神文化的挖掘与创设

在精神文化层面，普通学校首先要确定"做什么"，即明确文化建设的方向；其次要确定"怎么做"，即理清学校的办学理念，根据师生实际状况制订发展方案；最后要评价"怎么样"，即评估学校文化建设的状况，如评估全校是否形成了共同的价值观和文化自觉，是否营造出了与学校特色相统一的文化氛围。优质学校在精神文化的发展上走在了前面，可以在文化特色挖掘、实施方案制订和效果评估等方面给普通学校以指导性建议。

大连第十一中学的办学方略

精神文化集中体现在学校的办学方略之中，办学方略的确定又取决于对学校文化建设的深刻认识。大连第十一中学确立了"54321"办学方略，即，5种教育观念——以学生发展为本、尊重相信学生、教师是学生的人生导师、师生共同成长、学校是师生共同的精神家园；4项办学目标——智能的课堂、特色的园地、艺术的环境、精神的家园；3个重点建设——队伍建设、课程建设、文化建设；2个工作保证——制度保证、和谐的人际关系保证；1个培养目标——综合素质+个性特长。办学方略明确了学校的奋斗方向，成为师生的行为导向。（鲁宏飞，沈艳华，魏馨，2007）

（三）普通学校文化潜力挖掘的课堂评价保障

为保障普通学校优秀文化的挖掘与创设，教育行政部门应该改变以往的评价体制，特别是课堂评价体制，力求通过打破以往工具性课堂评价体制，构筑价值性课堂评价体制。以满足社会价值为主导的工具性课堂评价存在诸多问题与不足——以工具性追求代替价值性追求的倾向，具体表现为：课堂教学的理性主义传统——对人的非理性发展的漠视及知识观的狭隘化；求系统、求全面的形式化倾向，企图寻求尽善尽美的结论，而无视偶然的客观存在性，无视群体中存在的个性差异；追求终极真理，将教学看作一个封闭系统，未能体现教学的动态发展和变革的保守倾向；只看短暂效果的技术化和实用功利主义倾向，评价成为实现某种目的的手段或工具，课堂评价失去了自身的发展性价值（裴娣娜，2008）。工具性课堂评价方式不仅不符合当今时代的教育精神，也违背了个体乃至社会发展的初衷。基于以上不足，课堂评价应该做到以下几点：从学生需求出发，注重感性价值对学生发展的作用，做到理性与非理性的统一；既注重群体价值和客观必然性，更注重学生个性价值和偶然作用的发挥；既注重凸显知识客观价值的终极真理，也注重树立学生的探究意识，发挥学生的创新能力。

普通学校在谋求高质量发展时，简单模仿名校模式的方式屡屡受挫，说明普通学校的发展决不能照搬名校教学模式，而是要挖掘学校自身的文化特色，结合自身的文化定位，创造性地借鉴优质学校的教育教学模式，真正做到以特色文化引领学校的发展。

三、借力外来文化，实现学校跨越发展

薄弱学校要摆脱办学困境，实现跨越式发展，既要立足本校实际，明确存在的不足和需要克服的困难，还要借鉴与移植外来优质学校的特色文化，借助外部力量实现学校跨越式发展。其中，借助支教文化实现薄弱学校跨越式文化发展便是一种有效的文化借力方式。支教，即优质学校对薄弱地区或薄弱学校的教育教学等工作进行支援。当前支教政策关注的重点是派出个体教师的帮扶行为，强调完成一定数量的上课、听课、评课，参加一定数量的教研活动，达到规定的课时要求，便可视为其完成了相应的支教任务。多年的支教活动促进了优质学校与薄弱学校之间的沟通交流，不仅为薄弱学校的学生带去了优质的教学，也通过骨干教师带徒弟等方式，带动了薄弱学校教师的专业发展。近年来，尽管支教行动从未停止，但从总体效果来看，接受支教帮扶的薄弱学校的状况却难见转机。基于此，总结当前支教的现状，进而分析优质学校推动薄弱学校发展的着力点就显得越发重要。

（一）薄弱学校的支教困境

当前对薄弱学校的支援，大多是在政府的安排和推动下，通过师资在优质学校和薄弱学校之间流动形成一种以优质学校为核心和向导的稳定的合作关系，从而实现优质学校和薄弱学校之间的资源共享的做法。这种支教做法的指导思想，强调通过师资的均衡配置提升教学质量，达到基础教育高位均衡发展的目的。师资流动在中国主要表现为弱势补偿，如杭州等地实行的不同学校之间互派教师的"教师互派"模式，山东等地实行的城市学校派优秀教师到农村薄弱学校支教的"对口支援"模式等。城市学校如果真正出于"帮扶"的目的，就会委派教育教学质量较好的教师流动，尽最大努力地提升薄弱学校的教育教学质量；当然，也不排除有些城市学校基于自身发展优势，担心被薄弱学校追赶或被其他实力相当的学校赶超，为了应付政府差事，委派一些表现较差、工作能力较弱的教师充数。流动教师自以为"遭罪"

"被流放"，在支教中多流于形式，"走马观花式巡教"，甚至和被支教学校相抗衡，教育教学效果较差，难以达到支教的目的要求。这些依靠政府行政命令来强制实施支教的做法，难以调动支教教师的工作积极性；同时，短期内要对支教教师进行绩效考核，这种急功近利的做法，不但难以即时奏效，也容易造成薄弱学校和优质学校合作的低效。一方面，造成薄弱学校个性文化的丧失。从形式上看，在优质学校与薄弱学校合作的过程中，主要是由优质学校向薄弱学校输入资源，薄弱学校成为被动的获得者，这种单向的输出模式违背了合作的本质，也抹杀了薄弱学校的个性和特色，导致薄弱学校个性文化的丧失。另一方面，诱发了薄弱学校质量提升的"无助感"。从内容上看，优质学校对薄弱学校进行的资源输出主要为教师资源。支教教师在较短时间内，只能在小范围内，诸如一个班级、一个学科产生积极的影响，而且这种影响在支教教师离开之后会在现有学校文化中逐渐消退。此种状况会诱发被支教学校师生负面的心理暗示：学校的发展困境实在难以突破。由此可见，优质学校对薄弱学校支持的实质绝不应是简单的人力资源输出，而应该思考如何将优质学校的文化影响力量变成支教的政策要求，对薄弱学校产生长期的潜移默化作用。

（二）文化支教是推进薄弱学校发展的契机

文化能够发挥政治和经济达不到的长效作用，使组织成员在追求经济利益的时候，感受、实现人格力量与价值，增强组织的凝聚力和发展动力。文化支教就是要用优质学校的先进文化影响、感染、整合、带动薄弱学校相对落后的文化，改变薄弱学校普遍存在的成就动机较低、教育教学水平较差、工作自觉性和主动性较低、学生学习氛围不浓厚等问题，增强薄弱学校发展的文化动力机制，实现薄弱学校的整体发展。学校的发展离开学校文化就如同"无源之水"，"三流的学校人管人，二流的学校制度管人，一流的学校文化管人"（陈广东，2017），这说明了文化支教推进薄弱学校发展的重要性。在实现基础教育高位均衡发展的过程中，优质学校对薄弱学校的扶持，应该以文化支持为着力点，逐步推进薄弱学校特色文化的构建。

1. 团队化文化支教

优质学校依照"团队化、长期化、制度化"的支教思路，通过组织 3～5 人的支教团队、延长支教时间至两年、遵守相应的政策和制度等具体做法到薄弱学校支教，以取代先前教师"单枪匹马"、支教时间一学期或一年、缺乏明确要求的固有做法，将优质学校先进的教育理念、多元的教学模式、先进的教学方法和科学的评价体系渗透到薄弱学校，实现薄弱学校教学文化乃至学校文化的更新和再造，促进薄弱学校全面发展（平泳佳，2007）。

2011年上海市出台《义务教育阶段促进人才有序流动优化人力资源配置的实施意见》，推动义务教育骨干教师轮岗流动。按照区县对口关系建立长期对口支教关系，中心城区每年至少选派20名符合条件的教师到对口郊区的农村学校、公建配套学校、人口集聚街镇增建学校支教。郊区每年选派校长前往市区优质学校进修，在实践中对结对郊区校长进行传帮带。2013年起推动特级校长、特级教师流动交流，目前已有三批、40名特级校长、特级教师到郊区任职任教，致力于全面提高郊区学校办学水平。（李爱铭，2016）

2. 移植型文化支教

薄弱学校根据自愿的原则，组织部分教师和学生组成一个自然班级到优质学校进行"借读名校"学习。优质学校选派一些卓越教师依照该校相应的教育理念、规章制度和行为习惯，对由这些外来师生组成的班级进行教学和管理。薄弱学校教师的主要任务是听课并协助优质学校的卓越教师从事教育管理工作。经过一个学期、一年甚至更长时间的学习之后，薄弱学校的师生被优质学校教师的敬业精神、先进理念、良好的学习习惯，以及相应的管理措施折服。当他们返回自身所在的薄弱学校的时候，就会以优质学校的文化理论去影响和带动整个学校的改进和发展。

2007年，宁波镇海、大榭两地尝试强校和弱校合作办学，大榭中学和镇海中学达成协议，大榭中学每年（连续三年）选派高中一年级的一个班的师生到镇海中学学习工作一年，感受镇海中学的教育氛围，目的在于通过师生们连续三年的耳濡目染，把名校的文化带回大榭中学，促进大榭中学教师专业的提升和学生良好学习习惯的养成。"大榭班"模式的出现是文化支教模式的崭新探索。（孙玉丽，2011）

3. 共同体文化支教

通过教育行政部门指定与自愿结合的形式，将县域内一所优质学校和一所薄弱学校结成"发展共同体"。在人事安排上，实行一套班子、两块牌子的行政管理模式；在教育教学上，实行两校课堂相互开放、互派教师共同监督教学质量，共同进行分析的教研捆绑模式；在教师专业发展上，实行统一组织、集体培训、综合交流的成长模式；在学校的评估上，既可以实行两校共同体评估模式，也可以实行分校评估模式，若实行分校评估模式，应把优质学校帮扶薄弱学校的绩效程度作为评估优质学校的一项重要指标。通过共同体支教，实现优质学校对薄弱学校的整体影响和提升，达到对薄弱学校的再造（孙玉丽，2011）。

三种支教的方式虽然不同，但立足文化视角、发挥文化对支教的长效机制作用却是其共同的价值追求。其中，团队化文化支教的方式可以用"外出送经"来概括，强调优质学校组团对薄弱学校进行整体文化帮扶，主要通过改变以往个人、短期、随性的方式，遵守相关的规章制度，采用团体化的方式，并适当延长支教时间，以求达到基础教育质量整体提高的目的。移植型文化支教的方式可以用"上门取经"来概括，强调薄弱学校组团去优质学校感受其文化魅力，通过思想观念、思维方式、行为习惯的改变去带动所属学校整体环境的提升，以求达到基础教育教学质量提高的目的。共同体文化支教的方式可以用"共同研经"来概括，强调薄弱学校与优质学校相互开放、充分融合、相互补充、共同提高，最终在保留各自文化特色的基础上实现共同进步。不管哪种文化支教方式，最终的效果还是需要用薄弱学校是否得到提升、达到基础教育高位均衡发展的程度等系列指标体系来衡量和说明。当然，在考核标准的制定上，我们需要改变最初仅重点考核派出学校教师支教行为的做法，转向关注受援薄弱学校教师和学生的变化程度，特别是考核受援学校领导在整合外来文化和本校文化中权威力量的发挥程度和工作业绩。

（三）文化支教推进薄弱学校发展的文化学分析

1. 文化支教得益于优质学校的文化影响力

文化影响力强调在一种共享文化的熏陶下，学生学习、教师教学、领导管理三项的质量水平不断提升、关系不断完善，表现出引领学校发展方向、提升学校发展动力、开发师生创造力、彰显师生个性特质等能力。这种文化影响力既包括体现核心引领的精神文化、体现规约要求的制度文化、体现环境支持的物质文化，也包括保障课堂教学质量提升的教师文化、学生文化、课程文化、教学文化以及课堂评价文化，这些文化的综合作用彰显了优秀学校的发展魅力。优秀学校对薄弱学校的支持帮助更多地体现为通过文化影响力作用的发挥带动薄弱学校各个方面的总体发展。

2. 文化支教需要薄弱学校的文化自觉

费孝通先生在1997年提出了"文化自觉"，强调生活在既定文化情境中的人，应该洞悉自身文化的起源、形成、特点和发展趋势，并应具有促进文化转型的能力。文化自觉的相关概念和理论，要求薄弱学校师生应该明白自身文化的历史起源、发展过程、发展特点和发展趋势，知道自身文化的优势和不足，并对其进行比较准确的价值定位；在与优质学校文化的比较中，依据国际、国内的发展形势要求，明确自身文化的发展趋势、发展目标以及需要提高进步的方面。薄弱学校只有进行必要的"文化自觉"，才能为后续发展积蓄前进的动力。

3. 文化支教是两种文化的冲突和融合

作为一种自在性和超越性的矛盾存在，文化决定了文化形成的内源性作用和外源性作用。内源性作用指的是某种文化内在矛盾和冲突引发文化危机，通过对文化危机的总结、提炼和解决，产生一种适应社会发展要求的新型文化。外源性作用指的是外来文化对既有文化的冲突，继而引发既有文化的变革，产生新型文化。薄弱学校借助文化更新实现发展，实际上就表现为薄弱学校发展的两条途径：其一是薄弱学校通过自我努力，消解固有矛盾，实现发展目标，这就是典型的内源性作用表现；其二是借助优质文化的帮扶，特别是借助文化支教帮扶取得进步，这就是外源性作用表现。不论是内源性作用促进的发展，还是外源性作用促进的进步，均表现为文化的冲突和整合。这种冲突和整合，既表现为薄弱学校传统习惯文化与现代发展文化要求的冲突和整合，也表现为薄弱学校文化与优质学校文化的冲突和整合。这两种形式的冲突和整合，最终均要通过文化批判来实现。薄弱学校对传统不良文化进行批判，体现内源性作用对文化发展的促进作用，展现现代发展文化对学校发展的目标引领作用；薄弱学校洞悉优质学校文化对其发展的帮扶，批判自身原有文化的不足和缺陷，体现外源性作用对学校发展的促进作用。文化支教无疑是这种促进作用的鲜明表现。

通过对优质学校、普通学校、薄弱学校的当前现状和发展诉求进行分析可以得知，优质学校发挥文化优势、普通学校挖掘特色文化、薄弱学校借力外来文化，是实现中国基础教育高位均衡发展的文化保障。

第六节　教师倾心课堂研究，实现有效教学

基础教育高位均衡发展包括三个阶段：初级阶段的教育机会均衡、中级阶段的外延式资源均衡、高级阶段的内涵式质量均衡（吕星宇，2013a）。这三个阶段相对应表现为三个层面：宏观层面，该层面分析教育供给与需求的均衡；中观层面，该

层面分析教育资源配置的均衡；微观层面，该层面分析学校教育的均衡（翟博，2006）。初级阶段和中级阶段反映了经济、资源、文化等外部因素对基础教育的制约作用，说明了外部因素对促进基础教育高位均衡发展的作用，解决的是"有学上"的问题。高级阶段的内涵式质量均衡的实现，只能从基础教育内部所属要素特别是教学主体着手，通过基础教育质量特别是教学质量的提升，即有效教学的开展才能得以体现，解决的是"上好学"的问题。基于此，教师要不断增强教育教学特别是课堂教学的研究意识和能力，立足自身特色打造适合自身特点与学生实际的教学方式，实现教学的优质和高效，其中，有效教学便是教师教学效率提升的重要环节。有效教学对提升教育质量的重要性，体现出教育内部主体因素对实现基础教育高位均衡发展的决定性作用。深化基础教育课程改革，依据课程标准要求不断提升教学的有效性、打造有效课堂、切实减轻学生课业负担，既是推进素质教育的关键，也是当前基础教育研究及实践发展的热点。2013 年，党的十八届三中全会通过了《中共中央关于全面深化改革若干重大问题的决定》，该决定明确提出要"标本兼治减轻学生课业负担"。

一、明晰有效教学的意蕴与发展历程

（一）有效教学的意蕴

有效教学的理念源于 20 世纪上半叶西方的教学科学化运动，特别是受美国实用主义哲学和行为主义心理学影响的教学效能核定运动。20 世纪上半叶，伴随着西方的教学科学化运动，有效教学引起了世界各国教育界的关注，有效教学的研究伴随着教育学、心理学、社会学的发展而不断前进。到目前为止，关于"什么是有效教学"，学术界没有统一的定论。西方国家对有效教学的解释可以分为以下四种。

1. 经济学观点

经济学观点沿用经济学的效果、效益、效率概念来界定有效教学，认为有效教学是以最少的人力、物力、财力、时间等的投入，取得尽可能大的效果、效益、效率产出。

2. 主客体观点

主客体观点的核心是关注学生的进步或发展、关注教学的效益，立足从"有效""教学"两个概念出发来界定有效教学。"有效"侧重学生主体，主要是指通过教师一段时间的教学之后，学生所获得的具体的进步或发展；"教学"侧重教师引导，是指教师引起、促进或维持学生学习的所有行为。教师的"教学"行为是为学生"有效"发展行为服务的。

3. 目标性观点

目标性观点从学生发展角度来界定有效教学，认为一切能够有效地促进学生的发展、有效地实现预期的教学目标的教学活动都是有效教学。

4. 递进性观点

递进性观点强调有效教学的层次递进性，立足从表层、中层、深层三个层面来界定有效教学，以实现其从理想到现实的发展。从表层分析，有效教学是一种教学形态；从中层分析，有效教学是一种教学思维；从深层分析，有效教学是一种教学理想。实现有效教学，就是要把有效的"理想"转化成有效的"思维"，再转化为一种有效的"形态"。

随着新课程改革的不断发展，中国学者对有效教学的理解也逐渐加深，有效教学的普适性定义被大家逐步公认：有效教学是师生遵循教学活动的客观规律，以最快的速度、最大的效益和最高的效率促进学生在"三维目标"上获得整合、协调、可持续的进步和发展，从而有效地实现预期的教学目标，满足社会和个人的教育价值需求而组织实施的教学活动。此定义主要包含三层含义：①有效教学的标准是学生的有效学习，其核心是学生的进步和发展；②整合、协调地实现教学的"三维目标"是学生进步和发展的基本内涵；③学生的进步和发展是通过合规律、有效果、有效益、有效率、有魅力的教学获得的（宋秋前，2007）。从有效教学的概念和内涵中可以得知，有效教学的核心是教学的效益问题，即通过教师教学效率的提升，促进学生的全面发展。

基于新课程改革的要求，有效教学的理念主要体现为：关注学生的进步和发展，关注课堂教学的效益，关注可测性或量化目标的达成，关注教师的反思意识。同时，有效教学也是一套包括教学准备、教学实施、教学评价三个方面的策略（钟启泉，崔允漷，张华，2001）。

1998年，美国教育多样性和高质量研究中心提出了有效教学的五大原则：①一种师生合作性和生成性的活动；②一个通过对话使学生积极参与的过程；③一种学生课堂学习与课外生活密切联系的活动；④一种引导学生进行综合思维的活动；⑤一种以课程为媒介使学生语言和读写水平得到提高的活动（Dalton，1998）。国内一些学者，在新课程改革的要求下也提出了有效教学的标准：①教师引导学生进行自主、合作、探究的学习；②教师为学生的主动构建提供学习材料、时间以及空间上的保障；③教师关注学生对自己以及他人学习的反思；④教师让学生获得积极的学习情感体验；⑤师生、生生之间平等互动，使学生形成对知识的真正理解（李学红，2007）。

（二）有效教学的发展历程

自人类社会产生以来，不管是为了传授生产经验、提升生活技能，还是为了提升知识技能、改变意识形态，如何有效地提高教学效率达到有效教学的要求一直是人类孜孜以求的目标。

1. 立足生存：凸显教学的实用需求

在农业经济时代，由于生产力水平低下、人类社会比较落后，生存是人类面临的最紧迫问题。通过传授生活经验，注重为生产生活以及人类的延续服务成为教育的主要任务。在阶级社会里，出现了专门性的学校，在内容层面，教学内容随着时代的发展而不断完善，以学生背诵、记忆知识为教学传承的主要形式；在技术层面，则是通过扩大教学规模、强化课堂教学管理、发挥教师的主导作用来提高教学的有效性。从夸美纽斯的《大教学论》明确提出"把一切事物教给一切人类"的"教授之术"到赫尔巴特的《普通教育学》对班级授课制的系统说明以及对"明了-联想-系统-方法"教学四段论（陈旭远，2011）的深入阐释，不论是在指导思想、价值取向还是在教学方式方法上，都突出了有效教学的实用追求。为了追求知识的系统、高效传承，立足知识的现实服务性，知识教学处于奠基的核心地位，这种做法导致的直接后果就是教学过程的程式化、学生个体的客体化，教学中"无人"的现象开始蔓延。

2. 立足发展：凸显教学的智能价值

随着社会物质财富的逐渐丰富，人们认识到生存已经不再是人类的第一价值需求。人们不能仅仅局限于适应自然环境，更要发挥积极性、主动性和创造性，增强人类的智能，以促进社会更快更好地发展。以杜威把"人"的问题引入教学为契机，通过对夸美纽斯及赫尔巴特以规模效益来实现有效教学目的的驳斥，人们的教学价值追求由对生存的满足转型为对个体智能发展的关注，立足教育与生活的视角来审视有效教学。正如认知心理学代表人物布鲁纳在其著作《教育过程》中所指出的，人们处于迅速发展的社会，个人和国家要想更好地得到发展，有赖于年轻一代智能的充分发展，因此，发展学生的智能就成为教育的主要目的，即教育的目的主要是

"培养学生的操作技能、想象技能以及符号运演技能"（李学书，2008）。随后，教学的固定性和程式化逐渐被打破，多元化、个性化的教学模式逐步形成。行为主义心理学教学理论、认知心理学教学理论以及中国的教育目标的基本精神都体现出这一点。

20 世纪初期，以美国心理学家华生为首发起的行为革命对心理学发展的影响很大。他在《行为主义者心目中的心理学》中明确指出，教学的理论目标在于预见和控制行为，刺激-反应应该是行为的基本单位。行为主义心理学教学理论强调学习是刺激-反应之间联结的加强，教学的艺术在于如何强化这种联结。在行为主义心理学教学理论的指导下，程序教学、计算机辅助教学、自我教学单元、个别学习法以及视听教学等多种教学模式、教学方法应运而生。

出于对行为主义心理学教学理论的批判，认知心理学家认为，行为主义心理学教学理论是在研究"空洞的有机体"，在个体与环境的相互作用上，认为是个体作用于环境，而不是环境引起个体的行为，环境只是提供潜在刺激。至于这些刺激是否受到注意或被加工，这取决于学习者对自然社会和人类社会的知觉和概括，即心理结构，这种心理结构实际上就是学习者的学习方式，而不是刺激-反应联结的形成或行为习惯的加强或改变。当新的经验改变了学习者现有的心理结构时，学习就发生了。因此，教学就是促进学习者内部心理结构的形成或改组，学习的基础是学习者内部心理结构的形成和改组。美国心理学家布鲁纳提出的"学科知识结构"理论以及与之相适应的发现法的具体运用、奥苏贝尔对知识学习的分类特别是对意义学习的界定和使用，都是认知心理学教学理论的典型代表。

自中华人民共和国成立以来，中国的教育目的经过了多次变革，但立足课堂凸显教学智能发展的价值追求始终没有中断。从 1957 年毛泽东同志在《关于正确处理人民内部矛盾的问题》中提出的教育方针，到 1985 年的《中共中央关于教育体制改革的决定》，1993 年中共中央、国务院印发《中国教育改革和发展纲要》，直到1995 年第八届全国人民代表大会通过的《中华人民共和国教育法》，1999 年《中共中央国务院关于深化教育改革，全面推进素质教育的决定》的发布。虽然教育目的的表述方式有所改变，但是立足学生的智能发展，培养具有创新精神和实践能力的"劳动者""社会主义建设人才"的基本精神和主要内涵并没有发生实质性的改变。

3. 立足生活：凸显教学的当下幸福

在社会发展及文化发展达到了一定的水平，社会的物质财富满足了人们的需要，人们不再为生存和发展而有所担忧时，为生活而教、为幸福而教就成为学校和教师的教学价值追求。"发展社会生产力和经济文化不是人类的最终目的，发展人类自身才是发展社会生产力和经济文化的终极目标。因此，必须去实现教育价值的根本转换，从为了社会到为了人。"（冯建军，2004）教育价值的转换要求教学把注意力由原先关注外在的、社会的目标转向关注人类自身、关注学生心理感受及内心世界的情感。由此，教学作为塑造人类灵魂的事业功能凸显出来，人们不仅要求教学满足知识和技能的传授，更注重教学对个体道德、情感、意志、批判性、审美等的培养和发展，以为个体以后的终身学习和一生幸福打下良好的基础。

自20世纪60年代以来，人本主义作为心理学的第三势力逐步崛起。它批判认知心理学把人当作没有情感的"冷血动物"，强调心理学应该研究完整的人，而不是把人割裂为认知、行为等研究领域。人本主义心理学家认为，研究人的心理的真正方式不是从第三人称的角度来考察人的行为，而是从第一人称的角度，立足自己来考察自己。从教学的角度来看，真正的学习涉及整个人，而不仅仅是为学习者提供所谓价值中立的客观事实。真正的学习经验能够使学习者发现他自身独特的品质，发现自身作为一个人的特征。就此而言，学习就是成为，教学就是促进，促进学生成为一个完善的人（崔允漷，2009）。美国人本主义心理学家罗杰斯所提出的非指导性教学是其中的重要代表。他认为，每个人都有健康发展的自然趋向，有积极处理多方面生活的可能性，充满诚信、信任、理解的人际关系会促进健康的发展和潜能的实现，最好的教育就像最好的疗法一样，目标应该是成为"充分发挥作用的人"。罗杰斯从"患者中心疗法"推演出"促进者"一词，以代替传统意义上的"教师"称谓。他认为，要发挥促进者的作用，关键不在于课程设置、教师知识水平以及现代化的教学媒体，而是"促进者和学习者之间的人际关系的某些态度品质"，这种品质包括真诚、理解和接受（程荣旺，2011）。真诚是第一要素，是最为根本的，它要求促进者与学习者坦诚相待、畅所欲言；理解是指促进者要设身处地地站在学习者的立场上考察和认识学习者的所思、所言、所为，切实为学习者着想；接受又称信任、奖赏，是指促进者要能够完全接受学习者碰到问题时表露出来的畏惧和犹豫，能够接受学习者达到目的时的惬意和舒心。

人们在追求有效教学的过程中，经历了求生存、求发展、谋幸福的三个阶段。前两个阶段集中体现为谋求人的外在需要的满足，第三阶段集中体现为"人"的自我内心体验。自我内心体验孕育的教学的可感、可体察、可认识，是有效教学的应有之义，也是有效教学的理想。有效教学"外在需要的满足""自我内心体验"这两种不同的价值取向，一直表现为教育历史中的社会本位论与个人本位论。在具体的课堂教学过程中，由于外在需要的测评标准具有较强的可见性与可测量性，便于施测者测试、评判、甄别与选拔而备受关注，这种施测方式的大行其道，导致的直接后果就是所谓的有效教学常常倾向于社会本位论的取向，体现着教育的工具价值，只见分数不见学生，传统文化中儒家学说倡导的"学而优则仕"的价值追求就是很好的体现。教学中"以'工具人'的规训作为自己的价值假设，将批量生产'工具人'视为自己最高的甚至是全部的成功。教学不是为了培育学生对自己生活的意义反思和价值追求，而是为了工具性的养成"（朱文辉，2010），这种做法"使有效教学具有了工艺学的意蕴，效率遮蔽了效益，教学对效率的迷恋使其忽略或无暇兼顾对目的的探讨与挖掘，多数是径直讨论如何实现的技术问题，这就等于悬置对现有的教学目的的合理性的怀疑，而默许并接受这样的目的追求"（朱文辉，2013），由此，导致了有效教学的正当性、有效性受到质疑和反驳。基于此，在课堂教学中，教师应该强化"自我内心体验""外在需要满足"的有机融合，切实达到有效教学的合理价值追求。

二、归纳有效教学失落的表现与成因

在有效教学的探究过程中，为了追求知识授受的最大效率和外在需要标准的绝对满足，往往会出现偏重学生"发展"的手段而忽视学生发展目的的做法，造成有效教学的价值乃至行为方式的失落。

（一）有效教学失落的表现

有效性是任何活动目的性的体现，教学中要教有所获、教有所发、教有所法。有效教学中的"有效""无效"是相对而言的，无效教学的存在说明了教学活动中有需要改进的方面。"无效教学"是指在教学过程中，教师的"教"与学生的"学"脱钩，出现效率低下甚至是零效率的教学。无效的课堂教学往往表现为死气沉沉、目标虚化、内容泛化、活动形式化、反馈不及时、"题海"战术、机械重复性"巩固"以及死记硬背式，造成了教师苦教、厌教、弃教，学生苦学、厌学、辍学，严重影响了师生双方的身心健康。

1. 无效导入

教学导入强调教师要在短时间内引导学生迅速进入课堂状态。导入是师生进行课堂教学的第一步，引导着学生思维的发展方向，有效的教学导入能够使学生集中注意力，激发其学习兴趣并在短时间内进入课题学习。不论是直接导入、复习导入还是问题导入、实例导入等何种导入类型，其基本要求为体现出导入的启发性、针对性、趣味性和艺术性。但是，在实际的教学导入中，并不是所有的导入都呈现出这些特征要求，由此出现了以下一些无效导入的现象和问题。

1）惜时如金。上课铃的余音刚刚落定，学生尚未坐稳，课间活动的兴奋还停留在脸上时，化学教师就开门见山地说到："今天这节课的内容非常重要，考试经常考……"学生还未进入状态，教师已经开始重点内容的讲解。

2）拖泥带水。从心理学的角度来看，课堂最初的 15 分钟是学生注意力最集中的时间，因此，教师要抓住这个黄金时间。一位教师在讲解"宇宙航行"时，为了激发学生的兴趣，仅视频播放神舟飞船动画以及宇航员加加林的故事等就花去了 10 分钟，等到学生叽叽喳喳兴奋的议论平息下来、教师再引入内容时，时间已经快过去 15 分钟。这种长篇大论、费时低效的导入，就错失了学生专注力集中的黄金时间。

3）平淡无奇。导入的艺术性是教学导入的最高要求，也是教学导入的综合体现，但缺乏艺术性的、平淡无奇的教学导入却时时存在，比如，一些教师在导入时经常会这样说："同学们，上节课我们学习了……请某某同学背诵规律……好，今天我们学习……"这种导入就过于平淡，难以引起学生的兴趣。

2. 无效讲授

教学讲授是教师运用系统的口头语言，通过分析、解释、说明、论证以及描述、叙述等向学生进行知识传授的教学行为方式。在讲授时，教师语言准确、条理清晰则有助于学生形成良好的思维能力，并能唤起学生学习的热情及对生活的热爱，使师生产生情感共鸣。无效讲授表现在以下两种情况。

1）教师的教与学生的学相互脱节。与学生相比，在知识上，教师是知之较早、知之较多者；在智力上，教师是较发达者；在社会生活经验上，教师是较丰富者。这些决定了教师是教学的讲授者，学生是接受者。当然，教师的讲授必须以学生为基础，不能揠苗助长、陵节而施，否则就会导致教与学的脱节。在现实教学中，有些教师的教学脱离学生的实际基础，超出全班学生的平均可接受度，仅仅是少数学生能够理解接受，而大多数学生不能理解，这就形成了教与学的脱节。

2）教师的讲与学生的练相互脱节。课堂教学形式，主要表现为通过读、议、练、讲等形式促进学生的发展。当然，不管形式如何，启发性教学的指导思想和实施策略一直是教师必须要坚持的。但是，有些教师的课堂教学，常常是自己的独角戏，他们认为不是自己讲解不到位，而是学生训练不到位。这就颠倒了师生之间的主体关系，导致了学生的主体地位被冷落，难以达到理想的效果。

3. 无效提问

课堂提问强调教师通过创设问题情境，引导学生进行学习。爱因斯坦认为"提出一个问题比解决一个问题更为重要"，陶行知先生说过："发明千千万，起点是一问，智者问的巧，愚者问的笨。"这些话语足见提问对课堂教学的重要性。教师的有效提问，既能够激发学生的学习兴趣，活跃课堂气氛，促进学生积极开展智力活动，养成良好的思维习惯；也能督促学生学习，促进师生之间教学信息的交流与反馈，帮助教师发现教学中存在的问题，适时调控教学内容和进度；还能帮助学生复习和巩固所学的知识和技能，锻炼学生的胆量，提高师生答问的能力。有效提问的基本要求既体现为提问目的明确、问题设计合理、提问语言准确，也体现为提问态度温和自然、面向全体学生，还体现为要对提问结果进行评价和总结。但是，无效提问总是违背其中的一项或多项要求，达不到理想的提问效果。

1）设定的问题目的不明，学生难懂教师的意图。教师设计的问题没有经过深思熟虑，总是随心所欲，想要表述的思想主旨不明确；同时，教师提问问题所用词语不当，导致学生要么听不懂问题要求，要么不知从哪个方面回答，磨灭了学生的求解欲望。

2）设定的问题意义不大，致使提问比较幼稚。为了片面追求新课改倡导的师生互动，营造热烈和谐的课堂气氛，有些教师喜欢提问一些口语式的问题，这些问题已经成为教师的口头禅，如"是不是""对不对"……面对教师的这种随意甚或是无意的提问，学生的回答也相当简单，"是""不是""对""不对"。在回答问题的学生中，有些学生经过了思考，有些学生没有经过思考，只是简单地人云亦云，"满堂灌"变成了"满堂问"，表面上课堂热热闹闹，实际上学生喊完后收获甚微，还养成了动嘴不动脑的坏习惯，这样的提问对学生思维能力的培养起不了多大作用。

3）设定的问题范围过大，使学生无从下手。在讲授教材内容较少、较浅的情况下，教师却提出内容非常宽泛、非常艰深的问题，学生不知如何回答，显得无所适从。例如，一位教师在讲到"洛伦兹力"新授课中的"带电粒子在磁场中的运动轨迹"时，设置了两个问题：带电粒子在磁场中可能做什么样的运动？磁场方向和速度方向有什么关系？本来教师想启发学生磁场方向和速度方向满足什么样的条件才能做匀速圆周运动，结果问题设置的不准导致第一个学生起来回答：磁场方向和速度方向没有关系。其实学生的回答是有道理的。

4）设定的问题范围过小，难以引起学生关注。详细设定的问题，容易使教师引领学生的思维发展，逐步达到解决问题的目的。但是，过于详细的问题却会导致学生思路受阻，不利于发散思维的培养。比如，一位小学教师在讲《品德与社会》中的一节课"洛阳龙门石窟"时问学生："奉先寺"门前的台阶有多少个？爬上台阶需要多少时间？这样的问题与学生对卢舍那大佛艺术文化价值的认同视角产生了较大的偏移，同时，其也不应当成为教师讲课中提问的问题。

5）问题提问的速度太快，学生没有充足的思考时间。一些教师说话的语速较快，并且在问题刚刚提出就要求学生回答，学生没有充足的时间思考问题，要么是缄口不言，要么是答非所问。同时，这些教师看似提问问题，实际上并不准备让学生思考和回答，经常是自问自答，当学生明白教师的提问风格时，就会对所谓的问题不再思考，只要关注教师的答案即可。

4. 无效讨论

为了落实新课程改革的理论和要求，课堂讨论就成为教师上课经常采用的教学举措。高效的课堂讨论，可以调动学生的学习兴趣，使学生积极主动地探究，因为讨论既有一定的民主性和自由探索性，也能满足学生爱动、乐于交往的心态需求；讨论可以培养学生的发散思维能力，激发学生的思维力和想象力，促进学生思维的有序发展；同时，讨论可以在一定程度上达到教学"三维目标"中"情感态度和价值观"的培养要求，提高学生的道德水平。这是因为讨论小组的划分遵循了"组内异质、组间同质"的要求，在性别比例、学习成绩、智力水平方面相互弥补，作为一个小集体面对共同的研究任务，大家从不同的视角解析问题，在尊重别人意见、发挥自己看法的过程中，立足"互助""合作""探究""发展"等的活动要求，培养学生的集体意识和荣誉感，促进学生非智力因素和智力因素的同步发展。当然，在热热闹闹、轰轰烈烈的讨论之下，有些学生难免出现借机偷懒、浑水摸鱼或者孤芳自赏、自以为是等不良行为和不良品质。而与有效讨论相对的无效讨论难以达到预期的目标和效果，这些无效讨论表现在如下几个方面。

1）讨论泛化。有些教师过于强调讨论的重要性，迷信热烈讨论带来的民主气氛，将课堂讨论庸俗化，所有的问题即便是非常容易的问题也都拿出来让大家讨论。这种课堂看似热闹非凡，气氛活跃，但认真分析，其并不能达到理想的教学效果和要求。

2）问题不适。课堂讨论的问题设置非常重要，并不是所有的问题都可以拿出来进行讨论，只有教学内容的重点、难点并且有一定难度的问题才适合讨论，围绕重点和难点组织的讨论，才有思考的价值，才能使学生对知识本身和形成过程有深刻的体会，锻炼学生的思维能力，使课堂变成学生施展才华、相互竞争的场所。如果问题设置得过于简单，则不能激发学生挑战的欲望，就失去了讨论的意义；反之，如果问题设置得过难，只适合少数学生的思考，大多数学生处于被动状态，这样的讨论也会流于形式，造成低效甚至是无效的讨论。

3）时机不当。为了完成教学目标，有些教师没有认真思考讨论问题所需的时间，要么是在寥寥数语后不加引导就发动学生开展讨论，要么是在提出问题后学生尚未理解、没有形成自身的观点时就开始讨论，而且也没有给学生较为充足的讨论时间；同时，也会出现问题较难但给予的时间较短，学生的讨论难以深入的状况。这样的讨论，既难以保障学生具有较好的思维和提升的空间，也难以使讨论深入，缺乏深入的思考和论证。

4）放任自流。课堂讨论要发挥学生的主体作用，促进学生主动发展，这是实施有效讨论的要旨。但是，有些教师过分强调学生的"主体"地位而不敢发挥教师的"主导"地位，认为讨论就是学生的事情与教师无关，从而束缚住了自己的手脚，使讨论缺乏适时的、必要的、有效的指导，学生难以从讨论中有所收获。

5. 无效辅助

随着现代科技的发展，信息技术在教育教学中的运用越来越普遍，新课程标准明确提出，"教师要注意引导学生在自主学习的基础上，学会倾听和分享、沟通和协作，掌握探究学习的方法，提高实践和创新能力。要借助信息技术优化整合课程教学，引导学生经历多样化的学习过程，促进学生在更广阔的语言环境中主动学习，实现知识的迁移与运用（中华人民共和国教育部，2018）"。多媒体教学的集成性、控制性、交互性等特点，使学生的学习环境和教学方式发生了巨大的变化。使用多媒体教学不仅可以创设良好的情境激发学生的学习兴趣；而且还可以扩大信息容量，突出教学重点、降低教学难点。当然，对多媒体不恰当的运用会造成课堂上"只见机器不见人，只见画面不见文"的情况，误导学生对知识的掌握和理解。因此，必须将多媒体运用与传统教学方法结合起来，根据课堂需要，适量、适当地使用，以优化教学过程，提高课堂效率，获得最佳的教学效果，否则就会走向无效辅助的误区。多媒体的无效辅助主要表现在以下三个方面。

1）滥用泛化。作为辅助教学手段，多媒体理应为传统教学方法服务，而不能成为主导和主体，但是一些教师在所有的内容讲解中都使用多媒体，连生活中司空见惯、耳熟能详的内容，如展示惯性现象的汽车刹车、电梯的超重和失重、平抛运动等全部使用多媒体展示，导致课堂由原来的教师"人灌"变为现在的多媒体"机灌"。

2）喧宾夺主。一些教师在制作幻灯片时喜欢用较多的声音、动画、图片、视频等来刺激学生的视觉和听觉神经，激发学生的兴趣，诱发学生的好奇心与求知欲。

这本无可厚非，但过多的装饰却会出现学生过多关注幻灯片的外在形式而忽视内容实质的问题。有的教师讲解"曲线运动"内容时，花费大量时间展示图片、视频，包括砂轮、链球、人造卫星等，图片、视频精美、华丽，时而音乐响起，时而卡通动画出现，令学生眼花缭乱，但却无心留意教学内容。此种做法不仅不能增强教学效果，反而干扰了课堂教学。

3）转瞬即逝。传统的板书将教师讲解的内容以简练的笔法，言简意赅、提纲挈领地写在黑板的醒目之处，学生通过回顾板书内容，可以进行多次强化复习和实践运用。与之相比，多媒体教学中众多的幻灯片体现的繁杂的课程内容在教师的讲解中被一屏一屏地较快闪过，学生难以有较多的时间记录和思考，教师讲解的内容使学生有走马观花之感。即便是有些教师把幻灯片拷贝给学生，让学生可以课下自学，但课下自学的效果始终难以代替教师课堂讲授的效果。

6. 无效小结

为了使学生将所学内容及时地达到条理化、系统化并实现转化和升华，教师需要对课堂讲授的内容进行归纳、总结和提升，这就是课堂小结。一节成功的课，既需要恰当的导入、科学的讲解等，更需要较为完美的小结。不论是归纳结课、比较结课，还是活动结课、悬念结课，全面深刻、简洁明快以及具有趣味性等都是对结课的基本要求。有效的课堂小结，是构建和完善学生的认知结构必不可少的环节。画龙点睛的课堂小结，对于帮助学生总结重点、理清脉络、加深记忆、巩固知识、活跃思维、发展兴趣具有重要作用，而无效的课堂小结则难以达到以上的教学效果。无效的课堂小结表现在以下三方面。

1）可有可无。有些教师课堂讲授花费了太多的时间，没有给课堂小结留下充足的时间。这种不科学的时间安排，看似是教师的不当设计，实际上体现的是教师在思想上轻视课堂小结，没有意识到小结的重要性，认为已经将内容讲清讲透，没有必要再进行重复性复习。

2）流于形式。有些教师的课堂小结比较单一，基本上就是教师简单地介绍本节课的知识点，指出板书上写出的重点和难点。这种做法看似做了课堂小结，实则流于形式，是一种流水账式的课堂小结，从效果上来看收效甚微。

3）包办替办。课堂小结应该是学生在学习的基础上总结而得，是学生在学习过程中和复习练习中领悟到的，要充分表现学生的学习状况。然而在很多时候，在课堂小结中，学生参与较少，甚或没有通过自己的总结和归纳将所学的知识默化、内化，将新知识纳入到已有的知识体系中去，而是教师一味地包办替办。

（二）有效教学失落的成因

1. 教育的维度

"正当"指的是人们的自我意识、思维方式乃至行为习惯符合人们内心深处"善"的需要，是人们对好坏、善恶进行评判的内在依据和外在标准。"善"体现在公民个体身上，意味着卓越品质和道德潜能的充分开展；体现在社会中，则是不同的公民能够各安其分、各司其职，整个社会处于一种和谐状态。正当性是指人们对所论及的事物的赞许和认可，认为它是好的、对的因而是值得肯定与接受的，正当性乃是评判某事物或某活动的绝对的价值基础（周兴国，2008）。正当性是人类所有活动的首要价值，是没有妥协余地的；正当性是人类所有行为活动的绝对标尺，是无法逾越的底线。作为一种特殊的人类活动，教学活动是教育者与潜质不同、个性差异的学习者交往，担负着学习者智能发展、情感提升的重任的活动。作为符合道德伦理的教学要求，教学正当性是实施有效教学的绝对标准。

作为一种社会性活动，有效教学必须在正当性的范畴之内进行，即所有的教学活动都必须在社会道德许可的范围内展开。然而当下的教学实践，脱胎于以实证知识为基础的近代经验自然科学挣脱神学牢笼而获得大发展的时代，这个时代同时也是形而上学唯物主义从兴起、发展至兴盛的时代，具有"非正当性"存在的历史根源和遗传"基因"。笛卡儿的"我思"主体观，莱布尼兹的单子论，培根的知识论、经验主义自然科学的知识思维方式等，奠定了传统教育理论体系的思想基础，并形成了传统教育理论体系的根源。笛卡儿的"我思"主体观反映的教育主体单子化的存在方式，决定了在传统教育理论体系中的师生之间只能是主客体的存在方式；牛顿力学表征的近代自然科学对自然界"秩序"信念普适化的奠基，决定了受教育者教育主体地位的丧失；培根的"知识就是力量"表征的经验主义是自然科学兴盛时期的时代精神，它要求人们像研究自然一样去研究儿童的生理、心理，决定了"知识中心主义"的形成，传授知识成了学校教育的中心任务。传统教育的这些命题和价值要求，把教育窄化为主体改造客体的活动，忽视了主客体之间的交往活动。传统教育不是把教育现象从社会生活中透析出来，而是强行从社会生活中圈出一个片段来作为自己的研究对象，并且从人际关系这种内在结构上把教育与社会生活割裂开来。这样，教育被压缩在学校的教学活动中，它所向人展示的只能是经过理性的过滤和分解的"客观-科学世界"，却没有能力直接呈现丰富多彩的"生活世界"（项贤明，2002）。"客观-科学世界"视域下的学校教学活动，受技术理性、效益优先的价值观念和行为方式影响，以多快好省的生产方式体现着工业革命的追求。"当效率成为一个社会的核心价值，并成为公共领域、社会领域和私人领域共同认可的价值时，教学的正当性便会在效率面前黯然失色。"（周兴国，2008）

当教学的正当性被搁置，内在价值荡然无存、附属价值大行其道的时候，也就意味着追求知识授受的效率以及技能的传授被高度重视，人的发展以知识和技能的获得为唯一的评价标准，而人的信仰危机、情感纠结、人际关系失衡，这种情况只会破坏人的完整性、异化人的存在价值，使人形成单向度的人。当人仅仅被看作工具价值存在，失去了目的需求的时候，所谓的有效教学就成了培养人类掘墓人的行为，因为"倘若脱离了道德和人文关怀，知识可能成为毁灭世界的力量"（小威廉·多尔，2011）。

1）教育的世俗化和功利化，造成学生发展的错误导向。在中国教育发展过程中，古人提出了"穷则独善其身，达则兼善天下"的美好的教育设想以及"修身、齐家、治国、平天下"的实现程序和策略，但是在"学而优则仕"教育目标的总体指导下，并不是所有的教育都能实现教育价值的美好向往。在当前市场经济以及后现代主义的双重影响下，个人和家庭的价值追求有时会与国家需求产生矛盾。追求个人较高工作收益和社会地位已经成为受教育者个人乃至家庭的共同目标，受此"绑架"，教育在追求"真善美"的道路上陷入世俗化和庸俗化的误区中。这种影响对学生的成长是长效和显性的，考学成功、找到好工作、占据一定的社会地位、掌控一定的社会资源成为人们成功的几个必要环节，实现这几个必要环节意味着以后前途光明；与之相反，一些人一旦十年寒窗苦读所获的生活与自己的理想生活相差甚远，便会感觉前途幻灭，甚至出现精神失常的情况，以至于自毁人生。温家宝同志在和北京大学学子座谈时曾经对当代大学生提出："要有远大的理想、高尚的品德、渊博的知识、强健的体魄和完善的人格。"[①]这种对大学生的殷切期盼和谆谆诱导切实地表明了国家领导人对青年一代的发展要求，这种要求既契合当前国情，更契合国家未来的发展需要。

2）学生评价的等级化，挫伤学生的上进心。作为教育教学的对象和主体，学生在教师心目中的位置和表现对其全面发展非常重要。教师会根据一定的标准和要求，运用一系列的方法和手段，对学生的身心素质、品德态度等方面进行较为客观、专业的评判，这就是所谓的学生评价。学生评价的实施，使教师明白学生的优点和不足，提出学生努力的方向和实施的路径，使其获得快速发展。从评价的类别来讲，学生评价既包括传统的对陈述性知识习得的评价，也包括对程序性知识习得的评

---

① 国务院办公厅. 2010-05-05. 温家宝总理与北大学子共度"五四"青年节纪实. http://www.gov.cn/ldhd/2010-05/04/content_1599139.htm

价，还包括对学生情感态度价值观发展的评价。其中，陈述性知识评价即习得性评价，包括基于主观题测验、客观题测验的纸笔测验评价和基于师生沟通交谈的交流性评价；程序性知识评价主要是指学生基于"如何学习""如何思维""如何解决问题"的实践性知识的表现性评价；情感态度价值观的评价主要包括对学生对学科的态度、学习的态度、自我的态度、他人的态度等的评判。作为一种个人有意识地回忆出来的、关于事物及其关系的知识，陈述性知识主要说明事物是什么、为什么、怎么样，通过对陈述性知识的评价，可以了解学生对间接知识理解和掌握的程度。程序性知识是关于"怎样做"的知识，或者说是关于完成某项任务的行为或操作步骤的知识。对程序性知识进行评价的主要方式是表现性评价，其根本目的在于考查学生将知识和理解转化为实际行动的能力。情感态度价值观的评价侧重于对学生学习的动机、执着、勤奋等方面进行评价，使学生明白非认知因素对个体发展的重要作用。

毫无疑问，三种评价方式和类型各有侧重点，它们相互作用共同对学生的发展做出客观的评判。三种评价方式本无孰轻孰重之分，但是，社会的用人机制及个人和家庭的急功近利追求，使学生评价发生了偏颇。在陈述性知识评价、程序性知识评价以及情感态度价值观评价中，评价者侧重学生的陈述性知识评价、轻视程序性知识评价、忽视情感态度价值观评价，并且在陈述性知识评价中，评价者注重传统的纸笔测验方式而忽视交流性测验评价方式，这一切评价内容和方式，充分体现出以分数为中心的应试教育惯性思维在中国传统文化中已根深蒂固，考试情结已经深入国人的骨髓之中（蔡宝来，晋银峰，2010）。依据考试成绩，教师把学生分成尖子生、中等生和学困生，对不同的学生在座位排列、课堂提问、课后辅导、情感交流等方面有不同的对待，升学有望的尖子生受到优待、有发展空间的中等生受到关注、学困生以及无发展前景的中等生受到冷遇。教师对学生的不同态度，使学生的人格和尊严受到莫大的伤害，尖子生容易产生骄傲情绪，表现得趾高气扬；学困生容易产生悲观失望的情绪，表现得垂头丧气；中等生两边观望、安于现状。这种功利化的评价方式严重损害了教育"成人"的本质要求，需要特别警觉。

3）教师体罚学生，违背教育惩戒初衷。体罚作为教育惩戒孩子的一种常用手段，在我国古代早已有之，教育典籍《尚书·舜典》和《学记》中均有明确记载。即使在今天，体罚学生事件也层出不穷。体罚行为给学生造成身体损害、心理焦虑、丧失自信等伤害，这不仅违反了《中华人民共和国未成年人保护法》的有关规定，也违背了教育惩戒的初衷，难以达到预期的教育效果。实际上，体罚无法代替惩戒，粗暴惩罚更是不可取。通过适度痛苦的体验，使学生认识到失范行为的不当，从而制止不道德行为的发生，这才是惩戒的初衷和目的。脱离对学生道德行为和动机的矫正，采用简单粗暴的方式就异化了教育惩戒。教育惩戒作为一种历史悠久的教育手段是有其合理性的，不能完全废止，但也不能滥用。为了防止教育惩戒行为的异化和滥用，在 2019 年《中共中央　国务院关于深化教育教学改革全面提高义务教育质量的意见》中，明确规定"制定实施细则，明确教师教育惩戒权"，这既是对学生权益的保护，也是对教师实施教育惩戒的规约，保障其能真正为学生的发展服务。

4）师生关系冷漠，生生关系紧张。作为学校教育乃至课堂教学的主体，教师与学生在实践中存在着师师、师生、生生关系三种类型。教师与教师之间的关系就是同事之间的关系。良好的同事关系是集聚教育合力，最大限度促进学生发展的基础。师生之间的关系是指师生在教育、教学活动中结成的相互关系，包括彼此所处的地位、作用和相互对待的态度。良好的师生关系是教育教学活动取得成功的必要保证。生生之间的关系是学生在日常的学习和生活中结成的相互协作关系，这是学生发展的重要条件。从新课程改革的要求来看，师师、师生、生生关系应该是和谐和互助的。但是，在现实的教育教学中，由于高考指挥棒的引导作用，为了追求较高的分数和较高的升学率，有时师师之间、生生之间的竞争关系大于合作关系，师生关系既包括教师对学生在教育内容上的引领和点拨、教师与学生在人格上的民主和平等，也包括教师与学生在社会道德上的相互促进。但是为了追求教学效益的最大化，灌输式教学大行其道，启发式教学成为点缀，师生关系冷漠，教师强压学生进行教学知识的读和背，学生在强压之下难掩心中的怨气。

2. 教学的维度

作为与有效教学相对的概念，"无效教学"在现实的课堂教学中经常存在，这种状况严重地损害了学生的利益，阻碍了基础教育的改革与发展，需要引起学校的警觉。查找无效教学的成因，为实现有效教学找到切实可行的对策，是达到有效教学的必由之路。

1）教学目标定位不科学，表述不准确。教学目标是教学活动预期达到的学习效果和标准，是对完成教学活动后，学习者应该达到的行为状况的具体描述。教学目标是通过教学活动落实课程标准的要求，促使学生素质和行为发生变化来实现的。教学目标是学校教学的出发点和最终归宿，是课堂教学的灵魂，不仅支配着教学的全过程，而且规定着教与学的方向。教师在分析教学内容之前，必须要弄清楚为什么要教这些内容，通过对这些内容的学习，学生将获得什么，即必须明确教学的目标。

新课程提出了教学立体"三维目标"，其中，知识和技能是基础性目标，重在智能的提升；过程和方法是关键性目标，是知识和技能与情感态度价值观目标达成的途径；情感态度价值观是终极性目标，重在人格的塑造。可以说，知识和技能是物质载体，过程和方法是策略，情感态度价值观是目标，三者是相互渗透、密不可分的有机整体。教师在制定教学目标时，必须依据所教学科的内容特点来确定教学"三维目标"，并将其具体落实到教学活动中。教学目标的实现必须以教学目标的表述为基础，这种表述应该是外显的而不能是内隐的，它要能给教师达标指出具体的途径，而不是笼统地指出学会什么和掌握什么，其表述要具有可操作性、可测性，便于教师检查验收，获得反馈信息。如果违背了这些要求，必然会导致教学目标定位不准，表述不清晰，难以对有效教学产生真正的指导作用。

2）备课不充分，教学质量不高。备课建立在教师对课程的理解之上，是教师将课程标准的要求转化为学生的实际能力的关键步骤。这个步骤的实施与教师对课程的理解直接相关，如果教师把课程看作静态的、文化传递的过程，就会把教材奉为"圣经"，进行"填鸭式"的灌输教学，课堂管理也会是专制型的；如果教师把课程看作不确定的、动态的、创造性的过程，根据自己和学生的经验，对知识的不断理解、重组与构建的过程，教师就会创造一个平等的、建构性的对话环境，鼓励学生对知识进行建构，强调个体对课程实践的体验，激发学生学习的积极性和主动性，鼓励学生进行创新。

从备课的类型来看，根据不同的标准可以把备课分为不同类型。根据参与备课人数的多少，可以把备课分为个人备课和集体备课。根据备课把握内容的多少，可以把备课分为学期备课、单元备课和课时备课。根据备课的时间先后，可以把备课分为课前备课和课后备课。从现实的教师备课情况来看，个人备课依然占主体地位，甚至在某些学校基本上都是个人备课，即便是有集体备课也是流于形式，迫于领导的要求而为之，难以真正达到集中大家智慧备好课的要求。实际上，集体备课的优点是多样的，既有助于资源共享、智慧共享、优势互补，也有助于同事之间的合作与团结、减少重复性的劳动，只有真正做到集体备课才能实现备课效果的最大化。同时，教师比较重视课前备课，并且认为备课就是课前备课。作为对课堂上反馈的信息进行思考总结的过程，课后备课对教师进行总结、反思，促进教师专业发展至关重要，但是很多教师并不以为然，使得课后备课虚空。从备课的内容来看，备课包括备课程标准、备教材、备学生、备教法、备学法等五个方面，这五个方面缺一不可。但是，在实际的备课过程中，有些教师只注重备课程标准、备教材、备教法，而忽视备学生、备学法。这种情况的存在表明，教师的备课仅仅关注客观存在的既定性事物，而忽视作为主体存在的学生的实际状况和学习发展要求。教师备课前的价值观念，备课中对有关类型的忽视、对有些内容的漠视，就会导致教师备课不充分，导致上课缺乏计划、缺乏设计，随意性强，继而造成教学质量下降的事实。

3）教学策略不科学，教学效率偏低。作为为达到教学活动目标要求而采取的教学活动的综合方案，教学策略强调在教学目标确定以后，根据已经确定的教学任务和学生特征，有针对性地选择与教育策略有关的教学内容、教学组织形式、教学方法和技术，以便形成具有效率意义的特定的教学方案。根据教学策略的构成要素，教学策略可以分为内容型、形式型、方法型和综合型四种类型，不同类型又可以划分为不同的形式。

内容型教学策略强调在教学过程中应该如何有效地提供学习内容，包括结构化策略和问题化策略。结构化策略强调知识结构，主张抓住知识的主干部分，削枝强干，构建简明的知识体系；问题化策略以"问题解决作为学校教育的中心"为指导，强调对学习者解决问题的意识和能力的培养。在实际的教学中，很多教师一味注重结构化策略的重要性，忽视问题化策略应有的地位和作用，使得学生解决现实问题的实践能力较差。形式型教学策略是以教学组织形式为中心的策略。美国教学设计专家肯普提出了三种教学策略形式：集体教学形式、个别教学形式和小组教学形式。英国教育技术学专家波西瓦尔提出以教师、学校为中心的策略和以学生为中心的策略两种形式。不管划分的形式有何不同，在现实的教学中，多数教师依然强调集体教学形式和以教师、学校为中心的策略，注重选择实际上就是传统的班级授课制的教学形式，个别教学形式、以学生为中心的策略在现实的教学中没有受到应有的重视；小组教学形式虽然在某些学校和教师那里受到了重视，但在执行的过程中却经常发生表面热闹、实则低效的情况。方法型教学策略是以教学方法和技术为中心的策略，强调各种教学方法、技术、程序和模式的运用。现实教学中，有些教师要么偏执于传统的粉笔黑板教学，要么迷信于现代的多媒体教学，没有做到传统与现代的有机融合，难以达到"教无定法，各有各法"的价值要求。综合型教学策略是从教学目标、教学任务出发，综合展开的教学策略。近年来，综合型教学策略出现了两种类型划分：融合行为主义和融合认知学派学习理论的教师主导取向，分别体现了人本主义与认知结构理论的学生自学取向。在现实教学中，多数教师倾向于教师主导取向，习惯于课堂讲授，忽视对学生的主体地位的激发，对学生自学能力和习惯重视不够。

4）控制型管理大行其道，课堂缺乏创造力。自 20 世纪以来，教育改革和发展体现出从学会生存到学会关心，再到可持续发展变革的价值取向和基本思路，这些变革直接反映在课堂管理变革中，使之经历了三个主要阶段：从 20 世纪 60 年代的咨询取向的课堂管理，到 20 世纪 70 年代的行为管理取向的课堂管理，再到 20 世纪 80 年代的有效管理取向的课堂管理（陈时见，2002）。咨询取向的课堂管理强调教师关注课堂纪律和学生的问题行为，帮助学生理解纪律的重要性，以便学生更好地遵守纪律。行为管理取向的课堂管理强调教师通过对学生合理行为的鼓励以及不合理行为的批评，并通过群体强化，从而实现对问题行为的控制。有效管理取向的课堂管理强调教师如何更好地预防和消解学生的问题行为，而不是事后控制，主要通过组织课堂活动的技能、教师的教学和师生之间的关系来实现。有效管理取向的课堂管理强调为学生的发展确立遥远未来的方向和目标，争取学生的合作与支持并形成影响力，通过满足和唤起学生的需求激励学生不断克服面临的各种障碍，最终达到课堂教学的运动性和生长性。有效管理取向的课堂管理不仅能更好地预防和消解学生的问题行为，而且能更好地激发学生学习的积极性和主动性。在从工业社会向后工业社会转型的过程中，作为新型课堂管理的要求，有效管理显然能更好地适应时代发展的需要。从现实课堂管理的表现来看，咨询取向的课堂管理和行为管理取向的课堂管理不仅表现出明显的专制型课堂管理特征，以秩序性和控制性为主的指导思想更是在现实教学中大行其道，使得课堂难以激发学生学习的积极性和主动性，并使课堂缺乏生命力和创造力，难以达到学生可持续发展的要求。

5）学生自主性匮乏，学习积极性不高。学生作为教育教学的主体和发展的对象，所有的教育力量都应该以学生为中心和主旨，正如杜威曾经指出的，就像没有买主就没有销售一样，除非有人学习，不然就没有教学（李勇军，2018），这是教育特别是教学存在的应有理由。教师如何对待学生，决定了学生将会以怎样的方式存在和发展。

在古典认识中，学生被物化为学习的工具，成为学习的客体和对象，教师完全支配着学生，为什么学习、学习什么、如何学习都由教师决定。工业革命兴起后，"模具制造-批量生产"的工业化本质对教育影响至深，固定化的学制、权威化的教科书以及"师道尊严"的班级授课制成了教育的基本特点，并逐渐形成了赫尔巴特"教师中心、课堂中心、书本中心"的传统教育三中心。感觉钝化、智慧水平低下、身心疾病增多、人格不健全以及生存能力差，都是教育培育的结果。总之，在前工业化和工业化教育概念中，学习都是作为一个附属的、次要的和唯命是从的角色存在的。随心所欲的教育，让学习者蒙受了无数的屈辱与悲哀（陈建翔，王松涛，2002）。自 21 世纪以来，中国的基础教育课程改革逐步深入，教师对教育、教学的认识和理解理应适应教育发展的需要，但是在现实的教育教学过程中，应然理念并没有转变成课堂教学必然实施的教学行为。接受型教学在很多地方依然盛行，学生通过静听、记笔记、死记硬背完成书本内容的学习依然是主要途径；体现学生自我定向、自我探索、自主评价、自我调控以及自我激励的积极性和主动性的意义型教学难以被认可和实施。

三、探究实现有效教学的策略与方法

要实现课堂有效教学，既要考虑课堂教学的主导因素教师，又要考虑课堂教学的主体因素学生，只有这两个因素被充分地调动起来，与之相应的客体因素才能发挥应有的作用和价值。

（一）提升教师素质

作为有效教学的设计和实施主体，教师素质高低直接决定着教学质量的高低。只有探索教师的素质结构和构成，提升教师的教学能力，激发学生的学习热情等，才能不断达到有效教学的目标要求。

1. 科学先进的价值观

价值观是人们对于自己、他人、自然界乃至人类社会的看法和评价，其中蕴含着对错、好恶、美丑的价值标准。教育价值观是教育行为的上层建筑，对教育教学具有普遍的指导作用。柏拉图认为教育是"心灵的转向"，鲁迅认为"教育要立人"，梁启超认为"教育是教人学做人——学做现代人"等，这些都体现了不同价值观对教育的见解和影响。以知识的超市、生命的狂欢为基点的有效教学，要基于求善、求真、求美的三维价值观要求，凸显一切以学生为中心、以快乐为根本的价值理念。在有效教学价值观的要求下，教师要成为促进者、学习者、决定者、幸福者：促进者要做学生成长的推手，学习者要与学生成为"同学"，教师的价值判断决定着一节课的好坏质量，教师要做一个幸福的职业者。教师的四重角色，决定着有效教学目标的达成要实现四个转变：由追求知识的完整性、全面性到更加关注学生的性格、人格的健全；由注重知识能力的培养到更加关注学生的心理需求和精神成长；由传统共性和整齐划一的教育到更加关注学生的不同需求；由注重课堂环节、程序的编制到更加关注学情、氛围和师生、生生关系。

2. 高品质的思维能力

思维能力是指人们在工作、学习、生活中每逢遇到问题，总要"想一想"，这种"想"就是思维。它是通过分析、综合、概括、抽象、比较、具体化和系统化等一系列过程，对感性材料进行加工并将其转化为理性认识及解决问题的能力。我们常说的概念、判断和推理是思维的基本形式。无论是学生的学习活动，还是人类的一切发明创造活动，都离不开思维，因此，思维能力是学习能力的核心。对于教师来说，要达到时代发展的需要，就要以"四重角色"的要求为根本，认真思考实现有效教学目标的思维能力要求，这种思维能力既是一种经验和知识的积累，又是一种以分析、综合、概括、抽象、比较、具体化为特征的方法论的锤炼，一方面体现为教师专业发展的要求，使教师专业能力不断提升；另一方面体现为教师对学生发展的指导和帮助，使学生逐步获得全面发展。在有效教学中，教师要有意识地塑造学生的高品质思维能力，包括以理解、应用和趣味性为基础优化学生的记忆力；以问题驱动为基准提升学生的理解力；以开放性应用为基准强化学生的应用思维；以独立自主、充满自信、乐于思考、不迷信权威、头脑开放、尊重他人六大要素为基础培养学生的批判性思维；以直觉、灵感和想象为基础培养学生的创造性思维。

3. 高层次的学科素养

爱因斯坦曾经说过，教育是人们遗忘了所有学校灌输的知识后，仍能留存的东西。从学科的角度理解这句话，高层次的学科素养应该是一门学科中最精华、最能体现学科独特价值的、对该学科知识的产生和发展具有重要意义的部分；从学生的角度理解这句话，高层次的学科素养应该基于知识又超越知识，能够积淀留存并使学生终身受益。低效教学难以使学生获得较好的发展，根本的原因就是低效教学仅仅关注具体知识，没有体现高层次的学科素养。《义务教育数学课程标准（2011年版）》明确提出，将传统的"双基"扩展至"四基"，即在基础知识和基本技能的基础上增加"基本的数学思想""基本的数学体验"，以凸显数学中的高层次学科素养。如果说"抽象""推理""模型"等基本数学思想是高层次的学科素养，那么，数学体验就是培养学生形成数学思想最重要的途径（赵希斌，2013）。同样，语文、英语、历史、美术等学科素养都有其自身的学科特点和侧重点。一方面，教师要考虑基于书本知识的文化传承；另一方面，要考虑基于学科特点灵活地教给学生人生感悟、情感共鸣、美的陶冶等高层次的学科素养。人们常说，一流教师教学科素养，二流教师教学习方法，三流教师教学科知识。这句话提醒我们，任何一位教师在备课、教学时既要考虑具体的学科知识，也要立足学生发展的长远目标，考虑如何将这些学科知识附着于更高层次的学科素养上。当教师在教学中通过基础知识的讲解展示该学科中最迷人、最有价值的学科素养时，就能真正地吸引学生的注意力，激发学生学习的热情和动力，只有使学生感到学习的愉悦和成功的喜悦，有效教学的目标才能真正实现。

4. 扎实的教学基本功

教学基本功是指教师完成教学工作所必需的条件性的技能和技巧。教师不仅要具备传统教育要求的板书工整、漂亮，普通话标准，语言生动准确的基本功，还要能够根据自身的经验和感悟构建学科知识框架；落实获取知识、掌握方法的学科基本功；把握好抽象性知识、经验性知识教学方式的基本功；突出教学重点，突破教学难点的基本功等。此外，基于新课程改革的要求，教师还要掌握开发和利用课程资源的基本功以及合作与交往的基本功。教师在开发和利用课程资源时，要针对原有的"以纲为纲、以本为本"的教学原则的不足，强调学生获取知识途径的多样性和可能性，指导学生既要有效利用学校图书馆等校内资源，也要基于"教学回归生活"的原则，让学生从社会生活、实践活动和互联网中获得知识，通过课外这些途径增强学生对知识的开发和储备。这样课堂上师生的交流就会更加顺利和深刻，教学将充分体现师生互教、互学的本质要求，课堂教学将变得丰富而立体。合作与交往，针对传统课堂中教师高高在上学生俯首听命、教师教什么学生学什么、教师怎样教学生怎样学的师生不平等状况，若要真正体现师生的平等地位，只有强调教学是师生交往和合作的过程，教师是教学的促进者和帮助者，课堂教学才能够调动学生学习的积极性和主动性，学生在教学中才能够投入更多的情感，有更深刻而丰富的体验，课堂上才能够出现更多的思想交锋和思维碰撞，教学民主才能够充盈整个教室。

（二）增强教学技能

基于教学观差异而形成的不同教学技能，体现着研究者理解教学技能的视角。总的来看，有代表性的观点包括活动方式说、行为说、结构说、能力说和知识说几种（胡淑珍，胡清微，2002）。不论研究者的界定如何有分歧，教学技能的基本含义至少体现为三个层次却是不争的事实：教学技能是一系列教学行为方式和心智活动方式的整体体现；教学技能的形成是内外兼修的结果；教学技能是在教师已有知识经验的基础上形成和发展起来的（李宝峰，2008）。教学技能作为教师专业发展的重要内容，其培养和训练已经成为教师专业发展的历史起点。

1. 夯实备课技能

备课作为教学的起点和前提，备课技能是教师做好教师职业的重要技能之一，是决定教学质量高低的关键环节，如果备课不充分，就会导致课堂教学的高消耗、低收益。当前，备课的形式多样，既有个人备课和集体备课，也有课前备课和课后备课等。在新课程改革深入实施的过程中，备课形式已经由最初强调个人备课和课前备课转而强调集体备课和课后备课。

通过与同科教师的积极讨论，集体备课可以博采众长、集思广益，在讨论的过程中相互启发，有效凝聚集体的智慧，从而不断提高教师的教学水平，显著提高教学效果。在集体备课的实施过程中存在着一些不容忽视的问题，如走过场、重形式，不求实际效果；只注重对教学内容和教学重难点的研究，而忽视对教学过程和教法、学法等的设计；备而不用，用而不一等。这些问题需要正面直视，并在"减负、增效、提质"的目标下，通过"合作备课，资源共享，个人加工，强化反思"的基本模式，有针对性地解决。

根据备课时间的先后，备课分为课前备课和课后备课。前者是指教师在课前研究教案，努力使教学的课时计划得以充分落实的备课形式，其重要性已经被广大教师认可；后者是指教师在上课后对课堂上的反馈信息进行思考总结的过程，其内容包括教师语言是否精炼、教学方法是否妥帖、教学内容是否明确、教学目标是否达成、学生积极性是否激发、学生兴趣是否调动等。课后备课有助于教师及时修改教案，为以后课堂教学质量的提高做好充分的准备。课后反思的优点不容置疑，但存在的一些问题也不容忽视：教学与教研"两张皮"现象的存在，使得学校缺乏反思的文化氛围；教学工作成为教师简单的劳动，教师之间缺乏真正有效的沟通交流，教师缺乏反思的意识；简单重复的公开课、示范课耗费教师大量的时间和精力，教师缺乏反思的时间保障。为了达到"为了每一个学生的发展"的新课程改革目标，教师需要强化反思意识、增强反思能力，基于目标的要求，观察并反思学生的学习过程，检查并审视学生的学习过程，不断调整自己的教学节奏和教学行为，切实提高课后反思效果。同时，学校领导也要身体力行，提高课后反思的能力，营造课后反思的良好文化氛围。

2. 提升课堂教学技能

作为教师稳固的教学行为方式，课堂教学技能是整个教学技能的核心，它能够保障教师完成教学任务，促进学生身心的全面发展。从课堂教学的基本流程来看，课堂教学技能可以分为课堂导入技能、课堂讲授技能、课堂板书技能、教学反馈、强化技能和结课技能。当然，支撑课堂教学技能的教学语言技能，学法指导技能，评课、说课技能等也是教师应该关注并不断提高的方面。

1）课堂导入技能。课堂导入是教师在新的教学内容和教学活动开始时，通过简短的言语和行为，引导学生进入学习状态的教学行为方式，课堂导入的好坏对教学成败起着至关重要的作用。效果良好的教学导入既可以集中学生的注意力，激发学生的求知兴趣，还可以对教学起到良好的定向作用，把课堂教学逐步引向深入。课堂导入技能要求教师根据学生的特点与学科性质，既要体现教学的针对性，还要具备教学的启发性、趣味性和艺术性。目前，课堂导入存在着与学生实际脱离、与新学内容偏离、与教学规律背离，以及导入目的不明确、导入语缺乏吸引力、导入时间过长等问题。为了更好地实施课堂导入，提高课堂教学效率，教师应该真正把学生放在第一位，深入了解学生的学习和生活，把握学生的兴趣和课堂内容的交汇点，读透教材、课程标准，精心设计新课导入；同时，教师要不断学习，在传统复习导入、问题导入、实例导入、直接导入的类型上，尝试运用实例导入、审题导入、游戏导入、故事导入、练习导入以及悬念导入等新型导入类型，以做到完善课堂导入的类型，切实提高课堂教学效率。

2）课堂讲授技能。讲授是教师课堂教学最主要、最常用的教学方式。课堂讲授包括讲述、讲解、讲演、讲读四种基本类型。其中讲述分为叙述、描述两种形式；讲解分为解说式讲解、解析式讲解、解答式讲解三种形式；讲演分为照读式讲演、背诵式讲演、提纲式讲演、即兴式讲演五种形式；讲读分为范读评述式、词句串讲式、讨论归纳式、比较对照式、辐射聚合式五种形式。教师条理清楚、逻辑严密、流畅生动的语言表达，能够增强学生的理解和接受能力，唤起学生学习的热情和对生活的热爱，与教师产生良好的情感共鸣。教师的课堂讲授既要密切联系学生的生活经验和经历，触发学生的内在心理活动，使外在经验内化，同时也要时刻关注学生的表情、情绪变化等课堂反馈信息，充分掌握学生的接受程度，更要做到讲授与板书、体态语言相配合，以加深学生对知识的理解。目前，课堂讲授存在的问题主要体现为：叙述性讲述线索模糊，详略失当，逻辑顺序不够合理；描述性讲述人物刻画不生动，环境描述不细腻，感情表达不充沛；讲解偏重讲事情，讲道理的分量不够，逻辑关系论证不充分，学生思维能力发展不足；讲演形式单一、时间冗长，语言趣味性不足、启发性不强；在讲读过程中，教师发音不准确、速度不适宜、节奏不鲜明，感情不饱满。这些问题的解决，需要教师准确把握不同类型教学技能的特点和要求，对照自身的素质和能力欠缺，通过不断学习加以完善，以达到有效教学的目的要求。

3）课堂板书技能。在课堂教学中，为了帮助学生理解和掌握知识，配合讲授，教师把设计好的教学要点书写在黑板上的教学行为就是课堂板书。课堂板书是教师教学思路和教学内容的浓缩，是师生沟通交流的重要方式之一，是教师实施教学普遍使用的一种教学形式。课堂板书既可以帮助学生理解和把握学习的重难点，理顺教学内容的层次结构，也有助于集中学生的注意力，促进学生发散思维的形成。一般来说，板书的内容主要体现为：反映教学内容的内在逻辑结构，突出教学内容的重点和难点；理清知识公式及其推导过程，补充教学内容相关知识。当前，课堂板书存在一些不容规避的问题：一是教师的基本功不足，粉笔字书写不规范；二是教师忽略了板书设计，板书的艺术性不强；三是多媒体教学呈现泛滥之态，必要的板书缺失；四是课堂教学生成性强，难以形成生成预设的板书。基于这些问题，教师既要把握板书直观形象性、高度概括性以及艺术性等基本要求的内涵；也要明确纲要式板书、词语式板书、表格式板书、线索式板书、演算式板书等文字板书，示意图、简笔画等图画板书的类型以及具体要求。在书写板书时做到精选内容，突出重点；条理清晰，层次分明；形式灵活，布局合理；文字精当，书写规范。同时，教师要强化危机意识，明确板书对学生发展的重要意义和价值，注重板书技艺的练习，摆正多媒体在教学中的位置，使多媒体与板书相得益彰。

4）教学反馈技能。课堂教学是一个以课本为载体，师生之间相互沟通，促使信息往返的系统过程。在这个过程中，教师有意识地收集和分析教学状况，根据实际情况做出相应反应的教学行为就是教学反馈。作为强化和调控教学目标的重要手段，教学反馈贯穿于课堂教学的诸环节中，对教师改进教学方法、调整教学进度、促进师生互动等都具有非常重要的作用，具体表现为四个方面：对符合课堂教学要求的学生以激励作用；通过调整教学内容、教学进度、教学方法等，实施对课堂的调控作用；立足信息输出、输入的往复循环，发挥媒介作用，实现师生之间的沟通协调；根据教学反馈信息，结合教师已有的教学经验，发挥对学生未来变化的预测作用。当然，在不同的教学阶段，教学反馈的重点各不相同，比如，在教学的准备阶段应重点反馈学生对知识的了解程度；在新知识的探索阶段应重点反馈学生的学习方法和思维的过程；在知识的巩固阶段应重点反馈学生对知识难点的掌握情况。当前的课堂教学反馈存在一些问题（叶立军，彭金萍，2012）。一是反馈行为模糊化，指令不明。教师反馈话语"武断和含糊"、自相矛盾，提出的标准和规则抽象，对问题的解决缺乏有效的策略方法等都是其具体表现。二是反馈行为命令化，代替了学生的思维。命令化的指令不仅剥夺了学生在评价中的主体地位，而且难以养成学生的思维意识，使学生养成不爱思考的习惯。三是反馈行为形式简单化，导致了反馈功能单一。分数、答案、解题程序成为反馈的唯一内容，课堂的所有行为以分数为基准，导致了学生的片面发展。四是过分注重对学生学习任务情况的反馈，忽视了对学生情感、态度、价值观的反馈评价。五是教师以完成教学任务而非促进学生的发展为原动力，弱化了反馈行为的功能。针对这些问题，教师要从教学反馈的意义和价值入手，在思想上强化对教学反馈重要性的认识；以促进学生发展为目的，立足多种途径的探索，掌握化解教学反馈问题的策略方法；同时，教师也要把握适当的反馈时机，并且不断培养学生自我反馈的意识和能力，促进学生自我发展。

5）教学强化技能。教学强化是指在课堂教学中，教师采用一定的方式方法，促进学生向预期方向发展的教学行为。根据强化手段的不同，教学强化的类型可以分为语言强化、标志强化、动作强化以及活动强化四类。教师对不同强化类型的合理运用，可以端正学生的学习态度，激发学生学习的主动性和积极性；强化学生的正确学习行为，弱化学生的不当行为；使学生获得心理上的满足感，激发学生的学习动机。当前课堂教学强化存在的问题主要表现在四个方面。一是教师教学强化的目标模糊，着力点不清晰，比如，对于学生回答问题的评价，简单体现为"很棒""很好"等话语，而不是体现为诸如"思路清晰，方法得当"等有针对性的话语。二是教师教学强化态度不适宜，有虚假之嫌。有些教师的表扬话语夸张，面部表情戏剧化特征强烈，使学生产生教师究竟是表扬还是挖苦讽刺的困惑。三是教师强化的时间滞后，难以产生预期效果。斯金纳的强化理论告诉我们，教师对学生的良好行为进行即时强化的效果要优于延时强化，但是有些教师没有把握住即时强化的最佳时机，丧失了行为与结果的联系，削减了反馈的信息价值。四是教学强化的形式单一，方式单板。教学强化的具体运用一定要考虑学生的年龄特点和个性特征，综合运用语言、标志、动作等强化类型，但在实践过程中，部分教师忽视学生特征和需要，强化类型单一，没有发挥强化应有的效果。为了解决这些问题，教师要明确强化的意义和类型，运用具体精当的语言、诚恳的态度、恰当的时机以及灵活的方式，最大限度地提高强化的效果。

6）教学结课技能。课堂教学不仅需要一个良好的开端，更需要一个完美的结束，在某种程度上，结课比导入更加重要。所谓结课是指教师为完成教学任务，达到教学目标的要求，在课堂结束时对所学内容进行归纳总结的教学行为。完美的结课，不仅具有"点睛之妙"，更有"豹尾之力"；不仅有助于教师对教学内容进行归纳、总结和系统化，更有助于学生巩固所学知识内容；不仅有助于教师检查学生的学习效果，更有助于激发和维持学生的学习动机。同时，结课既是对所学内容的总结概括，又为以后教学内容的学习做好了铺垫。当前，结课存在的问题主要表现在两个方面。其一，重复讲过的内容。教师滴水不漏地重复每一个教学内容，看似没有浪费一点时间，实际上是胡子眉毛一把抓，没有任何侧重点，这种归纳容易使学生云里雾里，难以把握所讲内容的重点所在。其二，轻描淡写走过场。教师把所讲内容的标题和主要内容进行了总结，但是并没有将所讲内容进行拓展和升华，割裂了课内与课外、学科课程与活动课程的纽带，难以引导学生向课外延伸。

这些问题的存在，①表明教师对结课的意义和价值没有充分的认识，习惯于按照自身规划的教学程序进行，不屑于结课或没有结课的意识；②表明教师没有把握结课的方式和方法，仅仅满足于归纳结课，殊不知比较结课、悬念结课、活动结课、延伸结课等都有很好的效果；③表明有些教师没有掌握结课的基本要求，实际上，结课不仅要有针对性、全面性、深刻性，更要以简洁明快为基准，体现结课的趣味性。由此，解决结课中存在的问题，既需要教师明确结课的意义和作用，更需要教师掌握结课的方式和方法，还需要教师把握结课的基本要求。

（三）激发学生热情

自 20 世纪下半叶以来，强调学生主体地位，重视学生主体性的培育，逐渐成为人们广泛认可的一大趋势。学生作为课堂教学的主体，所有的教学活动需要教师围绕学生来实施，而在师生两者之中，学生是教学活动的目的和对象，教学效果的优劣最终要通过学生来呈示，因此，学生积极性的大小就成为制约教学效果好坏的决定性因素。

从新课程改革的要求来看，民主、平等、和谐的师生关系是必不可少的，教师的课堂提问、课堂倾听、课堂对话以及教师的教学反思能力的不断提升，是对新课程改革激发学生热情要求的回应。要保障学生的主体地位，最有效的策略是把教学活动安排成在教师指导下学生自主的学习活动，活动的内容涵盖自我定向、自我探索、自主评价、自我调控以及自我激励。

1. 提升教师适应新课程的能力

教师适应新课程的能力，主要包括教师提问能力、教师倾听能力、师生课堂对话能力等。

1）强化教师提问能力。通过创设问题情境，设置疑问引导和促进学生学习的课堂提问是教师经常使用的教学行为方式之一。恰如其分的课堂提问，既可以激发学生学习兴趣、提高并维持学生注意力、活跃课堂气氛，还可以检查学生已有的知识和能力、提升学生的语言表达能力、锻炼学生的胆量胆识，同时，也能促进师生之间的信息沟通和交流，增进师生的情感。当前，教师的课堂提问存在以下不足：语言呆板平淡，深浅失当；缺乏针对性，脱离重点；提问模糊，缺乏层次；随意提问，自问自答；只提问学习好的学生，不提问学习困难的学生；只是提出问题，学生回答问题，而对学生的回答不置可否；对学生态度生硬，居高临下等（李宝峰，2008）。据此，应该实施科学合理的课堂提问，并要求教师做到：提问目的明确、问题设计合理、提问语言精确、提问态度温和，提问对象要面向全体学生，学生回答后要及时进行总结和评价。

2）增强教师倾听能力。课堂教学是教师和学生根据教学的目标要求相互倾听与应答的过程，课堂倾听是师生沟通交流的关键，它强调教师在课堂教学中要用心灵去理解学生的语言含义、感受学生的行为习惯、领会学生的情感体验。课堂倾听包括介入型倾听和非介入型倾听两种类型，其中，介入型倾听强调通过教师口头语言对学生进行点拨、评价和启发；非介入型倾听强调教师通过肢体语言与学生的交流。教师良好的倾听意识和习惯是教育教学新理念的表现，是新型师生关系的反映。目前，课堂倾听在实践环节存在一些不容忽视的问题，主要表现为：课堂气氛沉闷，学生讨论发言的积极性不高；课堂民主性不够，缺乏师生平等对话的情境；优秀学生发言次数和时间偏多，学困生话语权被剥夺；教师难以发现学生的闪光点，正面鼓励和引导不足，反馈的时机不当和力度不够。基于这些问题，应该实施有效倾听，并要求教师做到：营造和谐轻松的课堂气氛，激发学生参与讨论和发言的热情；创设平等的师生对话情境，促进师生思维碰撞、情感交融；倾听不同学生的见解，欣赏学生的独特个性；教师及时进行反馈，对学生表达的内容做出准确的判断和回应。

3）提升师生课堂对话能力。教师和学生以教材内容为载体，在相互尊重、相互信任、平等互利的基础上，通过教师、学生、文本之间的相互交流和沟通，共同生成"文本"，创造"意义"，形成有效教学目标的行为方式，这就是新课程倡导的课堂对话。课堂对话的类型包括：人与客体的对话，即教师、学生与教材文本的对话；人与人的对话，即师生对话、生生对话和师师对话；人与自身的对话，即个体对自身内在经验和外部世界的回味、认识和探究。课堂对话的目的在于尊重学生的个体差异，激发学生的学习兴趣和求知欲望，引导学生立足生活经验获得最大程度的发展。新课程改革要求教师改变传统课堂教学注重"独白"的教学方式，通过师生和文本的互动与交流，达到"知识在对话中生成，在交流中重组，在共享中倍增"的效果。当前，师生课堂对话存在的问题主要表现为：对话内容游离于教学目标之外，重视认知型对话，忽视其他类型对话；强调课堂对话中的"言说"，忽视"倾听"；重视"师生对话"，忽视"生生对话"；等等（安富海，常建锁，2015）。要解决这些问题，需要教师明确课堂对话的目标，选择恰当的话题展开对话；注重营造适宜的对话情境，凸显课堂对话的教育性；理清课堂对话的主体，重视"生生对话"在课堂对话中的价值；真诚地倾听学生的演说，重视课堂对话在促进学生思维发展中的作用；明晰课堂对话的形式，重视教师对学生话语的"倾听"。总之，课堂对话需要师生彼此真诚、平等、相互尊重和信任，反之，没有了对话，就没有交流；

没有了交流，也就没有真正的教育（保罗·弗莱雷，2001）。

2. 保障学生应有的主体地位

学生主体地位的存在，既需要教师适当的点拨和指引，更需要学生立足自我，从自我定向、自我探索、自我评价、自我调控以及自我激励等方面努力，最大限度地培育自主能力。

1）自我定向。自我定向来自自我定向理论，该理论是一个有关态度与行为关系的心理学理论。该理论认为，在外在环境压力相对稳定的情况下，一种态度与具体行为之间一致性的高低，或对具体行为作用的大小，取决于这一态度本身是否居于个人价值系统的中心位置，是否对个人有特别重要的意义。态度的向中度越高，则表明有关的行为对个人的意义越重要，对个人远效的心理影响也越大，从而这种态度对行为的作用也越大。该理论表明，在自主学习的过程中，学生对自己发展进步的期望值越高，确定的学习目标越明确，制订的学习计划就越贴合自身实际，学生实现发展的程度就会越高。在这个过程中，教师的主导作用主要体现为帮助学生树立远大的理想，帮助学生更好地分析其知识基础、思维方式和行为习惯，让学生明白自身的优点和不足之处，为以后的发展制定明确的发展目标和实施步骤。

2）自我探索。自我探索是指个人经由生活经验，了解自己的兴趣、价值观、需要及各种帮助成功事业发展之能力。自我探索相关理论强调，学生通过独立思考、自主探索知识、独立发现和解决问题，得出科学结论。针对自我探索意识普遍薄弱，自我探索行为较少，面对自我探索愿望不知所措的学生，教师应该予以指导和帮助。一方面，培养学生探索的意识和习惯。对于得过且过、自我定向不足、缺乏自我探索意识的学生，教师要通过开班会、学生思想交流会、表彰先进等形式强化该类学生的意识和习惯。另一方面，教给学生自我探索的方式方法。这些方式方法包括勇于解析自我的橱窗分析法、运用测评工具正确认识自我的测评法、展示自我发展愿景的"我的墓志铭""我的表彰大会""我的三个愿望""十年后的我""我的得意之举"等方法。

3）自我评价。自我评价是自我意识的一种形式，是主体对自己思想、愿望、行为和个性特点的判断和评价。作为自我教育的重要内容，自我评价具有重要的意义和价值。个体对自己思想、动机、行为和个性的恰当评价，将直接影响个体学习及参与社会活动的积极性，也影响着个体与他人的交往关系。个体如果能够正确地认识和评价自我，就能正确地对待和较好地处理个人与社会、集体与他人的关系，从而更好地改正缺点、发扬优点。自我评价强调，学生要认真对照预定目标，详细检查自身学习和发展的实际情况及存在的具体问题，寻找差距，根据差距调整学习目标、策略和方法，最终促进目标的达成。在学生自我评价实施的过程中，教师要有意识地提醒学生定期或不定期地剖析自我，从思想动力、思维习惯或方式方法等方面查找并解决存在的问题，帮助学生不断进步。

4）自我调控。自我调控是指个体控制和指导自己行动的方式，强调个体对自己的思维、情感和行为进行监察、评价、控制和调节的过程。自我调控系统是人格中的内控系统或自控系统，由自我认识、自我体验和自我控制三个子系统构成，其作用是对人格的各种成分进行调控，保持人格的完整、统一与和谐。其中，自我认识强调个体对自身的洞察和理解，包括自我观察和自我评价；自我体验是伴随自我认识而产生的内心体验，是自我意识在自尊心、自信心等情感上的表现；自我控制是个体自我意识在行为上的表现，是实现自我意识调节的最后环节，包括自我检查、自我监督、自我控制等。在这三者中，自我认识和自我体验是自我控制的基础，是自我调控结果的最终表现，是自我调控结果的标示。学生在自我学习和发展过程中，要有较为充分的自我认识，进行较为深刻的自我体验，最终表现为科学合理的行为方式。在学生发展成长的过程中，情感问题、学习问题、社交问题等都会在不同的年龄阶段以不同的形式表现出来，特别是在学生青春期，容易出现各种意想不到的问题，这些问题的解决既需要教师积极介入和疏导，更需要学生立足自我进行调控，由此，自我调控能力就显得至关重要。

5）自我激励。自我激励是指个体具有不需要外界奖励和惩罚作为激励手段，就能为设定的目标自我努力工作的一种心理特征。强烈的自我激励是个体走向成功的必备条件，通过不断的自我激励，个体能够始终具有前行的发展动力。学生发展成长的过程是漫长而曲折的，要使学生始终处于前行的状态而非徘徊或落后的消极状态，则需要学生在全程发展中，始终处于积极、主动的学习状态，时刻保持发展的动力和后劲。对于教师而言，一方面，要给学生创设自我激励的良好班级文化，使学生处于正向刺激的环境中；另一方面，要教给学生自我激励的方法，这些方法包括树立远景、离开舒适区、把握好情绪、调高目标、加强紧迫感、撇开朋友、迎接恐惧、调整计划、直面困难、立足现在、敢于竞争、走向危机、尽量放松等，依靠这些方法使学生实现自我激励。

参 考 文 献

安存芝. 2010. 杜郎口中学新课程实施个案研究. 陕西师范大学硕士学位论文

安富海, 常建锁. 2015. 促进课堂对话的策略研究. 教育导刊（上半月）,（1）: 89-92

安晓敏. 2008. 教育公平指标体系研究——基于义务教育校际差距的实证分析. 东北师范大学博
士学位论文

保罗·弗莱雷. 2001. 被压迫者教育学. 顾建新, 赵友华, 何曙荣译. 上海: 华东师范大学出版社

蔡拔平, 左晓荣. 2006. 简论我国城乡义务教育的断裂及弥合对策. 当代教育论坛（学科教育研
究）,（4）: 33-35

蔡宝来, 晋银峰. 2010. 我国基础教育改革的现实境遇与未来抉择. 上海师范大学学报（哲学社会
科学版）,（1）: 92-102

蔡定基. 2011a. 基于资源的学区集群管理模式探讨. 现代教育论丛,（3）: 29-33

蔡定基. 2011b. 基于知识管理的学区联盟模式探讨. 教育导刊（上半月）,（7）: 18-21

蔡定基. 2012. 区域义务教育均衡发展的学区管理模式现状、问题及建议——基于广州市越秀区的
调查分析. 教育导刊（上半月）,（4）: 21-24

蔡定基, 高慧冰. 2011. 越秀区学区知识资源共享管理机制探讨. 中国电化教育,（7）: 40-46

蔡定基, 黄威. 2011. 义务教育均衡发展视野下的学区集团管理模式探析. 全球教育展望,（11）:
73-77

蔡定基, 周慧. 2010. 学区管理内涵与实践——以广州市越秀区为例. 中国教育学刊,（8）: 27-29

查尔斯·赫梅尔. 1983. 今日的教育为了明日的世界——为国际教育局写的研究报告. 王静等译.
北京: 中国对外翻译出版公司

柴纯青. 2009. "以县为主"统筹协调——推动区域教育均衡发展的义乌模式. 中小学管理,（6）:
12-17

陈广东. 2017. 问渠哪得清如许, 为有源头活水来. 教育视界,（13）: 124

陈建翔, 王松涛. 2002. 新教育: 为学习服务. 北京: 教育科学出版社

陈洁. 2004. 胡森: 一位教育学家的学术生涯及其启示. 苏州大学硕士学位论文

陈金铭. 2011. "坊子模式"解读—— 一条城乡教育均衡发展的幸福之路. 山东教育,（Z1）: 6-10

陈瑞昌, 张策华, 赵建春等. 2009-11-17. 江苏无锡创建义务教育高位均衡发展示范区纪实. 中国
教育报（第1版）

陈时见. 2002. 课堂管理论. 桂林: 广西师范大学出版社

陈旭远. 2011. 课程与教学论. 北京: 高等教育出版社

陈玉琨. 2008. 一流学校的建设——陈玉琨教育讲演录. 上海: 华东师范大学出版社

程红艳. 2010. 中等教育均衡发展研究. 武汉: 华中师范大学出版社

程荣旺. 2011. 罗杰斯"非指导性教学"思想浅析及其启示. 文教资料,（25）：125-126

崔允漷. 2009. 有效教学. 上海：华东师范大学出版社

戴亦明. 2003. 论教育法制与区域义务教育的均衡发展. 教育评论,（6）：7-9

丁煌. 2004. 浅析妨碍政策有效执行的主体认知缺陷及其完善途径. 长春市委党校学报,（3）：47-51

樊丹丹. 2004. 对"教育券"政策的分析——由浙江省长兴县实施"教育券"政策说起. 当代教育
　　论坛,（5）：50-52

范国睿. 2005. 教育公平与和谐社会. 教育研究,（5）：21-25

范明刚, 陈松信. 2010. 校长专业化与优质学校建设. 天津：天津教育出版社

方与严. 1950. 陶行知教育论文选辑. 上海：生活·读书·新知三联书店

冯建军. 2004. 教育即生命. 教育研究与实验,（1）：23-26

冯建军. 2012. 义务教育均衡发展方式的转变. 中国教育学刊,（3）：1-4

冯建军. 2013. 义务教育优质均衡发展的理论研究. 全球教育展望,（1）：84-94

冯丽, 杨挺. 2011. 教育均衡发展背景下的教师流动模式评析. 中国成人教育,（4）：86-89

高丙成. 2014-10-18. 我国义务教育均衡发展总体状况良好——我国义务教育均衡发展工作情况
　　和公众满意度调查情况分析报告. 中国教育报（第 3 版）

高立波. 2009. 从"三三六"教学模式,看课堂教学改革. 时代教育,（5）：22-23

郭丹丹, 郑金洲. 2015. 学区化办学：预期、挑战与对策. 教育研究,（9）：72-77

郭建军. 2007. 农村教育城市化战略实践探索. 济南：山东大学出版社

郭荣学, 杨昌江, 彭介润. 2011. 推进县域内义务教育均衡发展的模式研究. 当代教育论坛（综合
　　版）,（1）：23-26

郭荣学, 杨昌江, 彭介润等. 2011. 构建县域内义务教育均衡发展新模式. 湖南科技学院学报,（9）：
　　156-158

郝德永. 2003. 文化性的缺失——论课程的文化锁定机制. 学科教育,（10）：8-12

贺永旺, 胡庆芳, 陈向青等. 2011. 提升教师教学实施能力. 北京：教育科学出版社

侯菊英. 2014. 马克思主义教育公平思想及其当代价值. 河南教育（高教版）,（9）：8-9

胡定荣. 2006. 课程改革的文化研究. 北京：教育科学出版社

胡淑珍, 胡清微. 2002. 教学技能观的辨析与思考. 课程·教材·教法,（2）：21-25

黄红敏, 黄国洪. 2010. 欠发达地区跨越"数字鸿沟"促义务教育均衡发展的探索——以肇庆市的
　　"联动模式"为例. 中国电化教育,（10）：40-44

贾聚林. 2002. 区域教育均衡发展之我见. 人民教育,（6）：23-24

姜姗国瑾, 王墨然, 杨宁. 2015-11-20. 从"百校一面"到"一校一品". 青岛财经日报,（A15）

晋银峰. 2013. 基础教育均衡发展：模式与反思. 教育探索,（2）：28-30

晋银峰. 2014. 教学文化的传统与变革. 北京：教育科学出版社

凯洛夫. 1957. 教育学. 沈颢, 南致善, 贝璋衡等译. 北京：人民教育出版社

康永久. 2003. 教育制度的生成与变革——新制度教育学论纲. 北京：教育科学出版社

克莱德·克鲁克洪等. 1986. 文化与个人. 高佳, 何红, 何维凌译. 杭州：浙江人民出版社

赖红英. 2008-01-28. 共享优质资源　广州越秀区试行学区化管理模式. 中国教育报（第2版）

蓝维, 张景斌. 2002. 义务教育均衡发展目标与学校发展模式的选择. 教育研究, (2): 18-20

雷蒙德·威廉斯. 1991. 文化与社会. 吴松江, 张文定译. 北京: 北京大学出版社

李爱铭. 2016. 中小学专家型教师培养的政策支持体系研究——以上海"双名工程"为例. 上海师范大学博士学位论文

李宝峰. 2008. 教学技能理论与实践. 北京: 华文出版社

李炳亭. 2010. 高效课堂九大"教学范式". 济南: 山东文艺出版社

李坤. 2012. 江苏省义务教育优质均衡发展模式与案例分析. 江苏教育研究, (5): 15-19

李连宁. 2002. 要从教育发展战略上思考和促进基础教育的均衡发展. 人民教育, (4): 8-10

李学红. 2007. 区域推进课堂"有效教学"改革的实践. 上海教育科研, (2): 35-36

李学书. 2008. "有效教学"的愿景. 全球教育展望, (11): 28-31

李艳. 2010. "领衔+参与"校际联动促进教育均衡发展——上海浦东教师专业发展创新模式探索. 中小学信息技术教育, (11): 69-71

李勇军. 2018. "以学生为中心"与大学课程教学. 大学教育, (7): 131-134

李芝兰, 杨振杰. 2013. 香港基础教育: 从基本均衡到多样性. 中国党政干部论坛, (8): 77-79

联合国教科文组织国际教育发展委员会. 1996. 学会生存——教育世界的今天和明天. 华东师范大学比较教育研究所译. 北京: 教育科学出版社

刘华蓉. 2011-08-08. 教育部组织研究解决大班额问题　提高教育质量. 中国教育报（第1版）

刘惠林. 2004. 基础教育均衡化发展中的问题及对策. 教育探索, (9): 68-70

刘启迪. 2008. 课程文化自觉: 师生安身立命之本——课程文化自觉的涵义与策略别论. 当代教育科学, (22): 20-23, 27

刘荣, 吴必昌. 2008. 促进城乡教育信息化均衡发展的"扬州模式". 中国电化教育, (1): 29-31

刘希平. 2008. 借助制度创新提升区域教育均衡化水平——杭州市"名校集团化"办学实践调查. 浙江教育科学, (3): 3-9

刘耀明. 2012. 均衡的教学世界. 上海: 华东师范大学出版社

刘志军, 刘子科. 2016. 城镇化背景下区域基础教育高位均衡发展研究——郑州市二七区的实践探索及模式构建.北京: 教育科学出版社

刘志军, 王振存. 2012. 走向高位均衡: 基础教育改革与发展的应然追求. 教育研究, (3): 35-40

刘子科. 2013. "多彩教育"成就最好的我们. 人民教育, (6): 15-18

鲁宏飞, 沈艳华, 魏馨. 2007. 学校文化建设与管理研究. 上海: 华东师范大学出版社

吕星宇. 2013a. 论义务教育均衡发展评价的复杂性. 教育科学研究, (8): 31-34, 57

吕星宇. 2013b. 论现阶段上海市义务教育均衡发展逻辑. 教育理论与实践, (32): 15-17

马艾云, 李保江. 2007. 县域教师流动机制实施框架——城乡义务教育均衡发展的一种构想. 当代教育科学, (9): 14-16, 20

马斌. 2011. 探索"进城模式", 促进优质教育均衡发展——从初中"进城"看洪泽优质教育均衡发展. 教书育人·校长参考, (7): 6-7

马和民，高旭平. 1998. 教育社会学研究. 上海：上海教育出版社

马家安. 2012-03-07. 促进基础教育课程文化认同. 中国社会科学报（第 B1 版）

马培芳. 1999. 教育特区：西部地区教育发展的战略选择. 教育研究，（10）：60-65

马维·哈里斯. 1989. 人·文化·生境. 许苏明译. 太原：山西人民出版社

马文·哈里斯. 1988. 文化人类学. 李培茱，高地译. 北京：东方出版社

闵家胤. 1995. 西方文化概念面面观. 国外社会科学，（2）：64-69

缪学超. 2012. 布朗执政时期英国基础教育政策文本分析. 当代教育理论与实践，（9）：10-13

缪学超. 2013. 布朗执政时期英国教育政策研究（2007.06—2010.05）. 湖南师范大学硕士学位论文

倪梁康. 2007. 意识的向度：以胡塞尔为轴心的现象学问题研究. 北京：北京大学出版社

潘红波. 2010. 县域义务教育均衡发展的新模式——对河南息县等四县（区）的案例分析. 教育发
    展研究，（12）：21-24

潘军昌，陈东平. 2010. 义务教育均衡发展模式研究. 广西教育学院学报，（5）：229-232

裴娣娜. 2002. 多元文化与基础教育课程文化建设的几点思考. 教育发展研究，（4）：5-8

裴娣娜. 2008. 论我国课堂教学质量评价观的重要转换. 教育研究，（1）：17-22，29

彭世华. 2003. 发展区域教育学. 北京：教育科学出版社

彭世华，伍春辉，张晓春. 2012. 义务教育均衡发展目标与标准研究. 北京：教育科学出版社

平泳佳. 2007. 浦东新区："组团支教"使力量改变影响. 上海教育，（9B）：27-28

邱运山. 2009. 践行中心学校管理模式推进学区教育均衡发展. 湖北教育（教育教学），（2）：29-31

曲绍卫，袁东. 2006. 论县域教育均衡发展的机制模式. 教育理论与实践，（3）：32-35

曲艳霞. 2010. 当教育成为理想：创造学校优质教育的实践与感悟. 北京：北京师范大学出版社

邵光华，仲建维，郑东辉. 2011. 基础教育优质均衡发展研究. 杭州：浙江大学出版社

申仁洪. 2002. 基础教育均衡发展的问题和对策——第 32 期广东教育沙龙综述. 教育导刊（上半
    月），（23）：4-6

沈玉顺. 2006. 走向优质教育. 上海：华东师范大学出版社

盛裴. 2009. 实践"软托管"模式 实现"硬发展"目标. 上海师范大学学报（基础教育版），（3）：
    33-37

石鸥. 1995. 学校文化学引论. 北京：气象出版社

石中英. 1999. 教育学的文化性格. 太原：山西教育出版社

宋秋前. 2007. 有效教学的涵义和特征. 教育发展研究，（1A）：39-42

孙启林，孔锴. 2005. 全球化视域下的基础教育均衡发展. 比较教育研究，（12）：24-30

孙玉丽. 2011. 支教政策的文化视角——以宁波市为例. 学校发展：价值、挑战与对策——2011 首
    都教育论坛学校发展国际学术研讨会论文

谭梅. 2011. 捆绑、松绑与脱绑：成都市武侯区推进城乡教育高位均衡发展的实践模式. 教育与教
    学研究，（4）：12-16

唐莹. 1994. 事实/价值问题与教育学研究. 华东师范大学学报（教育科学版），（1）：27-37

唐玉光. 2008. 教师专业发展与教师教育. 合肥：安徽教育出版社

万明钢. 2002. "积极差别待遇"与"教育优先区"的理论构想——西部少数民族贫困地区教育发展途径探索. 教育研究, (5): 21-25

汪丞, 方彤. 2005. 日本教师"定期流动制"对我国区域内师资均衡发展的启示. 中国教育学刊, (4): 59-62

汪明. 2005. 义务教育均衡发展与若干保障机制——部分地区的政策及实践分析. 教育发展研究, (10): 40-44

王斌泰. 2003. 着力推进基础教育均衡发展. 求是, (19): 50-52

王超群. 2011-12-24. 北京义务教育优质均衡迈大步. 中国教育报 (第1版)

王德如. 2007. 课程文化自觉: 意义、本质和特点. 教育研究, (9): 34-38, 44

王凤杰, 张雪松. 2006. 推进教育公平的有益探索——杭州实施名校集团化战略的做法和经验. 今日浙江, (21): 56-57.

王善迈, 董俊燕, 赵佳音. 2013. 义务教育县域内校际均衡发展评价指标体系. 教育研究, (2): 65-69

王唯. 2003. 基础教育均衡发展研究综述. 上海教育科研, (10): 4-9

王瑜. 2013. 公平视域下美国义务教育改革研究. 西南大学博士学位论文

魏晔玲. 2008. "房山模式"——山区义务教育均衡发展的新探索. 前线, (6): 47-48

武向荣. 2011. 区域义务教育均衡发展的七种模式. 辅导员 (下旬刊), (3): 14-15

项贤明. 2002. 泛教育论——广义教育学的初步探索. 太原: 山西教育出版社

肖昌斌, 侯辛锋, 刘致诚. 2012. 把每一所学校都办出个性——探访义务教育均衡发展的襄城模式. 湖北教育·综合资讯, (4): 6-10

小威廉·多尔. 2011. 杜威的智慧. 余洁译. 全球教育展望, (1): 3-10

谢翌, 马云鹏. 2007. 优质学校建设的背景、理念与维度. 教育发展研究, (10): 34-38

徐一超, 施光明. 2012. 名校集团化——教育均衡发展的实践演绎. 杭州: 浙江大学出版社

徐志勇. 2011. 学校文化对学校效能影响的多元回归模型研究. 教育科学, 27 (5): 29-35

薛二勇. 2013. 区域内义务教育均衡发展指标体系的构建——当前我国深入推进义务教育均衡发展的政策评估指标. 北京师范大学学报 (社会科学版), (4): 21-32

阎宇. 2011. 城乡基础教育均等化的国际经验及借鉴. 社会科学战线, (9): 272-273

杨东平. 2000a. 对我国教育公平问题的认识与思考. 教育发展研究, (8): 5-8

杨东平. 2000b. 教育公平的理论和在我国的实践. 东方文化, (6): 86-94

杨桂青. 2009-01-17. 中国的教育公平及其新的理论假设——访清华大学谢维和教授. 中国教育报 (第3版)

杨明军. 2002. 我国公共政策执行研究. 郑州大学硕士学位论文

杨清, 詹伟华. 2006. 构建区域教育管理的"亚单元结构"——北京市东城区新型学区化管理模式探讨. 中小学信息技术教育, (2): 40-43

杨小微. 2013. 公平取向下义务教育发展的评价指标探究. 华中师范大学学报 (人文社会科学版), (4): 146-153

杨颖秀. 2002. 基础教育均衡发展的政策视点. 教学与管理，（8）：3-4

尹玉玲. 2012. 美国促进基础教育均衡发展的举措及启示. 上海教育科学，（5）：14-18

叶立军，彭金萍. 2012. 教师课堂教学反馈行为存在的问题及化解策略. 当代教育科学，（4）：37-40

伊万·伊利奇. 1994. 非学校化社会. 吴康宁译. 台北：桂冠图书股份有限公司

余文森. 2004. 新课程与学校文化重建. 人民教育，（3）：8-11

约翰·S. 布鲁贝克. 1987. 高等教育哲学. 郑继伟，张维平，徐辉等译. 杭州：浙江教育出版社

约翰·罗尔斯. 1991. 正义论. 谢延光译. 上海：上海译文出版社

翟博. 2006. 教育均衡发展：理论、指标及测算方法. 教育研究，（3）：16-28

翟博，孙百才. 2012. 中国基础教育均衡发展实证研究报告. 教育研究，（5）：22-30

张岱年，程宜山. 2006. 中国文化论争. 北京：中国人民大学出版社

张人杰. 1989. 国外教育社会学基本文选. 上海：华东师范大学出版社

张天劲. 2013. 高位均衡：基础教育发展的中国命题. 心事·教育策划与管理，（3）：25-29

张天雪. 2010. 区域教育均衡发展的实践模式、路径与政策理路. 教育发展研究，（15）：81-86

张天雪，李娜. 2010. 农村教师培训政策执行的实效性研究——以浙江省省级"领雁工程"为例. 教育理论与实践，（7）：7-9

张新海. 2012. 中原地区农村义务教育均衡发展调查：问题及对策. 西北师大学报（社会科学版），（6）：120-125

赵昊. 2013. 云南民族地区义务教育均衡发展研究综述. 继续教育研究，（2）：96-98

赵希斌. 2013. 魅力课堂：高效与有趣的教学. 上海：华东师范大学出版社

中华人民共和国教育部. 2018. 普通高中语文课程标准（2017 年版）. 北京：人民教育出版社，43

钟启泉，崔允漷，张华. 2001. 为了中华民族的复兴 为了每位学生的发展：《基础教育课程改革纲要（试行）》解读. 上海：华东师范大学出版社

钟启泉. 2006. 现代课程论（新版）. 上海：上海教育出版社

周大鸣，乔晓勤. 1990. 现代人类学. 重庆：重庆出版社

周浩波. 王永峥. 1996. 走向文化研究的教育. 现代教育研究，（1）：8

周兴国. 2008. 论有效教学的正当性. 教育研究，（11）：69-73

朱文辉. 2010. 遮蔽与澄明：有效教学的生成性意蕴. 全球教育展望，（8）：10-14

朱文辉. 2013. 戴着镣铐，何以能舞——《反思与澄清：也谈教学的"预设"与"生成"》读后感. 全球教育展望，（3）：17-24

朱向军. 2006. 名校集团化办学：基础教育均衡发展的"杭州模式". 教育发展研究，（9）：18-23

朱永新. 2012. 学校文化的危机与救赎. 中国教育学刊，（6）：1

朱云福，郭云凤. 2010. "名校托管、一校两区"：城乡教育均衡发展的助推器——浙江衢州市柯城区促进区域教育均衡发展的探索. 中小学管理，（12）：30-32

Bogdan R，Biklen S K. 1992. Qualitative Research for Education：An Introduction to Theory and

Methods. 2nd ed. Boston: Allyn and Bacon

Dalton S S. 1998. Pedagogy Matters: Standards for Effective Teaching Practice. Center for Research on Education, Diversity&Excellence, University of Hawaiï

Rawls J. 2000. A Theory of Justice (Revised Edition). Cambridge: The Belknap Press of Harvard University Press

Rothstein S W. 1991. Identity and Ideology: Sociocultural Theories of Schooling. New York: Greenwood Press